인터넷 바다에서 우리 아이 구하기

인터넷 바다에서
우리 아이 구하기

김명자 편저

한국여성과학기술단체총연합회 창립 10주년 기념 총서 시리즈 2

까치

ⓒ 2013 김명자

인터넷 바다에서 우리 아이 구하기

편저자 / 김명자

발행처 / 까치글방

발행인 / 박종만

주소 / 서울시 마포구 월드컵로 31(합정동 426-7)

전화 / 02·735·8998, 736·7768

팩시밀리 / 02·723·4591

홈페이지 / www.kachibooks.co.kr

전자우편 / kachisa@unitel.co.kr

등록번호 / 1-528

등록일 / 1977. 8. 5

초판 1쇄 발행일 / 2013. 7. 30

값 / 뒤표지에 쓰여 있음

ISBN 978-89-7291-552-2 93330

이 도서의 국립중앙도서관 출판시도서목록(CIP)은 서지정보유통지원시스템 홈페이지(http://seoji.nl.go.kr)와 국가자료공동목록시스템(http://www.nl.go.kr/kolisnet)에서 이용하실 수 있습니다. (CIP 제어번호: CIP2013012446)

차례

프롤로그   7
—김명자

청소년기의 인터넷 중독 : 도전, 예방 그리고 개입   19
"게임 업체의 사용자추적 시스템 활용, 온라인으로 중독 치료하는 시대 온다"—마크 그리피스

인터넷 세상에서 자녀 잘 키우기   51
"경청하고 공감하고 부모 방식을 내려놓으세요. 절대로 포기하면 안 됩니다"—배주미

인터넷 중독의 생물학적 이해   83
"아이들 두뇌에 영향을 미치는 게임 중독, '조절 능력'을 갖게 해주는 것이 관건"—김대진

정신과 의사가 본 중독 치료   105
"아이들이 자신의 마음 속 목소리를 듣게 되면 치료가 시작된다"—최삼욱

인터넷 중독의 보호요인과 위험요인   117
"스트레스가 중독의 원인, 이상과 현실의 괴리감 때문에 인터넷에 함몰된다"—권정혜

스마트 미디어와 인터넷 중독   125
"컴퓨터와 휴대폰을 끄고, 세상을 직접 느끼고 맛보고 부딪쳐라"— 유홍식

일선 교사가 본 인터넷 중독 실태와 해결 방안   137
"위험한 학생일수록 부모가 상담을 꺼려요. 조그만 방심이 아이를 수렁에
빠뜨립니다"—이홍배

우리들 이야기 : 인터넷 건전문화 정착을 위한 청소년 포럼   155
"공부 못하는 아이도 인터넷 말고 잘할 수 있는 게 있어야 게임 중독 해결
돼요"

에필로그 : '기억술'에서 'LTE'까지   179
"기술은 인간이 선택하는 도구인가, 아니면 인간의 조종을 벗어난 초능력
인가"—김명자

'청소년 인터넷 건전문화 정착을 위한 국제 포럼' 개최 후기   199
모친상 며칠 후 한국으로 날아온 그리피스, "누군가에게 도움이 될 수 있어
다행"—최경희

    부록 1 : 인터넷 및 스마트폰 중독 진단 척도   207
    부록 2 : '인터넷 중독' 어디서 도움받을 수 있나   223
    찾아보기   231

프롤로그

　우리나라는 정보통신기술(Information and Communication Technology, ICT)에서 으뜸가는 경쟁력을 갖추고 있습니다. 최근 몇 년 동안 모든 부문에 ICT를 융합시켜 부가가치를 높이고 그로써 산업 경쟁력을 강화하는 노력을 기울여왔으나, 단기간에 끝날 일이 아니기 때문에 더욱 정교하게 지속되어야 할 것입니다. 따라서 융합의 관점에서 산업적으로 정보통신기술 진흥 정책은 매우 중요합니다.

　ICT가 주도하는 과학기술 혁명 덕분에 우리는 과학 공상소설에서나 가능했던 꿈같은 세상을 살고 있습니다. 참 편하고 신기한 세상입니다. 그러나 다른 한편으로 너무 빠르게 치닫고 있는 정보통신기술 혁명의 속도 때문에 보통 사람들은 정신을 차리기가 어렵습니다. 미처 예상치 못했던 사회적 충격도 나타나고 있습니다. 이대로 간다면 다스리기 어려운 재앙으로 다가오지 않을까 하는 은근한 걱정까지 생깁니다.

　기술혁신의 충격 가운데 하나가 인터넷의 사회적 영향입니다. 인터넷이 우리 생활을 얼마나 편하게 만들고 일의 효율성을 높이고 있는지는 새삼 강조할 나위가 없습니다. 그러나 이런저런 부작용도 나타나고 있는 것이 현실입니다. 인터넷 세상의 SNS(Social Network Service, 소셜 네트워크 서비스)의 예를 들어봅니다. 이러한 전자 미디어는 비용을 들이지 않고 모든 정보를 얻을 수 있는 매체로 자리 잡으면서 시민 참여의 확대로 대의(代議) 민주주의를 보완하고, 사회적 권력 감시 기능을 하는 등 긍정적 기능도 기대할 수 있습니다.

그러나 다른 한편으로 유언비어의 급속 전파로 혼란을 일으키고 의사 결정 과정을 비합리적으로 만들 수도 있습니다. 그리하여 국론이 분열되고 사회적 갈등 비용이 높아지는 결과를 빚을 수도 있습니다. 또한 정보 접근에의 기회와 활용 능력의 차이에 따라 세대 간에 계층 간에 디지털 불평등과 영향력의 차이를 초래할 우려도 있습니다. 그리고 인터넷을 통한 소통에서는 익명성으로 인해 자유롭게 의사를 표현할 수 있는 한편으로 사생활 침해나 인신공격으로 변질되거나 사이버 인기영합주의(cyber populism) 등의 폐해가 나타날 수도 있습니다.

이러한 혼돈스런 상황은 이미 우리 사회가 경험하고 있는 현실입니다. 특히 우리나라는 전통사회로부터 급격한 기술혁신과 사회 변동을 겪으면서 세계 최고의 인터넷 속도를 자랑하고 있어, 벤치마킹 대상이 없는 실험장이 되다시피 하고 있습니다. 따라서 사이버 공간에서의 의사소통과 갈등 해소를 위한 새로운 질서가 필요한 시점입니다.

우리가 경쟁력을 자랑하는 게임 산업도 젊은이들이 참신한 역량을 펼칠 수 있는 유망 분야입니다. 그러나 다른 한편으로 게임 중독은 청소년을 가진 가정마다 부모의 걱정거리 중 단골 메뉴가 되고 있습니다. 학부모 회의에서 게임에 빠진 아이들을 걱정하는 엄마들의 대화를 들으며 차마 자신이 게임 전공 교수라는 말을 하지 못했다는 후배 교수의 고백이 생각납니다.

이 세상에 좋기만 한 건 정말 없는 것 같습니다. 인터넷도 좋은 것과 나쁜 것이 섞인 양면의 모습으로 우리 생활 속에 들어왔습니다. 빌 게이츠가 했던 말이 생각납니다. 일찍이 그는 인터넷을 통해 좋은 것보다 나쁜 것이 더 빨리 전파되리라고 예견했습니다. 전문가들은 우리가 기술위험사회에 살고 있다고 말합니다. 그 기술위험 가운데 인터넷도 끼어 있다고 한다면 과장일까요. 온 세상을 놀라운 속도로 휩쓸고 있는 엄청난 위력의 인터넷 바람이 과연 우리 아이들에게 어떤 영향을 미치고 있는지 돌아볼 겨를도 없이 오늘에 이르고 있으나, 이제 좀 가늠해보아야 할 것 같습니다.

인터넷 사용에 대한 여러 가지 통계가 나오고 있습니다. 여성가족부가 발표한 '2012년 인터넷이용습관전수조사'에 따르면, 청소년 인터넷 중독 위험군은 3.9%입니다. 그런데 교육 현장의 목소리를 들어보면, 이보다 훨씬 더 높을 것이라고들 합니다. 아닌 게 아니라 저의 손녀도 세 살 때부터 스마트폰을 만질 줄 압니다. 칭얼거리다가도 스마트폰을 건네주면 뽀로로 등에 눈빛이 반짝반짝해집니다. 스마트폰의 사용자는 이렇게 점점 나이가 어려지고 숫자가 계속 늘어나고 있습니다.

인터넷의 사회적 영향에 대해서는 앞으로 연구과제가 많습니다. 아직 인터넷 중독이냐 아니냐를 가리는 기준도 아리송합니다. 그러나 일반적으로 우울, 강박, 산만, 충동, 불안으로 이어질 수 있고, 이런 기분이 들 때 인터넷에 접속하면 기분이 되살아난다고 합니다. 이처럼 일종의 자가(自家) 치료가 되어 인터넷에 더 빠져들고, 다시 그것에 대한 심리적 좌절감이 자존감을 망가뜨리게 되고, 그 때문에 다시 인터넷에 빠지게 된다는 것인데, 그야말로 악순환의 고리입니다.

2013년의 서울시교육청 조사에 의하면, 요즈음은 인터넷보다 스마트폰에 중독되는 청소년이 더 늘어나고 있다고 합니다. 특히 학년이 올라갈수록 스마트폰 과다 사용이 심해지고 있습니다. '2013년 청소년통계' 조사 결과는 청소년 10명 중 8명이 스마트폰을 하루 평균 2.6시간 사용한다고 말해주고 있습니다. 여기서 걱정거리는 그 콘텐츠의 주요 메뉴에 게임과 성인물이 포함된다는 것입니다. 실제로 청소년 사용자의 절반 이상이 게임을 하고 있고, 성인물을 보는 청소년이 매년 늘고 있습니다.

12-59세의 스마트폰 사용자 4천 명을 대상으로 조사한 결과에서도 스마트폰 의존도가 점점 높아지고 있는 것으로 나타났습니다. 응답자의 77%는 습관처럼 스마트폰을 확인하는 것이 버릇이 되었다고 답하고 있습니다. 스마트폰 보급의 확산과 더불어 스마트폰이 없으면 공연히 불안해지는 노모포비아(no + mobile + phobia) 증세를 보이는 사람들이 늘어나고 있다고 합니다. 분명히 저도 그 중 하나입니다.

그렇다면 그런 행동은 심리적, 신체적으로 우리의 미래인 청소년들에게 어떤 영향을 미치고 있을까요. 이런 외부 자극에 길들여지면 한창 배워야 할 나이에 창의력 계발이 떨어지고 정서적으로 불안해진다고 합니다. 지적 능력에서 표현력과 집중력이 떨어지고, 짜증과 초조감이 늘어나는 등 마음과 몸에 부작용이 나타난다는 것입니다. 인터넷 중독으로 인한 생리적 증세로는 안구건조증과 근골격계 이상이 대표적입니다.

특히 주목을 끄는 것은 두뇌 연구 결과입니다. 갈수록 ADHD(Attention Deficit Hyperactivity Disorder, 주의력 결핍 과잉행동 장애)가 늘어나고 있어, 우리나라에서도 2007년부터 5년 사이에 20%쯤 늘어났습니다. 세계적으로는 취학 아동의 5% 정도가 ADHD를 겪고 있다는 통계입니다. ADHD의 원인은 좌뇌와 우뇌 발달의 불균형으로 인해 전두엽의 기능에 이상이 생기기 때문입니다. 이런 현상을 설명하는 '밸런스 브레인' 이론에 따르면, 컴퓨터, TV, 비디오, 게임, 스마트폰 등의 영상 기반(screen based) 전자기기에 탐닉하게 되면, 그것으로부터의 반복적이고 일방적인 자극에 의해 좌뇌가 발달되고, 상대적으로 우뇌의 기능이 떨어지는 불균형을 초래하게 된다는 것입니다. 그 결과 우뇌증후군을 일으킬 위험에 빠진다는 것이지요. 결국 인터넷 중독은 청소년의 두뇌에서 전두엽(frontal lobe)의

감퇴를 유발하고, 그 때문에 기억력과 계산 능력 등이 떨어지고, 심지어 건망증 증세로까지 번질 수 있다는 것입니다.

또한 전문가들은 어린이가 스마트폰 중독에 빠지면 '팝콘 브레인(popcorn brain)'이 될 수 있다고 주의를 줍니다. 이러한 현상은 스마트폰에서 게임이나 동영상을 자주 보는 동안 두뇌가 그처럼 빠르고 강한 정보에만 길들여져서 현실세계의 느리고 약한 자극에는 반응이 떨어지게 되는 것을 가리킵니다. 인터넷 중독은 뇌 조직 가운데 특히 전전두엽(prefrontal lobe) 부위의 기능을 떨어뜨려 현실 도피 경향에 빠져들고 사회성을 떨어뜨리게 됩니다. 그 결과 인간관계가 두렵고 부담스러워져서 사람이면서도 사람을 슬슬 피하게 되고 폭력성까지 보이는 등 심각한 양상으로 번질 수 있다고 합니다.

최근 몇 년 전부터 정부 관계 부처가 청소년 인터넷 중독 해결을 위한 정책을 마련하기 시작했습니다. 그러나 그 과정에서 청소년 인터넷 사용에 관련되는 주체들에 대한 고려가 충분치 못했다는 지적이 있었습니다. 보다 근본적으로 법과 제도의 규제에 의해 다스릴 수 있는 문제냐 하는 시각도 있습니다. 정부 정책에서 흔히 보듯이, 청소년 인터넷 사용을 둘러싸고 관련 부처들의 고유 기능 사이에서 충돌과 갈등도 발생하고 있습니다. 문제는 정부를 비롯하여 우리 사회가 손을 놓고 있어도 될 것인가의 판단에 달려 있습니다.

여성가족부가 청소년보호법 개정안에 의해 2011년 5월에 도입한 '셧다운제'는 당초 모바일 게임에도 적용하는 방향으로 논의되고 있었습니다. 그러나 모바일 게임 산업의 위축을 우려하여 게임 업체들이 반대하고, 진흥을 맡은 부처도 반대하고, 그런 과정에서 결국 법의 시행이 2년간 유예되었습니다. 부처의 고유 기능에 따라 찬과 반의 시각 차이가 서로 겨루는 양상은 다른 분야에서도 나타나고 있습니다만, 범부처 차원에서 조정 기능을 발휘하여 국민으로부터 정책에 대한 신뢰를 얻는 것이 열쇠입니다. 인터넷 관련 정책에서도 청소년들이 이끌 우리 사회의 미래를 위해, 그리고 인터넷 산업의 사회적 책임 구현과 지속가능한 발전을 위해, 어떤 방향으로 어떻게 구체적인 정책을 세워야 할지, 부처 간 조정을 통해 합리적이고 효율적인 정책 대안을 마련하는 것이 과제입니다.

지자체와 관련기관에서도 새로운 움직임을 보이고 있습니다. '청소년의 인터넷과 스마트폰 과몰입'의 현황을 파악하고 대응하기 위해 지자체가 나서고 있습니다. 서울시, 울산시, 경북, 전북 등에서는 교육청을 중심으로 '청소년인터넷·스마트폰이용습관전수조사'를 시행하고, 과몰입의 정도에 따라 상담과 치료를 지원하는 계획을 추진하고 있습니다. 학교와 지자체 단위의 치료와 예방 프로그램도 가동되기 시작했습니다.

그러나 전반적으로 기준 설정과 규제에 의한 제도적 대응은 기술혁신의 가파른 속도를 따라가지 못하고 있습니다. 더욱이 법제화 과정에서 번번이 경제 논리와 규제 논리가 상충하고 있어 정작 내용이 어찌 될지 얼마나 유효할지 확실치 않습니다. 청소년 교육 정책을 통해 인터넷 중독 문제를 자율적으로 해결하는 방안도 논의되고 있습니다. 그러나 이것 역시 청소년 스스로의 문제 인식이 선행되지 않은 상황에서 정부의 일방적 정책 추진으로는 효과가 미미할 것이라는 지적입니다. 결국 초고속의 기술혁신에 따르는 사회적 부작용을 줄이기 위한 정부의 노력은 실제 상황을 해결하기에는 미흡하다고밖에 말할 수 없습니다.

새 정부 들어 그동안의 인터넷 중독 관련 정책의 한계를 인식했음인지 금년 5월에 정책 의지를 강화하고 있습니다. 구체적으로 '범부처 사회문제해결 시범사업'을 출범시켜 인터넷과 게임 중독 해소를 과제로 선정하고 추진협의체를 발족시켰습니다. 관계 부처를 엮어 '인터넷 중독 정책협의체'를 구축하고 연도별 시행계획을 수립하여 공동대응을 한다고 합니다. 이를 위해 체계적이고 전문적인 치료 방안을 추진과제로 설정했습니다. 그 내용은 예방-상담-치료의 중독 단계별 서비스 지원 강화, 법과 제도 개선을 통한 인터넷 중독 해소 기반 마련, 인터넷 중독의 심각성에 대한 사회적 인식 제고 등으로 구성되어 있습니다.

앞으로 범부처 간 협의체가 얼마나 순조롭게 운영될지는 두고 볼 일입니다. 통신기술은 미래창조과학부가, 그 안에 담길 콘텐츠 관련 산업은 문화부 산하 한국콘텐츠진흥원이, 인터넷과 모바일에 담길 게임과 영상 등의 규제와 심의는 문화부 산하 영상물등급위원회와 게임물등급위원회가 관장하고 있습니다. 청소년 보호를 위한 인터넷 규제 정책은 여성가족부 소관이고, 청소년 인터넷 중독 이슈에서 학교교육이 빠질 수 없다고 교육부가 관여하게 됩니다.

이렇게 경제, 문화, 교육, 가족 등의 다부처가 관여하는 진흥과 규제 논리의 충돌에서 조정 기능이 얼마나 중요한가는 새삼 강조할 필요가 없을 것입니다. 여러 부처가 연관되는 정책과제일수록 종합조정과 효율성을 높이는 것이 중요합니다. 그렇게 하기 위해서는 지속적인 평가와 피드백(feedback)이 이루어져야 합니다. 이런 작업은 국가, 세대, 전문가, 비전문가를 망라하는 융합적인 접근에 의해 가능할 것입니다.

서구사회는 정보통신기술의 발전에 발맞추어 선제 대응을 하고 있었습니다. 그 사례로 영국은 1990년대 후반부터 기존의 문화산업(Cultural Industries)의 틀에서 벗어나 지식정보사회에서의 창조산업(Creative Industries)이라는 새로운 패러다임을 정의했습니다. 그리하여 영국의 문화부(Department for Culture Media & Sport, DCMS)는 창조산업의 주요 분야로 인터넷에 담길 콘텐츠를 '소프트웨어' 산업으로 정의하면서, 진흥과 규제의 기능을 총괄하는 체제를 구축하고 있었습니다.

대표적인 기술위험 산업으로 인식되고 있는 원자력의 경우에는 진흥과 규제 기능을 철저히 독립 분리시키는 것이 국제사회의 기준입니다. 그러나 통상적으로 다른 산업 분야의 경우에는 진흥과 규제가 한 부처의 소관으로 설정되는 경우가 많습니다. 영국은 규제 독립성까지 보완하여 독립적 통신규제 기관인 Ofcom(Office of Communications : Independent regulator and competition authority for the UK communications industries)이 DCMS와 긴밀한 협업을 하도록 시스템화해서 인터넷 산업의 규제와 진흥의 균형을 맞추고 있습니다.

또한 영국의 경우 문화적으로 어린이와 청소년을 보호하는 정책이 구체적이고 까다롭게 추진되면서 사회적으로도 큰 관심 대상이라는 것이 특징입니다. 예를 들어 TV와 인터넷이 소아비만을 부추기는 요인이 된다는 연구 결과가 나오자, 이 결과를 반영하여 어린이 대상의 프로그램의 앞뒤에는 비만을 유발하는 패스트푸드 광고를 못하도록 금지하는 조치를 취했습니다. 우리나라와는 사회적 갈등을 해소하는 데서도 문화적 차이가 있다는 것은 또 다른 사례에서도 볼 수 있습니다. 인터넷 상거래에서 소비자 피해가 빈번히 발생한다는 보도가 나오자 영국의 지하철에는 '인터넷 상거래를 삼가시오'라는 광고가 내걸렸습니다. 우리나라의 경우에는 아마도 피해를 줄일 수 있는 보안 프로그램을 개발하여 시장을 더 활성화시키는 방향으로 하지 않았을까 생각합니다.

청소년이 건강해야 우리의 미래가 건강할 수 있습니다. 세계에서 가장 빠른 인터넷 속도의 정보 고속도로망을 자랑하는 국가로서는 인터넷 중독에 대한 대응도 더욱 중요하다고 생각합니다. 그렇게 예방적 대응을 할 때, 국민적, 사회적 지지를 기반으로 ICT 산업 발전의 지속가능성이 담보되고 게임 산업의 사회적 이미지를 살릴 수 있을 것이기 때문입니다. 그렇게 한다고 하더라도 거대한 물결이 되어버린 기술 충격에 대해 법이나 제도로 대응하는 데에는 한계가 있습니다. 대책을 마련하는 데에도 상당히 시간이 걸립니다. 사회적으로 병리현상이 곪아 터질 때쯤 되어서야 법과 제도가 마련되는 경우가 흔합니다. 그 과정은 이해관계자들의 이해가 얽히고설켜 순탄치 않습니다. 우리의 인터넷 환경도 예외가 아닌 듯합니다.

국회에서도 인터넷 중독에 대해 의원 이름을 붙인 법안들이 발의되기 시작했습니다. 진흥과 규제의 두 가지 논리가 국회에서 맞붙어 시끄러워질 수도 있을 것입니다. 사회적으로도 시각 차이가 크다 보니, 합의 도출이 쉽지가 않을 것입니다. 법적인 규제가 꼭 바람직한 것이 아니고 한계도 있다는 것에 동의합니다. 청소년의 자유 선택을 중시해야 한다는 주장은 그럴듯하게 들립니다. 그러나 아직 청소년은 그러한 판단을 할 만큼 성숙하지 않기 때문에 교육을 받고 있다는 사실을 무시할 수는 없습니다. 중요한 것은 이대로 방치해도 되는가의 물음에 답하는 것입니다.

저는 청소년의 문제는 인터넷이건 무엇이건 간에 근본적으로 어른들의 탓이라고 생각합니다. 유전적 소인으로든지 유전외적 소인으로든지 어른들이 청소년의 '위기'를 불러오는 일차적 원인이라고 보기 때문입니다. 청소년의 인터넷 중독에서도 가정과 사회의 책임이 아이의 책임보다 훨씬 더 크다고 생각합니다. 이 책에 상세히 나옵니다만, 아이들이 인터넷이나 게임에 빠지는 것은 아이들의 욕구에 대해 어떤 이유로든 간에 가정과 사회의 관심과 사랑과 배려가 부족한 결과라는 것을 부정하기 어렵습니다. 다른 여러 가지에 흥미를 느낄 수 있도록 환경을 조성하고 이끌어주지 못한 어른들을 탓하고 어른들이 바뀌어야 한다고 믿습니다. 특히 우려되는 것은 가정형편이 어려운 경우에 돌봄이 부족하고 그에 따라 이런 함정에 빠지기 쉽다는 것입니다.

그리고 인터넷 중독은 우리나라만의 문제가 아닙니다. 또한 어느 한 분야의 연구 성과만으로 해결할 수 있는 사안도 아닙니다. 인터넷 세상이라는 하나의 주제를 놓고 연구 분야마다 기준도 다르고 분야 간의 소통도 원활하지 못합니다. 인터넷 중독 문제를 근본적으로 해결하기 위해서는 우선 중독 원인을 분석하고, 케이스별 해결을 위한 가이드라인을 마련하고, 과학기술과 인문사회의 융합적 관점에서 해법을 찾아야 한다고 봅니다. 또한 가정과 학교와 사회가 함께 인터넷 사용의 건전한 환경 구축에 나서야 할 것입니다.

여성과총은 이러한 문제 인식 아래 현실에 대한 공동체적 의식을 확산하고 관련 주체 간의 대화를 통해 해법을 모색하기 위해 2012년 '청소년 인터넷 중독'을 조명하는 사업을 추진했습니다. 특히 관련 주체가 다 함께 참여하는 포럼을 구상했습니다. 그런 마당을 열어 정책 결정자를 비롯하여 의학계, 교육계, 심리학계 등 관련 분야의 국내와 해외 전문가를 초청하고, 정책 수요자인 청소년과 학부모가 참여하는 대화의 장을 마련하고, 각계각층의 융합적 관점을 통합하여 함께 해결 방안을 찾는 방향으로 기획했습니다.

그리하여 '청소년 인터넷 건전문화 정착을 위한 국제 포럼'에서 비롯되어, 이처럼 단행본을 엮어내기에 이르렀습니다. 편저자인 저는 대학에서 30여 년 동안 과학사(科學史)를 가르치면서 '과학기술과 사회'에 관심을 갖고 정책을 다루었습니다. 따라서 '인터넷과 사회'도 주요 이슈 가운데 하나였습니다. 그리하여 여성과학자의 시각으로 포럼이 기획되었고, 여성가족부와 조선일보 등이 이 프로그램에 함께 했습니다.

이 책은 청소년의 눈높이에서 보고, 학부모의 목소리를 듣고, 국내외 전문가의 말씀을 듣고 하는 과정을 통해 우리가 얻은 소득의 결산입니다. 이 작은 책자가 인터넷 확산에 따르는 사회문화적 현실의 명(明)과 암(暗)을 제대로 볼 수 있고, 해결책을 함께 모색하는 데 조금이라도 기여할 수 있기를 바랍니다. 그리고 앞으로 전문학회나 포럼 활동을 보다 활성화시킴으로써 '뜨거운 감자'가 되어버린 인터넷 중독이라는 사회적 이슈를 풀어가는 데 미력하나마 길잡이가 될 수 있기를 기대합니다.

해외 저명 전문가로서 세계 최고급 연구자로 알려진 마크 그리피스(Mark Griffiths) 교수와 국내 전문가들의 참여가 이 책에 무게를 실어줄 것으로 기대합니다. 원래 인터넷은 서구사회의 산물이었고, 인터넷 이슈는 보편적인 관심사이기 때문에 국제성을 가미하는 것이 의미가 크다고 생각합니다. 포럼 사업 추진위원회의 서정숙 위원장(영남대학교 식품영양학과 교수)과 오경자 위원(연세대학교 심리학과 교수), 그리고 자문을 맡은 백희영 교수(서울대학교 식품영양학과, 전 여성가족부 장관), 김교정 교수(숙명여자대학교 멀티미디어학부)가 이 프로그램의 기획에 함께 해주셨습니다.

그리고 필자로서 전문가 포럼에서 발제 또는 좌장을 맡아주신 김대진 교수(가톨릭대학교 정신과), 최삼욱 교수(을지대학교 병원), 권정혜 교수(고려대학교 심리학과), 유홍식 교수(중앙대학교 신문방송학부), 이홍배 선생(천일중학교)과 학부모 워크숍을 진행한 배주미 박사(한국청소년상담원 팀장), 청소년 포럼을 맡아주신 김동일 교수(서울대학교 교육학과) 등 각계의 전문가 여러분이 참여했습니다. 포럼에서 발제된 기록을 속기록으로 만들어 다시 발제자에게 보내 업데이트된 원고를 받고 편저자가 최종 수정하는 방식으로 제작되었습니다. 또한 원고 리뷰에 도움을 주신 김학진 아름미디어 대표, 강희선 선생(용곡중학교)과 여성과총 사무국의 최경희, 이숙진, 지윤숙, 한정희, 김현주 그리고 카이스트의 박혜린, 진보라, 장원근, 송병채, 이길영 인턴 연구원 모두가 애를 많이 쓴 결실로 이 책을 선보이게 됨을 감사드립니다.

편저자 김명자

청소년기의 인터넷 중독 :
도전, 예방 그리고 개입

"게임 업체의 사용자추적 시스템 활용, 온라인으로 중독 치료하는 시대 온다"

마크 그리피스
영국 노팅엄 트렌트 대학교 심리학과 교수

저는 26년 동안 행위 중독에 관한 연구를 하고 있고 1993-1994년부터는 인터넷 중독 연구를 시작했습니다. 오늘 강연은 다섯 부분으로 나눠 진행하겠습니다. 첫 번째는 '중독을 어떻게 정의하는가'입니다. 사람마다 중독에 대해 생각하는 바가 다를 것입니다. 저는 오랫동안 비디오 게임 중독, 인터넷 중독, 섹스 중독, 일 중독 등 여러 가지 종류의 중독에 대한 연구를 해왔습니다. 이들 개념에 대해 설명을 드리고자 합니다.

두 번째는 기술 중독에 대해서 말씀을 드리고자 합니다. 그 다음은 사람들로 하여금 인터넷 사용을 많이 하게 하는 일반적인 요인에 대해 말씀드리겠습니다. 중독은 인터넷을 사용하면서 생기게 되고 인터넷이 중독을 유발하게 되는 것입니다.

그리고 온라인 게임 중독에 대해서 말씀드리겠는데, 그 이유는 인터넷 중독 중 게임 중독에 대한 연구가 많이 있기 때문입니다. 최근에는 페이스북(Facebook)과 같은 SNS(Social Network Service) 중독 연구도

〈표 1-1〉 중독의 근본 문제(Griffiths, 1998)

- 중독은 과연 무엇인가?
- 온라인 중독이란 것이 존재하는가?
- 온라인 중독이라는 것이 실제로 존재한다면 사람들은 무엇에 중독되는가?

하고 있지만, 학문적인 연구는 주로 게임 중독이 중심입니다. 마지막으로 이런 이슈들과 관련된 현재 상황 추세에 대해 말씀드린 뒤 결론을 내리도록 하겠습니다.

중독은 '완전한 집착' — 늘 생각하게 되는 증세

중독에 관련된 세 가지 중요한 질문을 던지겠습니다. 첫 번째 질문은 '중독은 과연 무엇인가'라는 것입니다. 사람마다 차이가 있지만 제가 어떻게 중독에 대한 개념을 정의하는지에 대해서 말씀을 드리겠습니다.

두 번째 질문은 '온라인 중독이란 것이 존재하는가'입니다. 사람마다 중독을 어떻게 정의하는가에 따라서 달라지겠으나, 제가 정의한 중독은 그 작용이나 개념상 알코올, 니코틴, 헤로인 등을 포함합니다. 도박 중독도 있습니다. 도박이라는 것은 진정한 중독의 총칭이라고 생각합니다. 도박에 대한 연구를 보면 흡연, 알코올 중독과 같은 메커니즘을 보인다는 것을 알 수 있습니다. 이런 전통적인 중독과 비교해서 온라인 중독이 어느 정도까지 존재하는가 하는 부분을 설명하겠습니다.

세 번째는 만일 '온라인 중독이라는 것이 실제로 존재한다면, 사람들은 무엇에 중독되는가' 하는 질문입니다. 사람들이 온라인 기술에 중독되어 있다고 한다면, 중독이 되는 구체적인 대상이 무엇인가 하는 것입니다.

〈표 1-2〉 중독의 요소(Griffiths, 1995; 1996; 2005; 2009)

・현저성	・감정 변화	・내성
・금단증상	・갈등	・재발

중독에는 여섯 가지 공통요소가 있습니다. 각각의 요소에는 어떤 특징이 있을까요. 가장 중요한 것은 현저성(顯著性, salience)입니다. 현저성은 그 사람의 삶에서 그 행동이 가장 중요하다는 뜻입니다. 지금 그 일을 하고 있지 않더라도 언제 할 것인가를 늘 생각하는 상태입니다. 그렇기 때문에 완전한 집착이라고 할 수 있습니다.

두 번째는 감정 변화(mood modification)입니다. 어떤 중독이건 간에 중독에는 일관되게 감정 변화가 수반됩니다. 어찌 보면 패러독스라고 할 수 있습니다. 하루 중에 시간에 따라 여러 가지 형태의 영향을 미칠 수 있습니다. 온라인 도박이나 약물 중독의 경우 흥분하거나 각성하기 위해서 활용할 수도 있고, 아니면 그 반대의 이유로 스트레스를 풀고 긴장을 풀기 위해 활용할 수도 있습니다. 다시 말해서 여러 가지 이유로 중독의 매체를 활용합니다. 이렇게 감정적인 변화가 있다는 것이 중독의 핵심요소 중 하나입니다.

세 번째 요소는 내성(耐性, tolerance)입니다. 약물 중독은 날이 갈수록 점점 더 많은 약물을 투입해야 당초에 느꼈던 느낌을 얻게 됩니다. 헤로인 중독의 경우를 들면, 처음에는 소량을 복용하지만, 6개월이 지나고 나면 3-4배로 용량을 늘려야 비슷한 강도의 효과를 느낄 수가 있습니다. 도박 중독의 경우도 점점 더 시간을 늘려야 할 뿐만 아니라 배팅하는 액수도 점점 더 늘려야 비슷한 효과를 얻게 됩니다. 다시 말해서 중독 증세는 날이 갈수록 시간과 강도가 점점 더 늘어나는 속성이 있습니다.

온라인 중독이나 게임 중독도 마찬가지입니다. 점점 더 많은 시간을 매달려야만 만족하게 됩니다.

'관둬야지, 끊어야지' 생각하지만 스스로 통제력 상실

중독의 네 번째 요소는 금단증상(withdrawal)입니다. 이 증세는 중독에서 아주 가장 중요하고 빼놓을 수 없는 요소로서, 심리적, 생리적인 단계가 있는데, 특히 심리적인 경우가 더 심각합니다. 중독의 신드롬입니다. 인터넷 중독의 증후군은 온라인에 접속할 수 없게 되면 짜증이 늘고 감정 기복이 심해지고 좌절하게 됩니다. 온라인 중독자는 대개 인터넷을 할 수 없게 되면 신체적, 생리적으로 소화불량, 두통, 신경질 등의 금단증상을 보이게 됩니다.

다섯 번째는 갈등입니다. 이는 중독에서 가장 중요한 요소입니다. 어떤 특정한 행동이 그 사람의 삶에서 너무 중요하기 때문에 사람과의 관계에도 영향을 미치게 됩니다. 대인관계를 해치고 사회성이 떨어지고, 결국 학교생활이나 직장생활을 망가뜨리게 됩니다. 뿐만 아니라 스스로 심각한 정신적인 갈등을 겪습니다. '내가 이것을 줄이고 관둬야지, 끊어야지'라고 생각은 하는데, 그렇게 할 수가 없으므로 스스로 통제력을 상실했다는 느낌을 받게 됩니다. 이러한 통제력 상실은 갈등의 하부요소로 정의하고 있습니다.

마지막 요소는 재발(relapse)입니다. 만약 어떤 사람이 자신의 중독성 행동을 관둔다든지 아니면 이틀 동안, 2주 동안, 또는 2년 동안 약물을 끊는다고 하더라도 다시 중독 사이클로 돌아갈 수 있는 가능성이 있습니다. 이처럼 중독성의 행태로 돌아갈 때 재발현상이 발생합니다.

흡연에 관해 이런 얘기를 많이 들었을 겁니다. '금연이란 얼마나 하기 쉬운가, 나는 수백 번 했다.' 금연을 결심하고 일정 기간 끊었다가도 담배 한 대만 다시 피우면 예전과 같은 흡연 상태로 돌아가는 경우를 흔히 볼 수 있습니다.

2005년에 제가 썼던 책에 소개된 '생경한 좌절'이라는 개념이 있습니다. 이 개념은 갈망하는 행위를 하지 못하도록 할 때 그 사람에게는 그 행위가 가장 중요해진다는 것입니다. 제가 어제 10시간 동안 영국에서 한국까지 비행기를 타고 왔는데요, 만일 니코틴 중독자였다면, 비행기를 타고 있는 동안 제게 가장 중요한 흡연을 할 수 없었으니 아마 비행기에서 뛰어내리고 싶었을 겁니다. 이것이 중독입니다.

건강한 행동과 중독의 차이―얼마나 6대 요소에 부합하느냐

보통 사람들의 건강한 행동과 중독 사이의 차이가 무엇인지에 대한 질문을 해봅시다. 건강하게 열의를 가지고 하는 일과 중독은 분명히 차이가 납니다. 어떤 일을 과도하게 하더라도 그 사람의 삶에 부정적인 영향을 미치지 않는 경우도 많이 있습니다. 그러나 위에서 말씀드린 6가지의 중독의 요소에 부합되는 경우라면, 그 행동은 중독성 행동이라고 할 수 있습니다.

2002년에 이런 일이 있었습니다. 당시 영국의 저명한 과학 저널에서 저에게 '도박 중독도 진정한 의미의 중독 현상인가?'라는 문의를 해왔습니다. 저는 중독의 여섯 가지 요소에 대해 기자한테 말해주었습니다. 행동이 어떤 것이건 간에 위의 6대 요소에 들어맞으면 그것은 중독이라고 말했습니다. 즉 그 행동이 헤로인을 먹는 것이건, 도박을 하는 것이건, 술을 마시는 것이건, 인터넷을 이용하는 것이건, 조경을 하는 것이건 상관이 없이, 위의 6대 요소에 부합되면 당연히 중독이라고 말했습니다.

다음 날 영국의 모든 신문에 '조경은 중독이다'라는 보도가 크게 실렸습니다. 제 취지는 그게 아니었습니다. '어떤 조경사가 있는데 정원 가꾸는 일을 자기 삶에서 가장 중요하게 여기면서 다른 모든 것을 포기하고, 신경도 안 쓰고, 내성도 생기고, 금단증상도 있고, 정원 가꾸기에 매달려 다른 사람들하고 갈등을 겪는 경우라면 그것은 중독이다'라고 말한 것이었습니다. 포인트가 그게 아니었던 것입니다.

새로운 기술에 삶을 송두리째 빼앗기는 사람이 생각보다 많아

1995년에 제가 쓴 논문을 소개합니다. '기술 중독(technology addiction)'이라는 용어를 처음으로 도입한 논문입니다. 잘 알려지지 않은 심리학 저널이었는데, 그 당시만 해도 '기술'이라고 하는 것에 중독성이 있다고 주장하는 것은 대중 저널에서는 말하기 어려웠고 거부당하는 분위기였습니다. 당시에 중독이라고 하면 대부분 약물에 대한 중독을 말하는 것이었고, 기술 특히 TV나 비디오 게임과 중독의 상관성은 아무도 생각하지 않았습니다.

기술 중독에 대해 저는 본질적으로 '비약물적인, 과도한 인간과 기계 상호 간의 행동이 중독이다.'라고 정의했습니다. 여섯 가지 중독 요소에 부합하는 행위가 중독인데, 이를 유발하는 요소들이 개입되어 중독 성향을 촉진한다고 썼습니다. 당시의 논문에는 기술 중독의 범주에 비디오 게임, TV, 슬롯머신 이외에 인터넷 중독도 포함시켰습니다. 제가 인터넷 중독을 언급했던 최초의 논문이었습니다.

이러한 중독은 사람들로 하여금 계속해서 동일한 행동을 반복하도록 하는 유발과 강화요소를 지니고 있습니다. 그리고 뭔가 보상을 느낄 수 있어야 합니다. 그래야 중독으로 정의됩니다. 도박 중독의 경우 슬롯머신이 가장 중독성이 강합니다. 슬롯머신 게임을 1분에 12번 한다면 그것은 중독이라고 볼 수 있습니다.

로또의 경우 1주일에 한 번 안 산다고 금단증상이 있다는 말은 듣지 못했습니다. 따라서 빈도가 낮으면 문제가 되지 않을 수 있습니다. 그런데 온라인은 비디오 게임이건 도박이건 온라인 섹스건 간에 그것에 대한 보상이 계속해서 나오게 됩니다. 이러한 보상에 따라 계속 그 행동을 반복하도록 강화시켜주면 중독으로 볼 수 있습니다.

요즘은 전 세계적으로 기술 중독에 대해 활발하게 연구하고 있습니다. 아이패드, 스마트폰 중독 등……. 어떤 사람은 '휴대폰이나 아이패드가 중독성이 있느냐'고 반문하는데, 이러한 새로운 기술에 그 삶을 송두리째 빼앗기는 사람들이 생각보다 훨씬 많습니다.

인터넷 중독은 더 이상 '비용'의 문제가 아니다

사람들이 인터넷을 왜 그렇게 과도하게 사용하는 것일까요. 거기에는 일곱 가지 요인이 있습니다. 우선 '접근성'이 원인입니다. 음주, 흡연, 도박 중독은 때로는 접근성이 제한되기도 하지만, 인터넷은 경로가 많고, 요즘에는 유비쿼터스(Ubiquitous)라고 해서 '언제 어디서나' 인터넷에 접할 수 있는 환경이 열리고 있습니다. 특히 한국은 아이들이 어릴 적부터 인터넷을 사용하는 문화에 익숙해 있습니다. 물론 그렇지 못한 국가들도 많습니다. 어쨌든 접근성이 쉬워지면 중독 문제가 더 늘게 되어 있습니다.

가격의 '저렴성'도 한 요소입니다. 1994년 제가 처음 인터넷 중독에 대한 연구를 시작했을 때, 매주 부모들로부터 전화문의나 편지를 받았습니다. 당시에는 남자아이들의 인터넷 사용이 많았습니다. 따라서 아들 때문에 전화하는 학부모들이 많았습니다. 왜 문제인가 알아보니, 모뎀을

〈표 1-3〉 인터넷 사용을 가능하게 하는 일반적 요인(Griffiths, 2003)

・접근성	・저렴성	・익명성	・편리성
・탈억제성	・탈출감	・사회적 수용성	

사용했던 시절에는 1분에 얼마씩 분당으로 인터넷 요금이 부과되었기 때문에 매달 엄청난 전화요금이 나왔습니다. 부모들의 경제 부담이 컸기 때문에 인터넷을 과다하게 사용하는 행위가 병으로 인식되었고 중독이라고 했던 것입니다. 최근에는 전화요금이 많이 나온다는 전화나 이메일 문의를 받는 경우가 없습니다. 요즘 아이들은 10시간 컴퓨터 게임을 하거나, 하루에 8시간 페이스북을 합니다. 대부분의 시간을 스크린 앞에서 보냅니다. 더 이상 비용의 문제가 없기 때문입니다.

인터넷의 또 다른 특징은 '익명성'입니다. 사람들은 인터넷 공간에서 자신들의 익명성이 보장된다고 생각합니다. 그러나 실은 그렇지 않습니다. 온라인 업체들은 여러분의 온라인 활동을 모조리 다 알고 있습니다. 어떤 도박이나 게임 사이트에 들어가는지 페이스북에서 누구를 찾아가 뭘 하고 있는지를 전부 다 알 수가 있습니다. 하지만 사람들이 실제 인터넷을 사용할 때에는 직접 사람을 대하는 것이 아니기 때문에, 익명성이 있는 것으로 느낍니다. 사람들이 인터넷을 매력적으로 생각하는 원인 가운데 중요한 것이 바로 이 익명성입니다.

온라인에서는 돈의 가치가 낮게 느껴진다

기술 중독이 되는 배경에는 '편리성'도 있습니다. 스마트폰도 있고 여러 가지 PDA(personal digital assistant, 개인휴대기기)도 있습니다. 이제는 이동하면서 언제 어디서나 인터넷을 사용할 수가 있습니다. 그리고 지하철이나 버스 안에서도 인터넷을 할 수가 있습니다. 그만큼 편리하고 널리 보급된 매체가 인터넷입니다. 어떤 행위를 하든 간에 가장 편한 미디어가 된 것입니다. 인터넷은 편리함 때문에 과도한 중독성을 낳고 있는 것입니다.

사람들은 인터넷을 사용할 때 상대방의 얼굴을 보면서 하는 '면 대 면(face-to-face)' 상황과는 다르게 느낍니다. 이것을 '탈억제성'이라고 합니다. 다시 말해서 인터넷에서는 감정적인 보호장치를 내려놓고 조금 더 솔직하게 활동을 하게 됩니다. 예를 들어 도박하는 사람들은 인터넷에서 돈을 잃고 나서는 그 느낌이 다르다고 합니다. 오프라인에서 도박할 때에는 상대방이 있습니다. 온라인상에서는 돈의 가치가 실제보다 낮게 느껴지고, 돈을 잃었다고 하더라도 오프라인에서 잃었을 때보다는 덜 잃었다고 느끼게 된다고 합니다. 심리적으로 돈의 가치가 떨어지는 것입니다.

인터넷에 들어가면 도무지 시간 가는 줄을 모릅니다. '탈출감'이 생깁니다. 30분 정도 했다고 생각했는데 90분이 지난 때도 있습니다. 사람들은 인터넷 세상에서 뭔가 탈출하는 느낌을 받게 됩니다. 중독성이 있는 행동일 경우 사람들이 탈출할 수 있다는 느낌을 주는 것이 특징입니다.

그리고 중요한 것은 인터넷이 사회적으로 매우 유용한 것으로 수용되고 있다는 사실입니다. 20년 전에 인터넷으로 아내를 만났다고 한다면 매우 파격적인 사건이 되겠지만, 요즘은 흔한 일입니다. 이제는 인터넷이 하나의 사회적인 교류의 도구가 되었습니다. 사람들끼리 서로 만나고, 연애와 결혼 관계도 맺을 수 있을 정도로 사회적 도구가 되었습니다. 다시 말해서 인터넷은 잠재적으로 과도한 중독성을 갖고 있지만 표면적으로는 유익한 것으로 비춰지고 있습니다.

인터넷에서 상상 속 영화 주인공 같은 가면을 쓴다

1999년에 미국의 제 동료 학자인 킴벌리 영이 발표한 논문의 내용을 말씀드리겠습니다. 이 논문은 인터넷 중독에는 다섯 가지 유형이 있다고 보았습니다. 첫째 '사이버 섹스 중독'입니다. 채팅이나 포르노 등 성인 사이트를 충동적으로 이용하는 중독 형태입니다. 두 번째는 '가상공간에서의 인간관계 중독'입니다. 온라인상의 인간관계에 지나치게 몰두하는 중독 현상입니다. 세 번째는 '네트워크 강박증'입니다. 사람들이 인터넷상에서 중독적인 행태를 보이는 것인데, 온라인 도박이나 온라인 게임, 온라인 쇼핑, 온라인 섹스 같은 것이 여기 속합니다. 그리고 '정보 과다' 유형이 있습니다. 이 부류의 사람들은 상습적으로 자신도 모르는 사이에 인터넷에 접속해서 검색을 합니다. 구글을 항상 사용하는 사람들입니다. 마지막 인터넷 중독의 유형은 '컴퓨터 중독'입니다. 컴퓨터 자판이나 마우스에서 잠시도 손을 떼지 못하고 게임을 강박적으로 즐기는 유형을 컴퓨터 중독증이라고 정의했습니다.

저는 여기에 완전히 수긍하는 것은 아닙니다. 실제로 영 박사의 논문에 대해서 반박한 일이 있는데요. 영 박사가 인터넷 중독이라고 정의하는 여러 가지 유형 가운데 일부는 사실 인터넷 중독이 아닐 수 있다고 주장했습니다. 인터넷상에서의 중독과 인터넷에 대한 중독은 차이가 있다고 말했습니다. 저는 인터넷 중독이라는 것은 인터넷에 대한 중독이라고 말했습니다. 그런데 킴벌리 영 박사가 얘기한 부분은 인터넷상에서의 중독에 관한 것이었습니다.

도박이든 비디오 게임이든 온라인 쇼핑이든 간에 이런 것들을 하는 사람은 대부분 인터넷을 매체로서 활용합니다. 다른 중독성 행동을 위한 매체로서 인터넷을 사용한 사람들의 경우, 인터넷 중독자로 분류해서는

〈표 1-4〉 인터넷 중독의 유형 분류체계(Young, 1999)

· 사이버 섹스 중독 : 채팅, 포르노 등 성인 사이트의 충동적인 이용
· 가상공간에서의 인간관계 중독 : 온라인상의 관계에 지나치게 몰두
· 네트워크 강박증 : 강박적인 온라인 도박, 쇼핑
· 정보 과다 : 상습적인 웹서핑 또는 데이터베이스 검색
· 컴퓨터 중독 : 강박적인 컴퓨터 게임(예를 들면, 둠, 미스트, 솔리테어 등)

안 된다는 것이 저의 주장입니다. 이런 사람들에게 인터넷은 자신들이 중독성을 가지고 있는 행태에 몰입하기 위한 공간일 뿐이기 때문입니다.

그런데 저와 영 박사의 사례연구를 보면, 인터넷 자체에 중독된 사람들이 꽤 있습니다. 이것이 무슨 의미일까요? 인터넷상에서의 활동에 중독된 것을 뜻합니다. 다른 매체에서는 그런 활동을 하지 않습니다. 온라인 채팅에 중독된 사람도 있고, 온라인 역할 게임(Massively Multi-player Role Playing Game, MMORPG)에 중독된 사람도 있습니다. 이런 활동을 인터넷상에서만 한다는 것이 특징입니다.

만일 도박 중독자라면 온라인에서 도박을 하다가 못하게 되면, 카지노로 가거나 다른 도시로 가서라도 도박을 합니다. 온라인 쇼핑을 하는 사람에게 그것을 못하게 하면 오프라인 가게로 가서 뭔가 구매를 할 수 있습니다. 그러나 온라인 게임의 중독자의 경우에는 오프라인 세상에서는 그에 대한 대안이 없습니다. 온라인 채팅 중독자도 마찬가지입니다. 그것을 못하게 한다고 해서 지나가는 사람을 붙잡고 채팅을 하지는 않지요. 이런 활동들은 인터넷상에서만 발생하는 것입니다. 따라서 인터넷이라는 미디어가 있기 때문에 온라인 중독이 발생할 수 있다고 주장하는 것입니다.

온라인 역할 게임과 온라인 채팅은 비슷한 점이 있습니다. 사람들이 문자에 기반한 가상현실을 만들어낸다는 점입니다. 즉 심리적으로 페르소나(persona : 연극, 소설 등에 등장하는 가상의 인물)를 만듭니다. 채팅방에서 만들어내는 것이지요. 온라인 세상에 가면 자기가 굉장히 멋진 젊은 청년이 될 수도 있지요. 현재 자신의 모습을 감추고 상상 속의 영화 주인공 같은 가면을 쓰게 되는 겁니다. 단지 스크린에 타이핑만 하면 그렇게 됩니다. 실제 삶에선 제한이 많아서 안 됩니다. 온라인 역할 게임에서도 채팅처럼 자유로워집니다. 실제 내 모습을 벗어버리고 상상의 멋진 페르소나를 만들어낼 수 있는 것입니다.

사람들이 이런 가상현실에서 활동하게 되면 심리적으로 그러한 기술에 완전히 몰입할 수 있습니다. 그렇게 함으로써 익명성을 누릴 수 있다고 믿게 됩니다. 그러면서 사람들은 대체현실에 더욱 더 빠져들게 됩니다.

인터넷 때문에 우울증에 걸리고, 우울해서 인터넷을 한다

인터넷 중독에 관련된 문헌은 100여 편 정도 나와 있습니다. 온라인 도박 중독 같은 세부적 주제가 아니라 인터넷 중독 자체에 대한 연구결과입니다. 대부분의 연구사례는 인터넷 중독에 관해 국가별로 편의상 선택한 샘플을 기초로 하고 있습니다. 따라서 방법론적으로 충실하지 못한 연구가 많습니다. 대표성이 있는 샘플이 추출되지 않은 경우가 꽤 있기 때문에 이것은 개선되어야 할 부분입니다. 현재 다양한 문화권 사이의 비교연구는 거의 없는 상태입니다. 한국의 인터넷 중독은 미국이나 다른 나라의 인터넷 중독과는 현상이 다를 수 있습니다. 그러나 그러한 비교연구는 아직 없습니다.

사례연구는 사람들이 직면하고 있는 온라인 중독 문제를 파악하는 데 좋은 도구가 될 것입니다. 인터넷 중독 그리고 온라인 중독은 이미 퍼져 나가고 있는 사회적 문제입니다. 앞서 언급한 중독의 요소를 근거로 분류한다면 인터넷 중독자의 수는 그렇게 많지 않을 수도 있습니다. 인터넷 중독은 아니지만, 과도하게 사용하는 사람의 수가 상대적으로 많을 수 있다는 것입니다.

다음은 심리측정 사례에 대해 말씀드리겠습니다. 스크리닝(screening)을 활용한 방법인데, 저는 심리학자로서 이러한 선별 방식이 유효한지, 그리고 가능한지에 대해서 검증을 하고 있습니다. 그런데 여러 가지 선별 방식을 보면 분명치 않은 경우가 있습니다. 그러나 인터넷을 지나치게 중독적으로 사용하는 경우 심리적인 불안감이 있거나 우울증 지수도 높고, 소심하고 외롭고 자존감이 낮고, 대인관계가 원만치 못한 경향이 있다는 사례들이 많이 있습니다. 연구 내용을 보면 인터넷에 접근하는 요인이 대개 정신질환적인 요인, 즉 심각한 우울증, 외로움, 기피성 대인관계 등이라는 것입니다. '닭이 먼저냐, 달걀이 먼저냐'라고 따질 수도 있지만, 많은 경우 인터넷 때문에 우울증이 심해지는가 하면 또 우울해서 인터넷을 한다는 것입니다. 그런데 인터넷에 들어가면 오히려 우울증이 더 심해지는 악순환의 상황도 발생합니다.

또 다른 연구에서는 인터넷의 과도한 사용이 학업에 어떻게 관련되는가를 조사한 결과, 인터넷을 지나치게 사용하는 경우 학업성적 지수가 상대적으로 낮아지는 것으로 나타납니다. 대부분의 시간을 인터넷에 바친다면 반드시 중독이 아니라 하더라도 시간을 많이 허비하게 되니 성적은 나빠질 수밖에 없겠지요.

게임을 할 때 남성의 뇌가 여성의 뇌보다 더 활성화된다

지금까지 말씀드린 내용은 대부분 심리학적, 사회학적인 내용이었습니다. 그런데 최근에 이루어진 생물학적인 신경이미징(neuroimaging) 연구는 가령 온라인 게임을 할 때 뇌의 변화가 어떻게 되는가를 보고 있습니다. 그 결과에 의하면 생물학적인 뇌에서 나타나는 변화가 인터넷 중독과 약물 중독 양쪽에서 비슷하다는 것을 보여주고 있습니다.

20편 정도의 연구 결과가 발표되었는데, MRI를 찍어보면 뇌의 영역 중 감정에 관련된 부위에서 온라인 게임 중독자들의 뇌 구조가 변화한다는 것을 알 수 있습니다. 인터넷을 과도하게 사용하는 경우에는 뇌 구조가 바뀐다는 것이지요. 구체적으로 보상, 중독, 갈망, 감정과 연관된 네 가지 영역이 인터넷과 게임 중독자들에게서 더 활성화되는 것을 확인할 수가 있습니다.

사람들이 인터넷과 게임을 할 때 일반인에 비해 뇌 구조 변화가 달라진다는 것은 주목할 만한 일입니다. 그리고 뇌의 영역의 활성화에서 여성보다는 남성이 더 강하게 반응합니다. 온라인 중독은 여성보다는 남성이 그 빈도가 더 높다는 것이 이 뇌의 변화와 관련되어 있다고 볼 수도 있습니다.

약물 중독과 인터넷 중독이 분자나 신경회로, 행동 등 다양한 수준에서 유사하다는 근거는 그밖에도 많이 있습니다. 게임 중독자들을 살펴보면, 내성적이고, 자극을 추구하고, 신경증이 있거나 상대적으로 불안 수준이 높거나, 감성 지능이 낮거나 사회적인 행동을 억제하는 특징이 있습니다. 따라서 온라인 중독에 대해 생물학적인 차원까지 포함해서 좀 더 심층적으로 연구해야 된다고 생각합니다.

제가 전에 비디오 게임 중독 연구에서 강하게 주장한 것이 있습니다.

그것은 어떤 사람이 감수성이 높은 경우 인터넷이 그 잠재적인 중독성을 자극할 수 있다는 것입니다. 예를 들어 하루에 5-6시간 게임을 하고 잠시 멈추고 다음 날에 할 수는 있다 해도 결코 그 게임을 중단하지는 않는다는 것입니다.

저는 최초 연구에서 게임하는 아이들의 심장박동을 체크했었습니다. 온라인이 아니라도 비디오 게임 자체만으로도 각성되고 흥분되는 것을 알 수 있었습니다. 1990년대의 연구 결과, 영국은 5-7%의 아이들이 매주 30시간 이상 게임을 하고 있었습니다. 숙제를 마치고 매주 30시간을 부정적인 영향을 받지 않으면서 친구들과 게임을 할 수 있었습니다. 그런데 인터넷이 급속히 대중화되면서 과거의 비디오 게임 시대에는 일주일에 30시간이었지만, 이제는 60시간 이상도 할 수 있게 된 겁니다. 이렇게 되면 아이에게 크게 부정적인 영향을 미칠 수 있습니다.

과도한 게임 때문에 비만해진 아이 증가

과도하게 게임에 탐닉하는 사람의 행동지표를 살펴보겠습니다. 비디오 게임은 1980년대에 나왔는데, 1970년대 후반에도 아이들이 오락실에서 게임 때문에 돈을 훔치는 일이 있었습니다. 1990년대에 사람들은 콘솔 게임(console game : 온라인에 연결되지 않고 혼자서 컴퓨터 프로그램으로 하는 게임)을 즐겼는데, 새로운 게임 디스켓을 사기 위해 돈을 훔치는 아이들이 있었던 거죠. 게임을 하기 위해 학교나 직장을 무단결석하기도 했습니다. 다른 사회적인 활동을 희생하면서 게임에만 매진하다 보니 공부를 하지 않거나 성적이 나빠지는 경우가 생기게 된 것이지요.

아이들은 게임을 할 수 없게 되면 심하게 짜증을 냅니다. 그리고 게임

〈표 1-5〉 과도한 게임의 행동지표

- 오락실에서 게임을 하기 위해 돈을 훔친다(Klein, 1984; Keepers, 1990)
- 새로운 게임을 구입하기 위해 돈을 훔친다(Griffiths & Hunt, 1995; 1998)
- 게임을 하기 위해 학교나 직장을 무단결석한다(Keepers, 1990; Griffiths & Hunt, 1995; 1998; Grusser et al, 2007; Rehbein et al, 2010)
- 공부를 하지 않거나 성적이 나쁘다(Griffiths & Hunt, 1993; Phillips et al, 1995; Chiu et al, 2004; Ng & Weimar-Hastings, 2005; Smyth, 2007; Hart et al, 2008; Rehbein et al, 2010)
- 사회생활을 희생해가면서 게임을 한다(Egli & Meyers, 1984; Griffiths & Hunt, 1995; 1998; Smyth, 2007; Grusser et al, 2007; Hart et al, 2008; Rehbein et al, 2008)
- 게임을 할 수 없는 상황에서 짜증을 낸다(Griffiths & Hunt, 1995; 1998; Rutkowska & Carlton, 1994; Grusser et al, 2007)
- 계획한 것보다 더 오래 게임을 한다(Griffiths & Hunt, 1995; 1998; Phillips et al, 1995)
- 사회 불안이 증가한다(Lo et al, 2005, Hart et al, 2008)
- 대인관계가 줄어든다(Lo et al, 2005, Ng & Weimar-Hastings, 2005; Smyth, 2007)
- 수면부족(Smyth, 2007; Grusser et al, 2007; Rehbein et al, 2010)

을 원래 계획보다 더 오래 하는 경향이 있습니다. '1시간만 기분전환으로 게임을 하고 다른 일을 해야지'라면서 시작하지만 10시간 후에도 게임을 하고 있는 자신을 발견하게 됩니다. 그런 경우 스스로 죄책감을 느낍니다. 대인관계를 피하게 되고 만성 수면부족에 시달립니다. 게임에 빠진 사람들은 대부분 이런 행동을 보입니다.

온라인 게임을 과도하게 하면 환청을 겪거나 잠을 자지 못하는 경우가 많습니다. 14시간 동안 게임을 하고 잠자리에 들면 야뇨증, 요실금을 보입니다. 이러한 부작용의 사례는 온라인 게임이 아니라 오프라인 게임

〈표 1-6〉 과도한 게임의 신체적, 사회적 영향

- 광감수성 간질(e.g. Maeda et al, 1990; Graf et al, 1994; Harding & Jeavons, 1994; Quirk et al, 1995; Millett et al, 1997)
- 환청(Spence, 1993)
- 야뇨증(Schink, 1991)
- 변실금(Corkery, 1990)
- 피부, 관절, 근육의 문제, 물집, 굳은살, 손과 손가락의 저림(Loftus & Loftus, 1983)
- 반복성 긴장성 손상("닌텐도염")(Reinstein, 1983; Brasington, 1990; Casanova & Casanova, 1991; Siegal, 1991)
- 손목, 목, 팔꿈치 통증(McCowan, 1981; Miller, 1991)
- 손-팔 진동 증후군(Cleary, McKendrick & Sills, 2002)
- 비만(Shimai et al, 1993; Deheger et al, 1997; Johnson & Hackett, 1997)

을 기반으로 한 것이었습니다.

'뉴잉글랜드 저널 메디슨' 의료저널에 따르면, 게임으로 인해 피부와 관절, 근육에 이상이 생기고 물집이나 굳은살이 박이고 손과 손가락이 저리는 현상도 발생합니다. 목도 뻣뻣하고 반복성, 긴장성, 손상 증후군이 나타나는 것으로 보고되고 있습니다. 손목과 목과 팔꿈치 통증도 나타납니다. 과도한 게임 때문에 비만해진 아이들이 점점 증가하고 있습니다.

중독에 대한 개념, 연구마다 다른 잣대 적용

이런 결과는 60편 이상의 인터넷 게임 중독에 대한 경험연구에서 나온 결론입니다. 그런데 심각한 것은 이들 연구의 방법론이 일치하지 않는다는 것입니다. 우선 중독을 표현하는 용어 자체가 다양합니다. 같은 현상을 말하면서, 영어로 문제성 비디오 게임, 온라인 게임의 문제성 있는 이용, 비디오 게임 중독, 온라인 게임 중독 등 여러 가지 용어를 사용하고 있습니다. 중독의 종류에서부터 구분 방식도 일관성이 없습니다.

이들 기본 개념에 대한 잣대가 연구마다 달리 적용되고 있고, 평가도 달리 적용되고 있습니다. 흥미로운 사실은 사람들이 이러한 온라인상의 문제성 행동에 대해서, 특히 게임과 관련해서 유병률(有病率)을 파악하려고 할 때 그 기준이 연구자들 사이에서 다르다는 것입니다. 대부분의 연구에서 젊은 층의 8-12%에서 과다 게임 사용 유병률이 있는 것으로 나타났습니다. 10대 청소년이나 아동 등 연령대가 더 낮은 경우에는 2-5%로 보고되고 있습니다.

이러한 수치들을 어떻게 해석할 것인가가 문제입니다. 저는 상당히 비판적으로 보고 있습니다. 여러 가지 조사 방식이 문제가 있다고 보기 때문입니다. 예를 들어 어떤 논문에서 한국의 청소년 10명 중 1명은 문제성 온라인 행동을 하고 있다는 결과가 나온다면, 이렇게 질문을 할 것입니다. 그 데이터는 어떻게 수집한 것인가, 무엇을 선별을 위한 도구로 사용했는가, 그리고 선별한 도구가 문제성 온라인 행동에 대해 적절한 도구였는가 등입니다.

대부분의 연구는 어떤 특정한 중독 행위에 대해서 '해봤나, 안 해봤나' 또는 '예스나 노'로 대답을 하게 되어 있습니다. 구체화되어 있지 않다는 것입니다. 다시 말해서 시간적인 차원이 결여된 경우가 많습니다. 어떤 중독 증상을 정확히 중독이라고 부르기 위해서는 6개월 정도는 중독 상태가 지속되어야 합니다. 그런데 그런 시간적인 차원이 고려되지 않는 것이 취약성입니다.

문제를 과대평가하게 되는 경우도 있습니다. 영국만 하더라도 아이들

중 5% 정도는 비디오 게임과 관련해서 문제가 있다고 하는데, 그 수치가 맞는다면, 20명 중 1명이 중독인 것입니다. 그렇다면 주요 도시마다 전부 치료를 위한 클리닉을 열어야 했을 겁니다. 제 개인적으로 5%라는 수치는 중독 수치를 정확히 보여주는 것이 아니라고 생각합니다.

이런 중독 관련 연구조사는 게임을 하는 맥락을 고려하지 않고 있다는 것도 한계입니다. 만일 직장도 없고 결혼도 하지 않고 아이도 없는 사람이라면, 하루에 10시간씩 게임을 한다고 해서 그의 삶에 크게 피해가 발생하는 것은 별로 없을 것입니다. 부정적인 피해가 별로 없으므로 과도하게 게임을 한다고 하더라도 중독이라고 볼 수 없을 것입니다. 그러나 결혼을 했거나 아이를 갖고 있고 직장을 가진 사람이라면 이런 행태가 큰 문제가 될 것입니다.

아이들과 '상호작용'을 많이 하라―경청하기, 안아주기, 책 읽어주기

인터넷 중독의 예방에 관해 말씀드리겠습니다. 예방에 대한 연구는 많지 않습니다. 경험적인 연구나 치료에 관한 연구보다 훨씬 적습니다. 영어로 된 학술논문이 하나 있는데, 2001년으로 거슬러 올라가는 옛날 논문입니다. 그 논문은 부모를 위한 인터넷 중독 예방 지침을 다섯 가지로 규정하고 있습니다.

예방 가이드라인에서 특히 학부모가 어떻게 할 것인가에 대해서 이렇게 말하고 있습니다. 전자기기 사용을 하루에 1-2시간으로 제한하고, 아이들이 조금 더 신체적으로 활동하게끔 매일 3-4시간씩 운동을 시켜야 한다는 것입니다. 또 부모들이 아이들과 함께 상호작용을 많이 해야 한다고 조언합니다. 아이들 말을 경청하기, 많이 안아주기, 자기 전에 책 읽어주기 등등의 것들을 해야 한다고 말합니다. 또 모든 스크린 기반

〈표 1-7〉 인터넷 중독의 예방
(King, Delfabbro, Griffiths & Gradisar, 2012; Adapted from Rowan, 2001)

· 부모를 위한 인터넷 중독 예방지침
  (1) 전자기기 사용을 하루 1-2시간 이내로 제한
  (2) 매일 3-4시간 운동
  (3) 경청하기, 안아주기, 자기 전에 책 읽어주기
  (4) 침실에는 TV를 치우고, 식사시간에는 전자기기 사용을 금지
  (5) 방학기간에는 전자기기 사용을 자제
· 위 방법은 치료를 위한 목표로 적절하게 바꾸어 사용할 수도 있다.

의 기술, 즉 컴퓨터, TV 등을 침실에서 치워야 한다고 충고합니다. 식사시간에도 전자기기 사용을 금지하라고 합니다. 방학이나 휴일에는 전자기기 사용을 자제하도록 아이들과 약속하는 것도 권합니다. 물론 교육적인 목적은 빼고요.

그런데 실제로 이렇게 하기가 굉장히 어렵습니다. 제가 생각할 때, 인터넷 중독을 예방하기 위해서는 다양한 이해관계자 그룹들이 공감대를 형성해야 할 것 같습니다. 국제적 기관, 규제기관, 게임 개발자, 정부, 학부모, 학교 등이 모두 예방책을 내기 위해서 함께 지혜를 모으고 실천해야 합니다. 그에 앞서 이들이 공감대를 형성하고 공동의 목표를 수립해야 합니다.

사실 아이들이 하루 1-2시간 정도 오락용 기술을 누리는 것은 별 문제될 것이 없습니다. 게임 개발자나 인터넷 업체의 운영자들이 설계할 때, 이런 점을 고려해서 신중하게 개발해야 합니다. 또 중독성이 있는 제품이 설계될 때에는 교사와 학부모에게 경고할 수 있는 경고문이 있어야 한다고 생각합니다. 정부와 규제기관도 그런 방향으로 압력을 행사해

야 할 것 같습니다. 안전한 제품을 설계할 수 있도록 게임 업체들에게 압력을 넣어야 합니다.

특히 학부모들의 교육이 필요합니다. 아이들이 온라인에서 도대체 뭘 보고 있는지를 먼저 알아야 합니다. 저도 항상 체크를 합니다. 저는 히스토리(history) 버튼을 누르면 제 아이가 인터넷에서 어떤 사이트를 갔는지 알 수가 있게 만들어놓았습니다. 어떤 게임을 했는지 제가 곧 알 수가 있습니다. 그런 것을 모르는 부모는 자녀와 기술적인 갭이 생길 수 있습니다. 그래서 부모들이 교육을 받아야 합니다. 어떻게 하면 모니터링을 할 수 있을지, 좀 더 능동적으로 적극적으로 사전적으로 교육을 받아야 합니다. 아이들이 인터넷에서 무엇을 하고 있는지 주기적으로 점검하는 것이 중요합니다. 사회적으로 수용성이 높은 인터넷을 아이들이 잘 활용할 수 있도록 부모가 지도해야 하는 것입니다.

인터넷 사용시간을 줄이는 것이 가장 효과적

온라인 게임 중독 치료에 대해 말씀드리겠습니다. 요즘은 온라인 게임 중독 치료를 도와주는 웹사이트가 있습니다. 한국에도 있지요. 도박, 알코올, 온라인 게임 중독 등을 도와주는 재활단체도 있습니다.

저는 최근 오스트레일리아 연구팀과 공동으로 중독 연구에 대해 리뷰를 했습니다. 중독에 대한 치료를 다루는 모든 연구 결과에 대해 검토를 한 결과 8개 정도의 과학적인 근거가 확실한 연구들이 있으며, 결론은 다음과 같습니다.

온라인 중독의 치료 방법으로는 인지행동 치료가 있는데, 정신과 치료입니다. 동기강화 상담이라는 것도 있는데, 정신심리적인 차원에서 접근하는 것입니다. 약물치료도 있습니다. 몇 가지 연구에서는 온라인 상

〈표 1-8〉 온라인 중독의 치료
(King, Delfabbro, Griffiths & Gradisar, 2011; King, Delfabbro & Griffiths 2012)

· 인지행동 치료 / 동기강화 상담(Orzack et al, 2006; Young, 2007; Du et al, 2010)
· 약물치료(메칠페니데이트[S] / 부프로피온[D])(Han et al, 2009; 2010)
· 카운슬링[집단 / 복합](Kim, 2008; Skek et al, 2009)
· 온라인 자활 센터(Su et al, 2011)

  총 참여자 435명(비약물적 치료 302명)
  CONSORT(Consolidating Standards of Reporting Trials) 분석법

담치료를 도입했습니다. 그룹 심리치료나 복합 심리치료 등의 방법입니다. 또 다른 연구에서는 온라인 자활 센터를 검토했습니다. 모든 연구에 어느 정도의 과학적인 근거는 있습니다. 하지만 이런 모든 연구에 참여한 환자가 전 세계적으로 435명밖에 되지 않았기 때문에 한계가 있습니다. 이 중 302명은 비약물적인 치료를 받았습니다. 약을 전혀 복용하지 않았다는 것입니다.

저는 현재까지 진행된 연구에 대해 좀 비판적으로 보고 있습니다. 온라인 중독에 대한 설문조사와 마찬가지로, 정의부터 진단에 이르기까지 일관성이 없습니다. 대조군이 적절하지 않고, 표본을 어떻게 등록했는지, 어떻게 구했는지, 어떻게 치료받게 되었는지 등등의 관련 정보도 충분치 않습니다. 표본의 특성이 어떤 것인지도 정보가 부족하므로 연구결과의 신뢰도를 높이는 것이 과제입니다.

요약한다면 온라인 행동지표는 치료에 유용할 수 있습니다. 섹스 중독자가 섹스를 멈춘다든지, 게임 중독자가 게임을 멈춘다든지, 폭식자가 먹기를 멈추는 것은 현실적으로 불가능하다고 하더라도 그 행위에 중독되기 전에 예방을 하면 치료 가능성이 커지기 때문입니다. 그렇게 하려

〈표 1-9〉 임상 실무 요약

(King, Delfabbro, Griffiths & Gradisar, 2012)

- 임상의와 환자에게 어떠한 온라인 활동이 이루어지는지 이해하기 위한 활동-감시 일정이 유용하다.
- 치료 목표는 현실적이어야 한다(인터넷 사용을 금하는 것은 불가능할 것).
- 대부분 절제된 인터넷의 사용이 임상연구의 목표이다.
- 초기에는 인터넷의 장기 사용을 줄이기 위한 행동적 전략(정해진 시간을 지키기 위해 알람시계 맞추기 등)이 유용하다.
- 심리교육은 인지행동 치료의 일부이다.
- 동기강화 상담(MI)도 인지행동 치료의 일부이다.
- 인터넷 사용에 대한 부정적 핵심 신념을 제고하기 위해 인지적 재구조화를 사용할 수 있다.

면 인터넷 사용시간을 줄이는 것이 효과적입니다. 가장 좋은 예방책은 누군가가 그 행위를 멈추라고 하는 것이 아니라 자신이 스스로 멈출 수밖에 없다는 것, 잘못된 인터넷 사용 습관을 사전에 만들지 말아야 한다는 것입니다.

게임 산업의 새로운 추세 : 게임의 여성화, 모바일 게임 증가

몇 가지 더 말씀드리겠습니다. 미래에는 사이버 공간 때문에 어떤 문제가 생길까, 앞으로 정부, 학부모, 규제기관, 게임 업체들은 어떠한 문제에 직면하게 될까, 이런 생각을 하게 됩니다. 제가 보는 최근 게임 산업의 동향과 추세를 정리하겠습니다.

첫째, 게임의 여성화가 이루어지고 있습니다. 점점 더 많은 여성들이 최첨단 기술 현장에 참여하고 있고, 남자아이와는 다르다고 하더라도 아주 어렸을 때부터 게임을 시작하고 있습니다. 또 스마트폰이나 SNS 같은 새로운 매체로 인해 여성들이 많은 문제를 겪고 있습니다. 스마트폰은 여성들이 더 많이 중독된다는 연구도 나오고 있습니다.

디지털 원주민(digital native) 인구가 늘고 있습니다. 엄마 뱃속에서 태어날 때부터 인터넷과 컴퓨터와 함께 한 디지털 세대가 세상을 차지하고 있습니다. 스크린 에이지(screen age)라고 하는 10대들은 한순간도 인터넷이 없는 때를 살아본 적이 없는 세대입니다. 진짜 인터넷 세대이지요. 이들은 온라인, 원격기술을 무한히 신뢰하고 있고, 도박과 게임 같은 것을 온라인에서 처음으로 하게 되는 세대입니다. 오프라인을 먼저 경험했던 우리 세대와는 전혀 다른 경험을 하고 있었다는 것이지요.

앞으로 스마트폰을 이용한 모바일 게임이 급격히 증가하게 될 것입니다. 스마트폰의 폭발적 보급으로 앞으로 10년 동안 모바일 게임의 증가가 예측됩니다. 이에 관한 연구도 활발히 진행되고 있습니다. 진정한 핫이슈는 소셜 네트워킹(social networking)입니다. 제 아이들을 보면 항상 좋은 연구 아이디어가 떠오르는데, SNS도 그 중 하나입니다. 사람들 간의 상호작용 측면에서도 소셜 네트워킹은 엄청난 기능을 하고 있습니다.

저는 1987년에 슬롯머신 중독에 대한 연구를 시작했고, 1989년에는 비디오 게임 중독, 1994년부터는 인터넷 중독을 연구해왔습니다. 오늘날은 이런 모든 중독이 융합되고 있습니다. 도박, 게임, 인터넷, 이런 것들이 모두 융합되어서 하나의 유형으로 자리 잡고 있습니다. 비디오 게임 회사들에 도박의 요소가 들어가고 있고, 또 거꾸로도 진행이 되고 있습니다. 상호작용이 활발하고 모두 온라인상에 있습니다. 앞으로는 기술 광고, 기술 마케팅이 게임에 많이 적용될 것입니다. 게임에는 가장 최첨단 기술이 사용될 것입니다. 소셜 미디어를 통해 광고가 이루어

〈표 1-10〉 온라인 게임의 기술 동향(Griffiths, 2011)

- 온라인 게임의 여성화
- 디지털 세대 인구의 증가
- 원격 게임에 대한 경험연구의 증가
- 모바일 게임의 증가
- SNS를 통한 게임의 증가
- 게임 기술 협력과 융합의 증대
- 게임의 기술 광고 및 마케팅의 증가
- 새로운 문제성 게임의 등장
- 행태추적 데이터 이용의 증가
- 문제성 게이머들을 위한 온라인상의 지원과 치료 증가

지면서 오프라인과는 비교할 수 없을 정도의 빠른 속도로 전파될 것입니다.

새로운 유형의 문제성 게임도 등장하게 될 것입니다. 최근 온라인 포커에 대해서도 연구가 이루어졌는데, 온라인 포커 게이머들은 평균적으로 승률이 매우 높다고 합니다. 대부분의 도박은 돈을 많이 잃어서 문제가 됩니다. 그러나 온라인 포커는 돈을 잃는 것이 아니라 시간을 잃는 것이 문제입니다. 온라인 포커 게이머들은 하루 14시간 정도씩 매일 게임에 매달리면서 돈을 버는 경우가 많은 반면에, 대인관계나 직장에서 잃는 것이 많아집니다.

온라인 도박회사나 게임 회사 등의 기업은 게임 참여자들에 대해서 많은 것들을 파악하고 있습니다. 참여자가 클릭을 한 번 할 때마다 얼마

나 지출이 되는지, 무슨 게임을 좋아하는지, 어떤 성향이 있는지 이런 것들을 모조리 추적하고 파악할 수 있습니다. 게임 회사들은 실제로 이런 행동추적과 행태추적을 하고 있습니다. 그렇다면 이런 기술을 활용해서 온라인을 더 많이 사용하게 하고 중독을 악화시키는 것이 아니라 치료에도 기여할 수 있다는 생각을 합니다.

향후 10년 이내에 이런 온라인상의 지원이 제공될 것입니다. 많은 사람이 온라인 쇼핑과 온라인 게임을 하는 이유는 가격이 더 싸고 편리하기 때문입니다. 접근성 때문이지요. 그래서 치료도 이렇게 되면 좋으리라 생각합니다. 왜 사람들이 인터넷에 가서 이런 활동들을 하는가? 인터넷만의 여러 가지 장점 때문인데, 이런 장점들을 치료에도 활용해야 한다고 생각합니다. 우리가 기술적으로 온라인 도박 중독, 온라인 게임 중독, 인터넷 중독에 대해 추적한다면 누가 과도하게 인터넷을 이용하고 있는지를 파악할 수 있고 그들을 치료할 수 있습니다. 역설적으로 들릴 수도 있겠지만 접근하기 쉽기 때문에 치료도 온라인으로 하는 것이 적절할 수 있습니다.

인터넷을 탓하면 안 된다 — 중독에 빠진 사람의 취약성을 찾아라

이제 결론을 말씀드리겠습니다. 저는 앞에서 이런 질문을 했습니다. '중독이란 무엇인가?' 그리고 중독에 대해 여섯 가지 요소로 정의했습니다. 그러면 '온라인 중독이라는 것이 실제로 존재하는가?' 여러 가지 증거로 볼 때, 저는 온라인 중독은 존재한다고 생각합니다. 그리고 소수의 인구집단에 분명히 존재합니다.

특히 청소년 계층이 취약합니다. 저는 인터넷을 아주 좋아하고 옹호하는 사람입니다. 인터넷의 강점을 높이 사는 것과는 별개로 소수의 인구집단에 존재하는 과도한 인터넷 활동에 대해서는 대응이 필요하다고 생각합니다. 약물이라든지 알코올 중독과 마찬가지로 중독 성향을 띠는 것에 대한 예방이 중요합니다.

사회적 문제가 발생한다고 인터넷을 탓하면 안 된다고 생각합니다. 어떤 사람이 온라인 중독에 빠진다고 하면 이미 그 사람에게는 어떤 취약성이 있다든지 다른 문제가 있는 경우가 흔합니다. 생물학적인, 유전학적인 특성이나 심리학적인 요인이 있을 수도 있습니다. 여기서 중요한 것은 인터넷이 이러한 부정적 요인을 증폭시켜서 증세를 악화시킨다는 것입니다. 이미 내재하고 있던 잠재적 취약성을 겉으로 드러내고 증상을 악화시키는 촉진제 역할을 한다는 것입니다.

따라서 이 분야 연구자들이 각각 별도의 연구를 하는 것이 아니라 융합적으로 연구해야 한다고 봅니다. 현재는 연구의 기초가 되는 프레임워크(framework)가 없습니다. 다양한 분야가 관련되어 있으나 통합된 연구체제가 없다는 것이 연구의 취약성입니다. 이 부분이 먼저 해결되어야 모두가 공동의 목표를 향해 나아갈 수 있습니다. 연구자들마다 각자의 선별 방법과 툴(tool), 개념을 가지고 뿔뿔이 하고 있어, 연구의 질이 높지 않습니다. 한국의 연구 결과와 미국 또는 영국의 연구 결과를 비교하는 것도 불가능합니다. 왜냐하면 서로 방법론이 다르기 때문입니다.

그리피스 교수와의 대화*

"10년 후에는 스마트폰과 인터넷의 구별이 없어진다"

질문 최근 아이들이 스마트폰을 너무 많이 사용하고 있어, 가정마다 부모가 걱정을 하고 갈등도 있습니다. 이러한 스마트폰 사용에 대해서 어떻게 생각하시는지요.

그리피스 스마트폰 중독 문제도 주요 관심사입니다. 저도 스페인의 한 그룹과 협력 연구를 하고 있는데, 인터넷 중독과 함께 스마트폰 연구를 진행하고 있습니다. 연구를 통해 발견한 것 중의 하나는 스마트폰에 중독된 12-18세 청소년의 경우 인터넷 중독과 비슷한 양상을 보이고, 차이점이 있다면 인터넷보다 여학생들의 중독률이 높다는 것입니다. 인터넷 중독에서 가장 문제가 되는 것이 남자인데 반해 스마트폰 중독은 여자들이 더 문제가 되고 있습니다.

쟁점이 되는 부분은 SNS 중 특히 페이스북을 하려고 인터넷 사이트에 접속하기 위해 스마트폰을 사용한다는 것입니다. 저는 스마트폰 중독이 인터넷 중독의 또 다른 이름이라고 생각합니다. 기술 발전으로 인해 스마트폰과 인터넷은 구분이 없어질 겁니다. 아마 10년 후에는 스마트폰 중독이라는 말이 없어질 것 같습니다. 스마트폰은 하나의 도구로서 온라인 중독을 지칭하는 개념으로 바뀔 것 같습니다.

---

* 영국 노팅엄 트렌트 대학교 심리학과 교수인 마크 그리피스는 '청소년기의 인터넷 중독 : 도전, 예방 그리고 개입'이란 주제로 강연을 마친 후 청중들과 질의응답 시간을 가졌다. 간략하게 그 내용을 소개한다.

게임에도 담배처럼 유해성에 대한 '경고문구'를 넣어야

질문 담배의 유해성에 대해서는 수십 년간 논쟁하다가 이제는 유해하다고 결론이 난지 오래되었고, 담배 포장에 암환자의 사진을 넣는 등 흡연이 위험하다는 경고를 하게 되었습니다. 만약 온라인 중독이 실제로 존재하고, 게임이 상당히 유해하다면 게임을 시작하기 전에 이것에 '중독되지 않도록 조심하라'는 식의 경고문구를 넣는 것은 어떻게 보십니까.

그리피스 게임에 경고문구가 있어야 하는가? 저는 개인적으로 그래야 한다고 생각합니다. 그동안 도박회사 측과는 이른바 기업의 사회적인 책임에 대한 논의를 많이 했습니다. 여러 국가에서 만약 도박회사에서 게임을 출시하는 경우에는 참여자들을 보호할 수 있는가, 그 유해를 어떻게 줄일 수 있는가 등의 보호조치에 관한 제도가 마련되어 있습니다. 알코올의 경우에도 똑같습니다.

제가 2010년에 비디오 게임 회사들도 마찬가지로 접근해야 한다는 골자의 논문을 썼습니다. 소수라고 할지라도 사람들이 제품에 의해 중독될 수 있는 경우라면, 의학적으로 구체적인 경고문구를 넣는 것이 타당합니다. 게임을 몇 시간 동안 계속하면 안구질환이나 간질 등의 부작용을 유발할 수 있다는 내용 말입니다. 게임 회사들도 사회적인 책임을 져야 할 것이므로 제품에 경고문구를 붙여야 합니다.

'인터넷 중독'이란 말 자체가 이미 옛 용어

질문 부모들로서 걱정을 많이 하는 것은 게임 중독입니다. 그런데 게임 중독과 나머지 다른 인터넷 사용을 구분해서 수행한 연구가 있었는지 궁금합니다.

그리피스 온라인 게임 중독과 SNS 중독을 구분하는 연구가 있었습니다. 논란의 여지가 있지만, 인터넷 중독이라는 말 자체가 옛 용어가 되고 있습니다. 요즘은 온라인 도박 중독, 온라인 게임 중독, 온라인 섹스 중독, 온라인 쇼핑 중독 등으로 세분화되고 있습니다. 각각 개별적인 영역으로 다루어지고 있는 것이지요. 대부분의 연구에서는 온라인상에 있는 사람들이 어떤 특정 행위를 다른 것보다 더 많이 한다는 것에 초점을 맞추고 있습니다. 도박을 많이 한다든지, 게임을 많이 한다든지 하는 것에 대한 연구입니다. 전체를 하나로 묶어서 온라인 중독, 인터넷 중독 이렇게는 말할 수 없을 것 같습니다.

가족을 포함한 지원 네트워크가 있어야 치료에 도움

질문 인터넷 중독도 다른 중독처럼 내성과 금단증상 같은 중독 특성이 있어서 실제로 치료가 쉽지 않다는 말씀에 동감합니다. 이런 중독 특성들을 개선하는 데 어떤 치료 방법이 가장 효과적일까요.

그리피스 문헌을 보면 온라인 중독을 성공적으로 치료한 증거를 찾기가 쉽지 않습니다. 그러나 일부 조사에 의하면 인지행동 치료가 그래도 효과가 있지 않을까 합니다. 그런데 성공적인 치료는 중독된 당사자가 중단하고 싶어할 때만 가능합니다. 부모나 교사들로부터 치료를 받아야 한다고 이야기를 들었을 뿐 중단하고 싶은 생각이 없으면 치료 효과가 나타나지 않습니다. 이때 치료의 목적은 완전하게 끊는 것은 아닙니다. 중독 증세의 행동을 통제할 수 있도록 하는 것이 목표입니다. 제일 좋아하는 일을 완전히 못 하도록 금하는 것은 청소년뿐만 아니라 어른에게도 너무 큰 스트레스를 유발합니다.

동기 부여도 중요합니다. 심리적으로 변화하고자 하는 준비 상태가 되도록 해야 합니다. 뭔가 준비를 하는 과정이 필요합니다. 또 하나 굉장히 중요한 요인은 가족들을 포함해서 주변의 지원 네트워크가 있어야 합니다. 스스로 할 수 있는 것이 아니기 때문에 주변의 사람들이 네트워크를 이루어 도와야 합니다.

여러 가지 치료를 동시에 접목시켜 시행할 수도 있습니다. 예를 들어 프로젝트도 주고, 개인적인 심리치료도 하고, 이렇게 다양한 치료법을 접목하면 그것들 사이에서 상호작용이 발생할 수 있습니다. 그렇게 해서 종합적으로 성공적인 치료가 될 수가 있습니다. 또한 신뢰 체계도 다르고 선호하는 치료 방식도 다를 수 있기 때문에 개인의 특성이 맞추어 치료 방법을 선택할 필요가 있습니다.

중독된 사람의 마음 속에 깔린 동기, 다시 말해서 도대체 원인이 무엇이냐를 파악하는 것이 중요합니다. 온라인 중독은 다른 심리적, 신체적 요인과 갈등을 해소하기 위해서 대안을 찾는 경우에 발생하는 경우도 있습니다. 부모와의 관계, 신체적인 장애, 자긍심이 낮고 자신감이 없는 심적 갈등을 해소할 수 있다면 중독에서 벗어날 수 있는 근본적인 치료가 될 수가 있습니다.

자신이 중독된 행동 자체를 지나치게 즐기는 경우도 있습니다. 이런 사람들은 가장 치료하기가 어렵고, 치료에 대한 저항도 심합니다. 예를 들어 '워크래프트(World of Warcraft)' 게임이나 페이스북 같은 온라인 활동을 좋아해서 중독된 사람은 치료하기가 어렵습니다. 이런 사람들은 자기가 가장 좋아하는 다른 활동으로 관심을 돌리게 해서 온라인 중독을 자제토록 하는 방법을 찾아내야 합니다. 완전히 끊게 하는 것은 거의 불가능합니다.

온라인 활동이 삶의 다른 부분을 방해하지 않도록 하라

질문 청소년이 인터넷을 사용하면서 스스로 조절할 수 있게 하는 방법은 무엇이 있을까요?

그리피스 청소년들은 항상 자기가 원하는 바를 원하는 시간에 원하는 방식으로 원하는 사람들과 하려는 욕구를 가지고 있습니다. 그리고 학부모나 교사의 조언을 받아들이지 않으려는 경향이 있습니다. 인터넷에 접속해서 시간 가는 줄 모르고 빠져 있는 상태를 중단시키려면, 스스로 알람시계를 90분에 맞춰놓고 '자명종이 울리면 내가 그만하겠다'고 결심하면 가능합니다.

또 다른 조언을 해드리면, 제 아이들은 항상 숙제를 마치고 운동도 하고 난 후에 인터넷을 하기로 약속하고 그것을 지키고 있습니다. 여러분도 오늘 공부를 다 하고 할 일을 다 했다면, 소셜 네트워킹 사이트도 가고 게임도 할 수 있도록 하면 될 것입니다. 절대적인 시간의 문제가 아니라 온라인 활동이 삶의 다른 부분을 방해하지 않도록 하는 것이 중요합니다. 학업이나 사회적인 관계, 가족관계를 방해하지 않고 문제를 일으키지 않는 범위라면 온라인 활동을 하는 것에 대해 걱정할 것이 없다고 생각합니다.

인터넷 세상에서 자녀 잘 키우기
"경청하고 공감하고 부모 방식을 내려놓으세요. 절대로 포기하면 안 됩니다"

배주미
한국청소년상담복지개발원 인터넷중독대응팀장

우리 부모가 어렸을 때는 이런 세상이 올 것이라고 상상도 못했습니다. 손가락만 놀려 컴퓨터만 켜면 집 밖을 나가지 않더라도 안 되는 일이 없습니다. 세상은 몰라보게 발전하고 좋아진 것 같은데, 이런 '인터넷 세상'에서 자녀를 잘 키우는 것은 훨씬 힘들어졌습니다.

우리 부모 세대는 TV 대신 동네를 무대로 숨바꼭질, 소꿉장난, 말타기를 하며 뛰어 놀았습니다. 저도 어릴 때 고무줄 놀이에 빠져 해지는지 모르고 놀다가 엄마한테 혼나기도 했지요. 자전거를 처음 샀을 때에는 정신없이 달리다 길을 잃어 부모님을 걱정시키기도 했습니다. 남자아이들은 동네 딱지왕을 가리기 위해 밤늦게까지 딱지놀이를 했습니다. 그러나 그 시절에는 밤새워 놀다가 '딱지 중독'이 되었다는 이야기는 들어보지 못했습니다. 만화나 무협지에 빠져서 공부를 뒷전에 밀어놓는 청소년들이 있기는 했지만, 그런 책 읽기 습관은 '인터넷 중독'과는 비교되지 않았습니다.

'인터넷에 중독되면 뇌 기능이 저하된다'는 연구 결과 나와

컴퓨터를 쓰고 인터넷에 들어가는 것은 요즘 청소년들에게 단순한 놀이도구 이상의 존재입니다. 세상 일 모르는 것은 모조리 다 알려주고, 너무 유용하기 때문에 없어서는 안 되는 필수적인 도구입니다. 외롭고 심심할 때 컴퓨터를 켜면 언제나 달려와주는 절친한 친구입니다. 필요한 것을 주문하기도 하고, 공부도 같이 합니다. 친구이자, 부모이자, 선생님이자, 최고의 전문가입니다.

컴퓨터와 인터넷이 이렇게 좋은 것입니다. 그런데 안타깝게도 아이들은 다양하고 좋은 기능을 많이 사용하기보다는 선정적이고 '나쁜' 것들을 보려고 애를 씁니다. 다른 사람 글에 악성 댓글을 달며, 게임을 며칠씩 밤낮없이 해서 결국은 학업과 일상생활에 장애가 생깁니다. 이렇게 되면 청소년들에게 정서적 문제가 생기고, 부모나 친구와의 관계가 나빠지고, 뇌 기능 저하까지 나타나게 됩니다. 과도한 인터넷 사용과 게임 중독의 결과는 알코올 중독자의 전두엽 비활성화와 비슷한 결과를 나타낸다는 것이 최근의 연구 결과입니다.

다른 일에는 산만하고 게임에만 집중하는 ADHD 성향의 아이들

저는 현재 여성가족부 산하기관인 한국청소년상담복지개발원의 상담조교수로 인터넷 중독 대응사업을 하고 있습니다. 여성가족부에서는 교육부와 협조해서 매년 전국의 초등학교 4학년, 중학교 1학년, 고등학교 1학년 청소년을 대상으로 '인터넷이용습관전수조사'를 실시하고 있습니다.

그 결과에 따라 '위험군' 청소년에게 전국 120여개 청소년상담복지센터에서 개인 상담과 집단 상담을 하고 있습니다. 더 증세가 심한 '고위험

군' 청소년들을 대상으로는 11박 12일의 인터넷 치유학교(internet rescue school)를 열고 있습니다. 저는 전국의 수많은 인터넷 중독 주의사용자군과 위험군 청소년에 대한 상담과 캠프를 하는 사업을 총지휘하면서, 현장에서 직접 이러한 중독증세의 청소년들이 보통 청소년들과 비교해서 어떤 특성과 차이점을 가지는지 살펴볼 수 있었습니다.

상담이나 캠프에서 가장 흔히 볼 수 있는 사례는 '충동통제'가 되지 않고 재미있고 자극적인 자극에 쉽게 빠지는 아이들입니다. 이들 청소년은 항상 즐거운 것을 찾으러 다니고, 들떠 있거나 산만하며, 지루함을 견디지 못하고, 하고 싶은 것은 뒷생각을 하지 않고 일단 해버리는 성향이 있습니다. 그래서 인터넷이나 게임에 쉽게 빠집니다. 인터넷을 조절하면서 사용하지 못하게 되어 결국에는 부모님과 원수가 될 정도로 가정에서 어려움을 겪는 친구들이 많습니다. 정신과 진단으로 볼 때 'ADHD(Attention Deficit Hyperactivity Disorder, 주의력 결핍 과잉행동 장애)'로 진단되는 경우입니다.

이런 청소년들은 대체로 집중력 부족으로 다른 자극에는 길게 집중을 하지 못하고 곧 산만해집니다. 하지만 게임을 할 때는 계속 변화되는 자극이 있어서 오랫동안 주의를 집중하게 되고, 그들 특유의 경쟁심도 충족됩니다. 그리고 게임을 할수록 레벨이 올라가니 지속적으로 집중할 수 있기 때문에 다른 아이들보다 게임을 더 좋아합니다. 다시 말해서 약한 자극에는 오랫동안 흥미나 관심을 유지할 수 없으나 게임에는 지속적으로 관심을 유지할 수 있고, 그 때문에 더 재미있어 하고 더 중독되는 것이지요.

우울감과 스트레스 때문에 인터넷에 빠져들기도 한다

두 번째 흔하게 나타나는 유형은 우울감이 높은 청소년들입니다. 이런 경우 매사에 재미도 없고 동기도 없어서, 공부도 학교도 다 싫고, 자신에 대해서도 부정적이고, 세상에 대해서도 부정적입니다. 따라서 이들 청소년은 골치 아픈 일은 피하고, 우울한 일도 피하고, 부정적인 미래나 자기 주변의 부정적인 것들을 잊기 위해 게임을 하거나 인터넷을 헤매게 되는 것입니다.

이런 유형의 청소년들의 스트레스나 우울한 마음을 풀 수 있도록 해준다면 굳이 게임이나 인터넷에 빠져들지 않을 수도 있습니다. 이들의 우울감이나 스트레스의 원인은 학교와 가정 등 환경적인 것들이 많습니다. 그들은 우울한 상태에서 문제를 해결하기보다는 피하는 쪽을 택하게 되고, 그 과정에서 무기력해져서 '될 대로 되라'는 식의 생각에 빠지게 됩니다. 따라서 일상생활에서 문제가 더 커질 수 있습니다. 말하자면 게임이나 인터넷에 대한 재미 때문에 일상생활에 장애가 발생되는 것보다는 우울감과 무기력감 때문에 자신들이 해야 할 일들을 안 하고 피하는 쪽으로 빠지게 된다는 것을 이해할 필요가 있습니다.

세 번째 그룹은 친구와 부모 등과의 인간관계가 좋지 않은 아이들입니다. 그러니까 '우울'까지는 아니지만 친구관계가 원만하지 않고 사회적 기술(social skill)이 떨어지는 경우입니다. 사회적 적응 능력이 떨어지게 되면 우울감도 생기고, 특히 부모와의 관계가 좋지 않거나, 부모의 교육 방식에 일관성이 없는 경우 이런 증세를 보이게 되는 수가 많습니다.

산골이나 섬마을도 인터넷 '안전지대' 아니다

'아이가 컴퓨터 쓰는 것을 너무 무심하게 그냥 내버려둔 것이 아닐까?' 하는 생각을 하는 부모님들이 계실 것입니다. 왜냐하면 최근 2-3년 사이에는 인터넷 중독이란 말도 많이 들리고, 컴퓨터 사용에 대해서 주의해야 한다는 얘기가 들리니까요. 그런데 얼마 전까지만 해도 인터넷을 마냥 좋게만 생각했던 시절이 있었습니다. 예전에는 컴퓨터가 학습 기능을 비롯하여 좋은 기능만 있는 줄 알고 지금처럼 인터넷 사용의 함정이 있다는 생각을 못한 부모가 많이 계십니다.

전국 인터넷 중독 관련 센터는 강원도, 전남 신안군 등의 지역에도 있습니다. 즉 서울에만 인터넷 중독자가 많을 것 같지만, 강원도 산골 마을에도 인터넷 중독이 있고, 신안군 섬마을에도 인터넷 중독 청소년들이 있다는 것이지요. 정보격차 해소사업의 하나로 열악한 환경의 청소년들에게 컴퓨터를 지원해주었는데, 그 결과 전국의 모든 청소년에게 인터넷 사용의 환경이 제공되고, 그에 따라 중독도 함께 생기고 있는 셈입니다.

자연환경은 빼어나게 좋지만, 청소년들에게 자극이 되는 문화적 혜택이 부족한 여건의 산골이나 섬마을 청소년들에게도 인터넷 중독은 예외가 아닌 상황이 되었습니다. 문화적으로 경제적으로 보살핌이 어려운 가정일수록 더욱 그렇습니다. 그런 조건의 아이들은 이제 자연 속에서 노는 것이 아니라 컴퓨터 놀이를 하고 있고, 대도시에서 무슨 일이 벌어지는지 실시간으로 다 알게 되었습니다. 도시 아이들과 똑같이 컴퓨터 게임을 하고 있는 것입니다.

특히 맞벌이 가정이나 한 부모 가정, 그리고 '조손(祖孫)' 가정에서 문제가 생길 가능성이 더 높습니다. 할머니 할아버지가 사정을 잘 모르니까 공부한다면서 계속 컴퓨터 게임만 했던 아이도 있고, 그런 경우 더 쉽게 중독이 된다고 합니다. 인터넷 중독은 이제 전국 단위로 번지고 있는 것입니다.

인터넷에 중독되면 어떤 증상을 보일까?

'인터넷 중독'에 대한 진단은 아직 정신과 질환의 진단체계에 포함되어 있지 않습니다. 그러나 그 양상이나 결과는 알코올 중독이나 약물 중독에 못지않게 심각하다는 것이 최신 연구 결과들입니다. 그렇다면 인터넷 중독의 증세는 어떤 모습으로 나타나는 것일까요. 청소년들이 단지 인터넷을 많이 쓰고 게임을 많이 한다는 것만으로 중독이라고 보기는 어렵습니다. 다음과 같은 증상이 있을 경우가 문제가 됩니다.

게임의 과다 사용과 금단증상, 강박적 사용과 집착

중독의 경우, 시간만 나면 인터넷과 게임에 매달리는 강박적이고 집착적인 모습을 보이게 됩니다. 그리고 이를 못하게 되면 안절부절못하고 화를 내거나 공격적으로 저항합니다. 처음에는 한두 시간 정도 하는 것으로 그치다가 점점 더 오래 해야 비슷한 수준의 만족을 느끼게 됩니다. 결국 인터넷을 하는 시간이 계속 늘어나게 되는 것이지요.

학업성적 저하 및 학교적응 어려움, 학업중단

아이들은 인터넷과 게임이 정말 재미있기 때문에, 재미없는 공부대신 게임만 하고 싶어집니다. 그런데 이렇게 게임 시간이 늘어나면서 정작 해야 할 일을 안 하게 되는 것이 문제가 되는 것입니다. 예를 들어 학원에도 늦게 가거나 빼먹기 시작합니다.

급기야 밤늦게까지 게임을 하다가 아침에 못 일어나 학교에 지각을 합니다. 수업시간에는 졸기만 하고, 점점 재미없는 학교가 싫어져서 결석이 늘어납니다. 잦은 결석과 졸음으로 학교생활에 적응을 못하게 됩니다. 수업이 머리에 들어오지 않고, 집중하려고 해도 머릿속은 게임으로 가득합니다. 그러니 선생님께 혼나고, 학교는 엄마한테 혼나지 않으려고 할 수 없이 왔다 갔다 하는 곳이 되는 것입니다. 방학이 되면 신나게 온종일 게임을 하다가 여름 방학이 끝나고 나면 학교 며칠 다니다가 단기 결석을 하게 되고, 차츰 결석이 빈번해지다가 결국 휴학이나 자퇴를 하는 경우도 드물지 않습니다.

인지기능의 저하

최근 발표되는 연구 결과에 의하면, 인터넷이나 게임에 중독된 청소년의 뇌가 알코올 중독자와 비슷하게 전전두엽 기능이 비활성화되는 것으로 알려지고 있습니다. 전전두엽은 뇌의 앞쪽에 위치하고 있는데, 뇌의 통합 기능과 실행 기능을 담당합니다. 만성적 게임 중독이 되면 이 전전두엽의 기능이 떨어져서 학습된 지식이나 기억력을 통합하여 필요한 정보를 기억하거나 문제를 해결하는 능력이 떨어지게 된다는 것입니다. 결국 인지기능이 저하되는 것이지요.

우리 아이가 심각한 게임 중독인지 알아보려면?

내 자녀에게 인터넷 중독과 비슷한 몇몇 증상이 보인다면, 얼마나 심각한 수준인지 파악하는 것이 매우 중요합니다. 여러 가지 증상이 나타난다 하더라도 때로는 심각하지 않을 수도 있고, 매우 심각한 수준으로 번졌을 수도 있습니다. 게임 중독의 정도를 알아보는 방법은 어렵지 않습니다. 자녀와 함께 한국정보화진흥원 인터넷중독대응센터 홈페이지 (www.iapc.or.kr)에 들어가 '중독 진단'을 클릭하시면 온라인으로 진단하는 설문지가 나타납니다. 그 물음에 최대한 정확하게 답을 하시면, 심각한 상태인지, 아니면 별로 심각하지 않은데 괜한 걱정을 하는 것인지를 분별할 수 있습니다.*

"부모로서 어떻게 살아야 하는지 학창시절에 배운 적이 있으신가요?"

제가 상담을 하면서 안타까운 것은 우리 어머님들 가운데 좋은 부모 교육을 제대로 받은 경우가 드물다는 겁니다. 부모 교육을 어떻게 받는가는 또 다른 어려운 얘기이겠습니다만, 문제가 없을 때 받은 것이 아니라 뭔가 힘들어지니까 부모 교육을 받게 되거나, 아니면 학교에서 불러 억지로 동원되는 경우가 많습니다.

만일 부모님들이 아이들의 특성과 마음을 좀 더 잘 안다면 훨씬 더 잘 키웠을 것 같다는 생각을 합니다. 제가 이전에 외국에서 살면서 느낀 것인데, 우리 한국인들은 대체로 어렸을 때부터 아이를 너무 받들어요. 심지어 "뭐 드시고 싶으세요?" 존댓말까지 하면서 아이한테 모든 선택을 하게 합니다. 자율성도 키우고 아이가 선택권도 갖고 존중받는다는 느낌을 갖게 하는 것은 좋습니다. 문제는 권위를 배우지 못하는 경우가 많다는 것이지요. 사회적 규칙과 권위를 못 배워서 결국은 아이가 부모 머리 위에 올라앉는 상태가 되고 마는 것이지요. 자기가 원하는 것은 꼭 해야 하고, 엄마 아빠보다 자기 의견이 먼저인 경우도 참 많습니다.

외국에서는 중산층 이상 가정은 부모의 위상이 상당히 권위적입니다.

---

* 그 구체적 내용은 이 책의 부록 '인터넷 및 스마트폰 중독 진단 척도'를 참조하시면 됩니다.

딱딱한 권위라기보다는 부모의 말에 귀 기울이게 하고 '너는 아이고 나는 어른'이라는 것을 좀 더 확실히 가르치는 것이지요. 그것이 처음에는 좀 낯설었는데, 그것이 옳다고 느껴집니다. 아이들이 질서와 규칙에 순종하고 몸에 배는 그런 습성이 있어야 합니다.

미국 부모는 무릎을 꿇고 아이 눈높이에 맞춰서 얘기한다

한 가지 예를 들어봅니다. 제가 미국에서 아이를 유치원, 초등학교에 보낼 때 본 경험입니다. 한국 아이들은 부모가 이름을 불러도 곧바로 잘 안 와요. 한국 아이들은 엄마가 좀 화가 나서 '야!' 이렇게 큰소리를 쳐야 듣는 아이들이 많습니다. 미국 엄마와 아이들의 관계는 그렇지 않다고 느꼈습니다. "너희는 어떻게 교육하느냐?"고 물었더니 아기 때부터 부모 말은 반드시 들어야 하는 것으로 교육을 한다고 답했습니다. 차이를 보면, 한국 부모는 아이가 듣건 안 듣건 일방적으로 이야기하지만, 미국 부모는 무릎을 꿇고 아이와 눈을 맞추며 대화를 한다는 것이었습니다. 다시 말해서 부모의 권위는 강조하고 아이의 눈높이도 맞춰주는 겁니다.

제가 강조하고 싶은 것은 부모의 권위를 아이가 느끼게 하고 해야 할 것과 안 해야 할 것의 한계를 알게 정해주는 것이 중요하다는 겁니다. 이렇게 하면 아이한테도 심리적 안정감을 줍니다. 한계가 있다는 것을 단호하게 알려주어야 합니다. 아이가 끝없이 요구해서 스스로 판단하게 하면 굉장히 자율적이고 좋을 것 같지만, 실은 그렇지 않답니다. 오히려 '네가 여기까지만 할 수 있다'고 정해주는 것이 훨씬 더 편하답니다. 그런 안정적인 상태에서 조금씩 자율성을 늘려주는 것이 무조건 아이가 원하는 대로 해주는 것보다 훨씬 낫다고 합니다. 그렇게 자란 아이는 청소년기에 가서 문제 해결이 훨씬 쉽습니다.

어릴 때는 말을 안 들어도 그리 큰 문제로 번지지 않습니다. 그러나 머리가 커지면서, 사춘기 들어 아이가 말을 안 들으면 부모님이 못 견디는 거예요. 왜 말을 안 들을까요? 당연히 안 듣지요. 여태껏 부모가 권위를 못 가르쳤는데, 말을 들을 리가 없지요. 특히 엄마가 속이 상해서 속된 말로 "뚜껑이 열린다"는 것이지요.

그런데 아이들 입장에서 보십시오. 어릴 적부터 그래도 되는 줄 알고 살았는데, 갑자기 중학교 와서 부모가 바뀌니까요. 더욱이 고생길이 열리지 않습니까. 공부를 많이 해야 하고, 초등학교와 달리 선생님도 엄해집니다. 이렇게 상황이 힘들어진데다 지켜야 하는 것들이 많아지니, 아이와 어머니의 '싸움'이 본격적으로 시작되는 것입니다.

'내 말 들어' 권위 세우려다 되레 악화되는 경우가 많아

우리 사회는 아이들에게 어떤 교육환경을 만들어주고 있는가요. 미국과 비교하면 중학생 아이가 자율적으로 할 수 있는 것이 많습니다. 권위를 배우게 하고, 어느 정도 한계를 준 다음에 그 틀 안에서 지킬 것은 지키며 스스로 선택해서 할 수 있게 만들어주기 때문입니다. 그렇게 자율성을 줘야 할 시기에 우리 사회는 그렇지 못합니다. 자율적으로 선택을 하며 산 경험도 없으면서 자기 뜻대로만 하려는 것이 몸에 배어 훨씬 어렵습니다. 우리 교육 시스템의 개혁은 부모 교육과 맞물려 이루어져야 할 것입니다.

대부분의 부모들이 우리들의 어머니가 나를 키운 대로 양육하는 경향이 있지요. 그런데 사회환경이 너무 달라져 아이들이나 어른들이나 모두 혼란스러운 겁니다. 그래서 부모 교육관이 필요합니다. 어쨌든 청소년기부터는 아이의 생각과 입장을 인정해야 합니다. '내가 하고 싶은 대로

다 할래'라는 스타일의 아이를 둔 부모님은 '이건 아니다' 싶어 아이에게 더 엄격해지게 되는 경향이 있습니다. 여기서 악순환이 시작됩니다.

부모자식의 관계도 아이가 어릴 적에는 오히려 상하관계 성격이었다면 청소년기에는 친구관계로 변화되는 단계입니다. 그런데 오히려 우리의 경우는 그 반대입니다. 아이가 어릴 때는 친구같이 지내다 청소년기에 들어서면서 "부모 말은 무조건 들어야 한다"는 식의 권위관계로 바뀌게 되니 오히려 악화되는 것이지요.

특히 인터넷이나 스마트폰 등 모바일 사용의 이슈는 학부모에게는 전혀 새로운 일입니다. 부모님 세대에는 컴퓨터가 뭔지도 모르거나 워낙 고가이고 기능도 좋지 않았으니, 온라인 게임은 딴 세상 얘기가 되는 것이지요. 게임을 한다면 흔히 '오락실'에서 했고, 용돈이 생기면 오락실로 달려가는 정도였습니다. 드물게 오락실에 빠진 친구들도 있었지만 인터넷 중독과는 거리가 멀었습니다.

시대가 바뀌어 인터넷 세상이 되었습니다. 자녀를 어떻게 키워야 할까요? 이 질문에 답하기 위해 몇 가지 말씀 드리겠습니다. 첫째, 부모와 자녀가 함께 인터넷 알기(부모의 유형, 자녀의 특성 이해, 인터넷 환경에 대한 이해), 둘째, 자녀 양육 방법(대화 유지하기, 밀고 당기기, 포기하지 않고 사랑하기)에 대해 살펴보겠습니다.

나는 어떤 부모일까? '권위형', '허용형', 아니면 '민주형'

자녀를 잘 지도하면서 키우기 위해서는 부모님 자신이 어떤 유형인지부터 아는 것이 중요합니다. 상담에서 보면, 부모들은 자신이 데리고 온 자녀 이외의 다른 아이는 문제가 없다면서, 자신이 '문제 부모'가 아니라고 강조합니다. 반드시 부모에게 문제가 있어서라기보다 '내가 어떻게 자녀를 대하는지', 그리고 '그것이 자녀에게 어떤 영향을 끼치는지'를 알게 되면 문제 해결에 크게 도움이 됩니다.

다이애나 바움린드는 부모의 양육 태도를 권위형, 허용형, 민주형의 세 가지로 설명하고 있습니다.

'권위형'의 경우에는 부모가 자신의 권위를 중요시하고 자녀의 요구보다는 부모가 생각하는 기준에 맞추어 기르는 유형입니다. 따라서 부모는 자녀에게 자신의 방식에 맞추도록 요구하고, 대화도 흔히 부모가 자녀에게 일방적으로 명령하거나 요구하게 됩니다. 자녀는 어려서부터 자신의 욕구를 부모에게 드러내고 요구하기보다 참고 무시하게 됩니다. 그래서 자신이 하고자 하는 일을 몰래 하면서, 욕구불만으로 가득한 경우가 많습니다.

'허용형'의 경우, 부모들은 자녀의 요구를 대부분 허락합니다. 형편이 허락된다면 사달라는 것을 사주고, 하고 싶다는 것을 해주게 됩니다. 이 경우 자녀는 자신의 욕구에 충실하게 살아왔고, 따라서 하고 싶은 일이 무엇인지를 잘 알고 있습니다. 따라서, 즐겁고 긍정적으로 살아가지만, 욕구를 참고 조절해야 할 필요가 있을 때에는 어려움을 겪기도 합니다. 허용형 부모의 경우, 실은 자녀의 욕구를 존중해서라기보다 바쁘고 돌볼 형편이 되지 않아서 방임한 결과 허용적인 경우도 있습니다. 그렇게 되면 그 자녀는 필요한 욕구조절 능력을 배우지 못하고 발달과정에서 안정감을 주는 보호막을 갖지 못하게 되어 소외감과 불안감을 느낄 수도 있습니다.

'엄부자모' 밑에서 자란 사람이 예의 바르고 인간적이다

가장 바람직한 부모의 유형으로 전문가들은 '민주형'을 꼽습니다. 부모가 늘 자녀에게 관심을 갖고 그 감정과 생각, 욕구를 이해하려고 노력하는 유형입니다. 그래서 자녀의 욕구를 충족시키면서도 자녀에게 필요한 경계 설정을 하게 됩니다. 따라서 그 자녀는 부모들이 자신에게 관심이 있고, 이야기를 들으려고 애쓴다는 것을 알고 있습니다.

민주형 부모가 되기 위한 가장 기본적 요건은 '엄격하면서도 따뜻한 태도'입니다. 서양이나 우리나라나 공통입니다. 우리나라의 경우 엄부자모(嚴父慈母, 엄한 아버지와 자애로운 어머니) 밑에서 자란 사람이 예의 바르고 따뜻하고 인간적인 사람으로 성장한다고 하는 것은 고금의 진리인 것 같습니다. 청소년을 바르게 키우기 위해서는 엄격하면서도 동시에 따뜻한 태도가 부모에게 요구된다는 것이지요.

인터넷 중독 청소년들의 부모들을 상담하다 보면, 많은 경우 부모 태도의 유형에 대해 알지 못합니다. 알고 있다 하더라도 '나는 바뀔 수 없다'고 생각해서 부모로서의 자책감이나 무력감만 가지는 경우가 많습니다. 중독 증세가 전적으로 부모의 양육 태도에 문제가 있는 것은 아닙니다. 그러나 만약 아이에게 맞는 방식으로 바꿀 수 있다면 아이의 인터넷 중독을 효과적으로 해결할 수 있고 재발 우려도 낮아집니다. 따라서 부모의 양육 태도를 함께 보아야 한다는 것입니다.

'권위형' 부모님에게는 "좀 더 너그럽게 여유를 가지고 자녀를 신뢰하고 그 말에 귀를 기울이도록 하라"고 권합니다. '허용형' 부모들에게는 "부모의 권위를 좀 더 회복하고 아직은 아이인 자녀에게 기준을 설정해 주는 것이 오히려 사랑하는 자녀에게 지붕과 벽을 세워 안정감을 주는 것임을 이해하라"고 조언합니다. 그래서 궁극적으로는 이들이 '민주형' 부모가 될 수 있도록 돕는 것이 상담의 목적입니다.

내 아이를 바로 알자 : 이유 없이 짜증을 내는 아이는 없다

내가 내 자녀에게 어떤 부모인지를 아는 것과 더불어 우리 아이가 어떤 아이인지를 이해하는 것이 필요합니다. 가령 기질적으로 충동통제가 어려운 아이인지, 재미있는 일은 잠을 안 자고도 꼭 해야 하는 아이인지, 침울한 때가 많은 아이인지, 친구 사이에서 왕따를 당하고 있는 아이인지, 어떤 일로 얼마나 상처와 좌절을 겪고 있는지를 이해하는 것이 필요합니다.

아이가 짜증을 내고 화를 낸다면 괜히 그런 일은 거의 절대로 없습니다. 사춘기가 시작되면서 급격한 생리학적 변화가 아이들의 정서 상태를 불안정하게 만들어 심각한 짜증이 계속될 수 있습니다. 그러나 상황이 매우 심각하다면 단순히 사춘기 때문이 아닐 수도 있습니다.

다른 집 아이들은 안 그런데 우리 아이만 게임에 빠져 있고, 버릇이 없고, 짜증이 많은 것 같아 더 걱정이고 화가 나고 미울 수도 있습니다. 자연히 아이에게 화를 내고 야단을 칠 수도 있습니다. 하지만 중요한 것은 아이가 이유 없이 짜증을 내고, 이유 없이 게임을 온종일 하지는 않는다는 사실입니다. 그 이유를 반드시 살펴야 합니다.

왜 그렇게 게임에 빠져 있고, 왜 그렇게 화를 내는 걸까요? 기질적으로 충동조절이 어려운 경우라 그럴 수도 있습니다. 이런 아이는 우울 증세는 덜 하기 때문에 늘 즐거워 보이고, 살살 거짓말을 하면서 숨어서 들키지 않게 게임을 하는 경향이 있습니다. 우울한 증세를 보이는 아이들은 아무런 동기나 세상 사는 즐거움이 없어 보이고, 짜증을 내거나 냉담한 태도를 보입니다. 말을 하지 않으니 부모는 아이의 속을 알 수가 없어 더 답답합니다.

어느 경우이든 간에 속이 답답하고 힘들기는 마찬가지입니다. 고등학생쯤 되면 이런 두 가지 유형의 아이가 비슷해지기도 합니다. 우울하지 않았던 자극추구 기질 아이는 하도 야단을 많이 맞으니까 우울해지고, 충동적이지 않던 우울성 기질의 아이도 누적된 짜증으로 충동적이고 폭력적으로 변하기도 합니다. 어떤 경우이건 이 상태로 오래 두는 것은 건강하지 않은 것이기 때문에 치유가 필요합니다.

부모가 알아야 할 것은 '우리 아이가 무엇에 관심이 있는지, 어떤 장점이 있는지'입니다. 부모는 대개 아이의 부족함이나 단점을 보고 야단을 칩니다. 그러다 보니 "왜 이건 이렇게 못 하고 이 모양이냐" 하는 부정적인 잔소리입니다. 자녀는 이러한 부정적인 말만 잔뜩 듣고 살다 보면 '나는 이런 것도 못하는 아이'라는 것이 정체감이 형성됩니다. '나는 뭔가 잘하는 아이'가 되기 어렵습니다. 부모가 잊지 말아야 할 것은 '우리 아이가 무엇을 잘하나'를 생각해야 한다는 것입니다. 또는 '무엇을 할 때 아이가 기쁘게 느낄까?'를 생각해야 합니다.

사람은 직업을 선택할 때 자신이 못하는 일로 미래의 직업을 선택하지는 않습니다. 잘하는 일, 좋아하는 일을 자신의 커리어로 삼고 평생 밥을 벌어먹고 삽니다. 그러니 못하는 것은 제쳐놓고 잘하는 것을 계발하도록 돕는 것이 부모의 몫입니다.

'잘할 수 있고 재미난' 일이 생기면 아이는 달라진다

동수(가명)라는 고등학교 2학년 남학생이 어느 날 상담을 하러 왔습니다. 중학교 1학년까지만 해도 공부를 잘했는데 몇몇 과목 성적이 떨어지면서 공부에 흥미를 잃게 되었고, 중학교 2학년 때부터 게임에만 몰두해 살아왔다는 것입니다. 부모님은 두 분 다 전문직에 종사하고 있는데, 아이의 상태에 대해 심하게 걱정하고 있었습니다.

아이와 얘기를 해보니 꿈이라곤 전혀 없었습니다. 왜 대학을 가야 하는지, 밥을 먹고 살아야 하니 직업은 가져야 하는데 아무런 자신이 없다고 했습니다. 중학교 1학년의 우수한 성적도 부모님 점수가 들어간 거라고 했습니다. 외동아들에게 모든 관심을 쏟아 공부를 시켰다는 것이지요.

그러나 의외로 아이가 잘하는 부분에 대해서는 잘 모르고 있었습니다. 동수도 자신의 단점에 대해서는 줄줄이 꿰고 있었지만, 장점이나 좋아하는 일은 모르고 있었습니다. 오직 게임만 좋다고 했습니다. "사람은 누구나 한두 가지 잘하는 것이 있고, 좋아하는 일이 있다"면서 저는 그것을 찾자고 했습니다. 몇 번 만난 끝에 동수가 갑자기 "참, 저는 친구들이 서로 싸울 때 그 친구들 싸움을 말리고 공평하게 화해시키는 걸 잘해요"라고 말하는 것이었습니다. 어떻게 친구들의 싸움을 말리는지, 생기 있는 표정으로 말했습니다.

저는 "그건 아무나 갖고 있는 재주가 아니야. 사람들 간의 분쟁을 조정할 수 있다면 그것보다 좋은 직업이 어디 있겠니?"라면서 검사, 변호사, 공인중개사, 분쟁조정사 등의 직업이 있다고 알려주었습니다. 그랬더니 동수는 "이왕이면 더 나은 수입과 대우를 받을 수 있도록 그 일을 하겠다"며 당장 학원에 등록을 하고 게임을 줄이고 공부를 시작했습니다. 아이들은 '내가 잘할 수 있고 재미가 있겠다' 싶으면 일을 할 동기가 생겨나고, 어려움을 극복할 용기가 생깁니다. 그렇기 때문에 자녀를 잘 관찰하여 이러한 일들을 지속적으로 경험하게 해주는 것이 중요합니다.

부모가 인터넷과 게임을 알아야 자녀를 지도할 수 있다

부모들이 자녀의 인터넷 중독에 대처하기 어려운 이유는 모르기 때문이기도 합니다. 아이는 도사인데, 부모는 왕초보가 많거든요. 사실 인터넷이 아닌 다른 청소년 문제는 부모들이 어렸을 때 대체로 직접 간접으로 경험했던 것 아닙니까. 그러나 인터넷은 그렇지 않습니다. 그래서 아이를 지도하기가 더 어려운 것입니다.

자녀가 인터넷을 많이 사용한다면 무엇을 하고 있는지 잘 살펴야 합니다. 무슨 게임을 하는지, 그 게임은 몇 살까지 하는 것인지 등을 알아야 합니다. 다짜고짜 '무슨 게임이냐?'라고 심문하듯 물어보면, 아이들은 당연히 움츠러듭니다. '재미있어 보인다', '어떻게 하는 것이냐?' 등 흥미를 보이면서 접근해서 탐색하고 파악하는 것이 중요합니다. 특히 온라인상에서 누구와 게임을 하는지도 알아볼 필요가 있습니다.

자녀가 게임에 대해 잘 이야기를 해주지 않는다면 게임이용확인 사이트(www.gamecheck.org)에 들어가 아이가 어떤 게임 사이트에 가입했는지 파악하는 것도 방법입니다. 이 사이트에 들어가면 자녀 본인이나 부모님 명의로 무슨 게임을 하고 있는지를 알 수 있습니다.

특히 16세 미만의 자녀가 밤 12시 이후에도 게임을 한다면 자신의 주민등록번호가 아닌 부모님 등의 성인의 아이디로 게임을 하고 있는 것입니다. 16세 미만 청소년들에게는 '심야시간 인터넷 게임 제공시간 제한제도(일명 셧다운제)'가 적용되기 때문입니다. 그리고 컴퓨터 이용시간 관리와 청소년 유해물 차단 프로그램은 청소년 정보이용 안전망 그린아이넷(www.greeninet.co.kr)에서 찾을 수 있습니다. 이들 정보를 활용해 자녀의 인터넷 습관을 파악하고 부모로서의 자신감을 높이시기 바랍니다.

사춘기 반항의 세 가지 단계

청소년기의 자녀가 부모에게 반항한다는 것은 반드시 문제라기보다는 오히려 성장과정에서 제대로 자라고 있다는 증거일 수도 있습니다. 청소년 시절을 마감하면서 그동안 의존하고 있던 부모로부터 독립하는 연습이 필요합니다. 매사를 부모에게 의지하던 자녀에게도, 아이에게 든든한 의지가 되어주던 부모에게도 독립을 준비하기 위한 과정이 필요한 것입니다. 그것이 '사춘기 반항'이라고 보면 됩니다. 이 과정에서 부모와 자녀는 심각한 갈등을 겪을 수도 있습니다.

이러한 부모-자녀 간의 갈등 단계는 다음과 같습니다. 첫 단계는 맨 처음 반항이 시작될 때입니다. 행동에 문제를 보이는 시기입니다. 아이도 처음 반항을 시도하는 시기이고, 부모는 자녀의 반항을 서서히 눈치채게 됩니다. 두 번째 단계에서는 아이가 부모의 말을 거의 듣지 않게 됩니다. 아이와 부모의 대화 중 거의 모두가 험한 분위기에서 이루어집니다. 서로를 치열하게 비난하고 주도권 잡기의 싸움이 시작됩니다.

세 번째 단계는 '네가 얼마나 내 마음에 들게 하느냐에 따라 해주고 안 해주고가 결정된다'는 식의 조건부적 사랑 단계입니다. 서로 얼굴만 보아도 지치고, 만나면 싸우니까, 안 만나는 것이 상책이 되고 그래서 피하게 됩니다. 상담자 중 몇 분은 사춘기 아이가 크면서 말도 안 되는 고집을 부려서 아이와 부딪치기 싫어 30평대 아파트를 전세로 주고 대출을 받아 전세로 50평대 아파트로 갔다는 경우도 있었습니다. 말이 안 되는 이야기 같지만, 이런 식의 부모 자녀 관계가 드문 일이 아닙니다. 그러다가 결국 '냉담한 단계'로 들어서게 됩니다. 이때 어머니는 속으로 아이를 욕하거나, 아니면 동네 다니면서 친구들한테 자존심은 좀 상하지만 털어놓거나, 그것도 안 되면 남편한테만 계속 투덜대거나, 아니면 우울해져서 눕게 되는 것이지요.

부모가 신경을 안 쓰면 아이는 '제2의 가족'을 만든다

그런데 더 큰 문제는 아이들 쪽입니다. 아이들에게는 그동안 의지했던 부모가 그들의 세상이었습니다. 부모와 싸움은 하고 있지만, 마음이 불편하고 불안해서 무언가 부모를 대신할 것을 찾게 됩니다. 그래서 비행 친구와 어울리고 약물에 의지하게 됩니다. 그것을 전문 상담에서는 '제2의 가족' 혹은 '제2의 부모'라고 부릅니다.

아이들에게는 20세까지는 가족이 있어야 합니다. "나는 엄마, 아빠 필요 없어, 나한테 매일 야단만 치고……." 이런 경우라고 할지라도 아이들한테는 부모가 있어야 합니다. 그래서 부모 대신 친구를 찾아가요. 나를 항상 잘 봐주는 친구, 좋다고 해주는 친구를 이제 부모 대신 '제2의 가족'으로 삼아요. 엄마, 아빠 말은 안 듣고 친구 말만 듣습니다. 그런데 그냥 친구면 괜찮은데, 잘 나가는 친구들은 자기가 바쁘니까 결국 비행 친구를 사귀는 경우가 대부분입니다.

미국에서는 그런 친구조차 못 사귀는 아이들이 약물에 손을 대게 됩니다. 우리나라 청소년들은 약물 대신 인터넷을 합니다. 그런데 부모는 인터넷을 못 하게 하지요. 이것은 아이 입장에서 보면 부모를 뺏는 것과 같은 겁니다. 그걸 뺏기겠어요? 안 뺏기지요. 인터넷 중독에 빠진 아이들은 인터넷을 '제2의 부모'로 삼아 살아가기 때문에 무슨 이야기를 해도 잘 들리지 않습니다.

'내려놓는다'와 '포기한다'의 차이를 깨달아야

자녀가 인터넷을 너무 많이 한다면 판단을 잘 하셔야 합니다. 우리 아이가 어느 수준인가 일단 알아내야 합니다. 아직은 '일반 사용자군'이라면 참 다행입니다. 이 경우는 '앞으로 잘 지도를 해야겠구나!' 마음먹으면 됩니다. 컴퓨터로 무엇을 하는지, 아이의 신경에 안 거슬리게 살살 "요새 뭐 하니? 어떤 것 하니? 재미있니?" 이런 식으로 물어보면서 친구처럼 대하셔야 합니다.

'잠재적 위험군'으로 판정되면, 그것도 아직은 다행입니다. 그러면 우리 아이가 컴퓨터를 쓸 때는 어떤 상황에서 쓰는지, 놀이가 없어서 쓰는지, 아예 ADHD 기질이나 우울증이 있는지 등을 가늠해서 이 부분에 대해 근본적 치료를 해야 할 수준인지 아닌지를 잘 보아야 합니다.

불행히도 심각한 수준의 '고위험군'이라면 일단은 학교생활과 학업 수준 등은 중요하지 않은 단계로 넘어갔을 가능성이 있습니다. 잠재적 위험군까지는 일상생활에 더 비중을 둬야 하지만, 고위험군이라면 얘기가 달라집니다. 즉 1년 이상 만성적으로 중독 생활을 계속했다면 성적이 중요한 것이 아니라는 겁니다. 학원에 가더라도 지금 머릿속에 공부가 들어올 수 없는 상태이기 때문에 근본적인 해결책을 찾아야 합니다.

심각한 중독 상태의 자녀를 가진 부모에게 저는 "일단 많은 것을 내려놓고 아이의 입장에서 바라보자"라고 조언합니다. '내려놓는다'와 '포기한다'는 매우 다른 것입니다. '내려놓는다'는 것은 내 방식, 내가 아는 방식, 세상이 아는 방식으로 아이를 키우고 그렇게 하도록 강요해오던 것은 모두 내려놓는다는 것입니다. '포기한다'는 것은 아이에 대해 아무 소망도 기대도 없이 그냥 방임하고 내버려둔다는 것입니다. 포기하게 되면 자녀는 부모가 자신에게 아무런 기대도 소망도 사랑도 하지 않는다는 것을 금방 알기 때문에 자신도 자신에게 기대하지 않고 나아지려고 하지 않습니다. 모두가 자포자기하는 것이죠.

그렇지만 '내려놓는다'는 것은 부모가 '내 방식이 너에게는 맞지 않으니 한번 네 방식대로 해보라'는 것입니다. 이렇게 되면 대부분의 청소년은 그냥 반항하기 위해 부모가 가장 소중히 여기는 자신을 망가뜨리면서도 이기려 했던 싸움에 맥이 빠지게 됩니다. 그리고, 솔직히 자신도 이것이 옳은 방법이 아니라는 것을 알기 때문에 슬며시 꼬리를 내리고 화해를 요청하게 됩니다. 그리고 진짜 자신에게 도움이 되는 방법이 무엇인지 고민하게 됩니다. 그러면서 진정 자신이 싸워야 하는 상대는 '부모'가 아니라 '세상'이라는 것을 알게 되고, 결국 '자신'이라는 것을 깨닫게 됩니다. 부모가 자신의 방법을 아이에게 강요하는 것을 포기하고, 오히려 자녀를 돕고자 하는 막강한 지원군이라는 것을 아이에게 알게 하려면 어떤 상황이 되더라도 자녀와의 관계를 포기하지 않고 기대를 멈추지 않는 노력이 필요합니다.

최근 아이하고 얼굴을 마주 보며 웃은 적이 없다면 '빨간불'

부모 자녀 관계를 회복하는 데 가장 중요한 것이 뭘까요? '좋은 것을 같이 하는 것'이 처방입니다. "자녀분하고 요새 뭐 하셨어요? 최근에 아이하고 즐겁게 얼굴 마주 대고 웃었던 적이 있나요?"라는 물음에 아무것도 안 떠오르면 그건 빨간불입니다. 정말로 적신호입니다.

저는 미국에서 연수를 할 때 마약 중독 아이들을 많이 상담했습니다. 그것도 똑같아요, 마약을 하는 청소년들도 일단은 부모하고 많이 싸워요. 가정불화가 많고 하니까 아이가 집에 들어가면 항상 불편하고 스트레스가 많아요. 그래서 부모나 가족으로부터는 긍정적인 것을 기대하지 않아요. 가족이 필요하고 가족과 함께 있지만 가족으로 느끼지를 못하는 겁니다. 가족이 나한테 스트레스만 주는 존재로 느껴지는 겁니다.

예를 한 번 들어볼까요. 남편하고 무슨 얘기를 할 때 눈 마주치고 얘기하는 것을 좋아하시는 분은 분명히 남편이 잘해주거나, 남편이 내 말을 잘 들어주는 분일 겁니다. 남편이 집에 들어와서 '오늘은 반찬이 왜 이러냐' 하면 눈을 마주치고 싶지 않겠지요. 마찬가지로 아이가 부모를 절대로 좋아하지 않고 진짜로 싫어한다면 말을 들을까요? 안 듣는다는 거지요. 결국 우리 아이가 내 말을 잘 듣게 하고, 바람직한 인생을 살도록 이끌어주려면 나를 좋아하게 만들어야 합니다. 마음은 조급하겠지만, 기본적으로 아이하고의 관계를 회복하는 것밖에 길이 없다는 것입니다.

엇나가는 아이도 자신에게 힘을 주는 사람의 말은 듣는다

다음 단계는 '자녀와 대화하기'입니다. 좋은 얘기로 기분 좋게 해주어야 효과가 있습니다. 축구에서 페널티 킥을 실축한 부정적인 얘기를 하면 그 다음엔 위축되어서 골을 넣기가 더 어렵다고 합니다. '괜찮다, 괜찮아'라고 하면 그 다음에 훨씬 편안하게 잘 넣을 수 있다고 합니다. 인터넷 중독에 빠진 아이에게 가장 힘이 되는 건 야단치고 비난하는 말이 아니고 '괜찮다'는 말입니다. 실패했을 때, 잘못되고 있을 때 제일 속상한 건 본인입니다. 이것을 잊지 말아야 합니다.

원래 정상적인 아이는 상담에 별로 안 옵니다. 인터넷 중독은 약한 편이고, 원조교제부터 자살, 비행 등의 케이스를 다루면서 '왜 저렇게 자기를 망가뜨릴까?' 하는 생각에 가슴이 아픕니다. 평탄한 가정에서 잘 지내는 사람들이 볼 때는 참 이상한 아이라고 생각하는 아이를 다른 눈으로 보십시오. 그러면 그 아이도 그의 인생에서 어쩔 수 없이 선택한, 스스로 버티기 위한 최선의 길을 가고 있는 겁니다. '어쩔 수 없는 버티기 위한 최선의 길'이라는 건 아이들에게도 그만큼 힘들다는 뜻입니다.

그런 아이들에게 설교나 훈계는 안 통합니다. 원조교제를 했던 아이한테 물어봤어요. "어떤 사람이 제일 괜찮았니?" 경찰 아저씨한테 잡힌

적이 있는데, 그 아저씨가 "너 배고팠지? 아저씨가 돈 줄게" 하면서 몇만 원 주고 "너 근데 이건 불법이고, 네 인생도 나쁘게 만들 거야" 하더랍니다. 그 아이는 어떤 어른도 신뢰하지 않았답니다. 왜냐하면 자신을 상대하는 사람이 어른들이기 때문이었습니다. 모든 것이 다 거짓이고 위선이라고 생각했는데, 그 경찰 아저씨는 너무 걱정하면서 훈방조치를 해주고 교육을 받으라고 권하더랍니다. 그래서 자발적으로 교육을 받으러 온 아이였어요. 결과적으로는 아무리 엇나가는 청소년이라도 자신에게 힘을 주는 사람의 말은 듣게 돼 있습니다.

"아니거든요, 저 그런 놈 아니거든요"

큰 그릇에 맑은 물을 가득 담고 거기에 검은 잉크 몇 방울을 떨어뜨리면, 무슨 색깔의 물이 될까요? 검은 물인가요? 잉크는 겨우 5-6방울밖에 안 넣었는데 1.8리터 맑은 물이 모두 검게 변했습니다. 그래서 안타깝다는 겁니다.

어렸을 때부터 아이들을 키운 부모이면서도 지금 검정색이면 '검정색 놈' 이렇게 말씀합니다. 1.8리터의 맑은 물에 검정 잉크 다섯 방울이 들어간 과정을 다 보신 부모들이 '이 검정 놈아' 이렇게 얘기하신다는 거예요. 사회에서도 다 그렇게 봅니다. '이 검정 놈아.' 검은색 잉크는 겨우 다섯 방울 들어갔지만 물 색깔이 하얗지 않기 때문입니다.

아이들이 "아니거든요, 저 그런 놈 아니거든요" 그러는데도 "아니긴 뭐가 아냐"라고만 얘기합니다. 어렸을 적부터 그 아이를 다 본 부모까지요. 그래서 아이들은 아무도 자신을 안 믿어주면 '아, 내가 원래 검정 놈인가 보다' 하고 검정 놈에 맞게 살아간다는 것입니다. 얼마나 안타까운 일입니까.

신은 인간을 왜 20년이나 키워서 어른이 되게 했을까요? 혹시 부모를 훈련시키려고 20년의 양육기간을 둔 것 아닐까요. 아이들을 인간으로 독립시키기만 한다면 20년이나 필요하지는 않을 것 같아요. 안 되는 놈 포기하지 않고 20년을 버티기란 참 어렵습니다. 그러나 유아 시절 몇 년은 예쁜 재롱으로 행복했고, 정을 흠뻑 주고 난 뒤 청소년기의 어려움이 닥치는 겁니다. 결코 포기가 안 돼서 견디고, 결국은 부모가 성숙해야 하는 과정이 되는 것입니다. 인간으로 늙어 죽기 전에 성숙한 사람으로 만들려고 아이를 20년씩이나 키우게 한 것이 아닌가 싶습니다. 그러니까 우리 아이들이 말 안 듣는 것은 다 부모를 위한 겁니다. 말을 안 들으면 안 들을수록 '나는 부모로서 갈 길이 멀다'고 생각하면 맞지 않을까 싶습니다.

"우리 엄마는 쉬워요, 왜냐고요? 누르면 작동이 되니까"

아이들도 부모를 조정하는 방법을 알고 있어요. 그럴 때 야단을 치거나 훈육을 할 수는 있어요. 단 '뚜껑'이 열리지 않아야지요. 훈육과 분노에는 굉장한 차이가 있습니다. 야단치는 것은 부모 자녀 관계에서 별 문제 없이 넘어가요. 상담할 때 보면 간혹 엄마가 정말 화가 치밀어서 아이한테 막 퍼부을 때가 있어요. '이것은 네가 부모한테 하는 태도가 아니야'라면서 감정적으로 폭발을 합니다. 그러면 애들이 더 얕잡아 봐요. 왜? 엄마는 누르면 작동이 되니까. '엄마는 내가 이렇게 저렇게 하면 작동이 돼, 내 마음대로 컨트롤 할 수 있어.' 내가 컨트롤 할 수 있는 부모 어때요? 만만하지요.

아이는 부모님 머리 꼭대기에 있어요. 애들은 금방 알거든요. 그래서 아이가 누를 때마다 작동이 되면, 얼마나 만만한지 그리고 얼마나 재미

있는지 몰라요. 지금 공부도 뜻대로 안 되고 아무것도 뜻대로 안 되는데, 인생 뭐 있어요? 엄마라도 뜻대로 하자. '아, 엄마는 내가 컴퓨터를 무지하게 많이 하면 밤에 잠도 못 자고 열 받을 거야' 하면서 마구 작동을 거는 겁니다. 그러니까 야단은 치고 훈육은 하되, 화를 내지는 마십시오. 그것이 결국 빨리 끝내는 길입니다. '아, 작동도 안 된다, 어떻게 엄마를 열 받게 하지? 엄마를 움직일 건 아무것도 없는데…….' 가능하면 아이에게 쉽게 작동되지 않는 부모가 되셔야 합니다.

자녀와 소통하는 가장 중요한 기술, '경청'과 '공감'

자녀와 관계를 유지하고 의사소통하는 최고의 기술은 경청하고 공감하는 것입니다. 부모들이 오해하고 있는 부분 중의 하나는 아이의 말을 잘 들어주면, 아이가 원하는 대로 따라주는 것이라고 생각한다는 겁니다. 그러나 그렇지 않습니다. 얼마 전 상담에서 어떤 아이가 "엄마, 나는 쌍꺼풀 해주고 여기는 이렇게 해주고……." 엄마는 들은 척 만 척 그냥 가시더라고요.

아이가 엄마를 보며 자기는 너무 슬프대요. 엄마하고 앉아서 얘기하려고만 하면 엄마가 도망간다는 겁니다. 자기하고 얘기하는 것을 너무 싫어한대요. 엄마 입장에서 보면 아이가 앉으면 뭐 사달라, 뭐 해달라는 얘기밖에 없는데 자기는 그것을 다 해줄 수 없기 때문이랍니다. 아이는 "그냥 하는 말이지, 내가 언제 꼭 다 해줘야 된다고 그랬냐"는 거예요. 자기는 머릿속에 지금 그것이 관심사니까 앉으면 그 얘기가 하고 싶은 것뿐인데, "그래, 그렇구나, 네가 하고 싶구나" 하고 지나가면 안 되느냐고 아이는 그렇게 말했습니다.

어쨌든 아이의 얘기를 들어주고 "알았어, 그러면 좋겠구나, 그래" 그냥 그러고 가시면 돼요. 친구들은 아이가 이야기하는 것을 다 해줄 수는 없지만 그 이야기를 들어줍니다. 친구들이 수술해주고 다 사주는 거 아니잖아요. 자기네끼리 '그것 참 좋다' 이러고 지나가거든요. 중요한 것은 어쨌든 들어주는 것입니다. 그렇게 하면 '마음의 교류'가 된다는 겁니다.

그리고 공감이 중요합니다. "너 그렇게 해서 진짜 예뻐지고 싶구나?" 하는 식으로 아이의 마음을 이해하는 겁니다. "예뻐지면 뭐가 좋은데?" 이렇게 물어볼 수도 있습니다. "너 남자친구 사귀고 싶어? 누구 마음에 드는 애 있니?" 그렇게 앞서나갈 수도 있지요.

아이가 게임을 할 때도 "참 잘한다, 그런데 너 이렇게 해서 뭐가 좋으냐?" 했더니 그 청소년은 신이 나서 설명하더니, 나중에 생각해보니까 '별로 좋은 것도 없는데 내가 왜 하고 있지?' 이런 생각이 들더랍니다. 엄마한테 매일 설명을 했는데 날마다 설명하다 보니 '글쎄 내가 이거 왜 하고 있는지 모르겠다'는 생각이 들더라는 것입니다. 대성공 아니겠습니까.

3년간 방 안에서 게임만 한 아이, 세상에 끄집어낸 사연

몇 년 전 창수(가명)란 아들에게 맞아서 멍이 든 어머니가 한국청소년상담복지개발원에 찾아왔습니다. 아이가 3년간 집에서 게임만 하고 학교는커녕 동네 슈퍼에도 발걸음을 하지 않았다는 겁니다. 중3 때 자퇴를 해서 고2 나이가 되었는데, 하루 14시간씩 게임만 하면서 살고 있다는 겁니다.

엄마는 혼자 일용직 일을 하면서 창수와 어린 동생 둘까지 셋을 키우고 있는데, 이제는 포기 상태라고 하셨습니다. 상담실을 찾아온 것은 폭력 때문이었습니다. 심각한 운동 부족으로 100킬로그램 넘게 살이 찐 창수가 "엄마, 피자 사줘!"라는 아들 말에 "싫다, 네가 뭐 한다고 내가 피자를 사주니? 너 같은 놈을 내가 왜 낳았는지 모르겠다"고 말한 것이 발단이 되어 엄마가 아들 발길에 차이고 한 것입니다.

이런 사태가 벌어지기 전에 병원 치료나 상담을 받았어야 할 케이스였는데, 살기가 각박해서 모두 포기한 상태였습니다. 아이에게 제일 위험한 것은 부모가 포기하는 겁니다. 그 엄마한테 "왜 지금 왔느냐?" 물었더니, 1년은 노력을 했는데 병원에 입원시킨 후 상태가 더 나빠졌답니다. 3개월간 입원했다가 나오니 학교에 안 가겠다고 하더랍니다. 막무가내로 방에 틀어박혀서 게임만 한 것입니다. 엄마가 자기를 이렇게 만들었다고 성내고 대들고 그러다가 이 지경까지 되었다는 것입니다. 엄마도 너무 힘이 드니까, 포기할 수밖에 없었다는 것이 이해가 되었습니다.

아들이 게임 중독이 된 지 3년 된 엄마한테도 물었더니 3년간 아이의 등만 봤답니다. 컴퓨터 책상에 밥을 가져가서 먹기 때문에 마주 앉아서 먹은 적이 없고, 얼굴은 본 적이 없이 등만 본 것이지요. 상담에서 아이와 엄마에게 중요한 임무를 줬습니다. '밥을 같이 먹어라.' 어쨌든 눈 마주치고 얼굴 보면서 정서적 교류는 해야 뭔가 시작이 되니까 그것을 주문했습니다.

어렸을 때부터 아이와 엄마가 같이 놀고 영화도 보고 박물관도 가고, 아이 좋아하는 것, 하다못해 게임을 하더라도 PC방에 가서 같이 앉아 있어준 적이 있는 아이들은 삐뚤어졌다가도, '엄마가 불쌍하다'는 감정이 생깁니다. 그런데 살기가 너무 힘들고 바빠서 그런 기회를 갖지 못한 경우가 문제입니다. 이러다 보니 한 부모나 조손 가정이 더욱 힘들지요. 부모가 자기한테 해준 건 없고 하라는 것만 있기 때문에 아이의 마음이 돌아오기가 더 어렵습니다.

늦었다고 할 때라도 시작해야 합니다. 중독된 지 3년이 된 창수의 사례는 "아이가 뭘 제일 좋아해요?" 그랬더니 먹는 것이랍니다. "그러면 먹을 것으로 공략합시다." 그래서 아이가 좋아하는 메뉴를 계속 줬는데, 단 조건이 있었습니다. '엄마랑 같이 앉아서 먹기.' 그리고 "내일 뭐 만들어줄까?" 등 아이가 좋아하는 얘기만 하는 겁니다. 그러고 나서 "무슨 게임을 하니?" 등 대화가 통하는 질문을 하기 시작했습니다. 2주 정도가 지난 후에는 하루 16시간씩 게임을 하던 아이가 저녁을 먹은 후에 동생들과 간식도 먹으며 같이 TV를 보더라는 겁니다. 몇 년 만에 처음으로.

놀랍지 않습니까. 아이가 원했던 것은 인터넷 게임을 통한 정서적 충족이었던 겁니다. 엄마가 며칠을 계속해서 "그것 잘 되느냐? 네가 그럼 몇 위쯤 되느냐?"라고 물어봐주고 "야, 너 대단하다" 이러면서 "거기서 사귀는 사람은 어떤 사람이니?" 그랬더니, "그 사람도 알고 보니까 32살 남자인데 한심해, 엄마, 낮에 컴퓨터를 하는 것 보니까", "아, 그 사람은 28살 노처녀인데 어떻게 하려고 그러는지 몰라" 그러더랍니다. "그러게, 어떻게 하니" 이러면서 맞장구를 쳐주니까 애가 컴퓨터 방에서 나와서 저녁에 밥을 먹고 TV를 보기 시작했다는 겁니다.

그래서 다음 계획으로 삼촌들과(아버지가 안 계시니까) 승합차를 빌려 일주일 동안 절대 컴퓨터가 안 되는 외진 바닷가에서 텐트를 치고 보내도록 했어요. 그전에는 절대 안 끌려가던 아이인데, 그렇게 하니까 순순히 따른 거예요. 그 가족여행을 시작으로 점점 게임을 줄이고 상담을 받고, 한국청소년상담원에서 실시하는 인터넷 치유학교에도 참가했습니다.

아직 학교로 복귀하지는 못했지만, 그리고 완전히 게임을 끊지는 못했지만, 검정고시도 보고 운동도 하게 됐어요. 그전에는 낮이고 밤이고 좁은 집에서 게임만 하고 살았는데, 이제는 동생들이 자면 같이 자고 한답니다. 결국 창수는 검정고시에 합격해 대학입시 자격을 갖게 되었습니다.

소망, 사랑, 인내, 그리고 지혜가 필요하다

'질풍노도의 시기'로도 비유되는 청소년기를 거치면서 자녀는 성인이 되기 위한 준비를 하고, 부모 또한 자녀와의 일체감으로 살다가 조금씩 떼어내는 전환을 하게 됩니다. 그렇게 본다면 이 시기는 부모나 자녀 모두에게 그 다음 단계의 인생을 살기 위한 중요한 시간이 됩니다. 이 시기를 거쳐 성인으로 연착륙하기 위해서는 부모의 '소망, 사랑, 인내, 지혜'가 필요합니다.

이 시기에 일부 청소년들에게는 '인터넷'이라는 유혹이 자리하고 있는 셈입니다. 부모가 잘 알지 못하는 인터넷 세계에 들어가 헤매고 있는 자녀를 위해서, 부모님은 '소망'을 가져야 합니다. '나에게 등만을 보이고 있는 저 아이도 결국 나와 얼굴을 마주하게 될 것이며, 웅크리고 앉아 있다가 툭툭 털고 일어나 세상을 향해 뛰어나갈 것이다'라는 소망입니다.

또 끝없는 사랑을 가지시길 바랍니다. 자녀의 버릇없는 태도, 난폭한 언행, 무기력하고 게으른 삶의 습관 등을 외면하지 않고 계속 바로잡으면서도 서로 원수가 되지 않는 것이 중요합니다. 자녀가 아기였을 때 걸음마를 못해 계속 넘어져도 늘 지켜보면서 다시 일어나 걸을 수 있게 도왔던 그 '사랑'이 필요합니다. 그 사랑이 있다면 어느 때는 넘어진다 해도 모른 척 스스로 일어나게 지켜봐야 할지, 어느 때는 달려가 잡아 일으켜야 할지를 구분할 수 있습니다.

인내도 필요합니다. 청소년기의 반항은 짧게는 1년, 길게는 몇 년 동안이나 지속되며, 그러는 사이 부모는 온갖 나쁜 상상과 속 끓임을 경험하기 때문에 정말 끝없는 인내가 없다면 헤쳐 나가기가 어려울 것입니다. 참을 인(忍)자가 몇이냐로 넘지 못할 고비는 없을 것입니다.

그리고 지혜가 필요합니다. 인터넷이라는 잘 알지 못하는 첨단의 기술을 상대로 자녀를 구출하고 결국은 그것을 잘 이용해서 삶에 보탬이 되도록 돕기 위해서 부모가 노력해야 합니다. 그리하여 다양한 교육 프로그램에 접하면서 그 내용을 적용하고 자녀와 같은 눈높이에서 기술을 이해하는 지혜가 필요합니다. 그렇게 한다면 이 인터넷 세상을 함께 보는 지식도 갖게 될 것이고, 대화를 공유할 수 있을 것입니다.

에디슨 "안 켜지는 199개의 전구 모델 갖고 있다"

에디슨은 몇 번째 실험에서 전구의 발명에 성공했을까요? 에디슨에 얽힌 일화는 수도 없이 많습니다. 그런데 그도 훌륭하지만, 그의 엄마가 인물이라는 생각을 합니다. 에디슨의 엄마는 아주 황당한 생각에 묻혀 사는 아이를 "우리 아이는 그런 아이가 아니다"라며 집에 데리고 와서 가정교육을 시켰답니다.

에디슨은 200번째 실험에서 전구 발명에 성공합니다. 그런데 에디슨은 언론과의 인터뷰에서 자신은 한 번도 실패한 적이 없다고 말했습니다. "나는 어떻게 하면 안 켜질 수 있는지, 199개의 안 켜질 수 있는 전구 모델을 갖고 있다"고 한 겁니다. 얼마나 긍정적입니까. 지금 문제를 일으키고 있는 아이에게 "나는 200번을 포기하지 않고 계속 노력했다"고 자신 있게 말할 수 있는 부모님이 계십니까. 드물지요. 전구도 200번이나 정성을 쏟는데, 내 사랑하는 아이를 위해 200번쯤 노력을 안 한다면 안 되겠지요.

믿음, 소망, 사랑 중에 제일 중요한 것이 사랑이라고 합니다. 아이가 거짓말해서 믿음도 안 가고, 소망도 자꾸만 사라지려고 해도 사랑은 포기하지 말아야 합니다. 부모인 나를 위해서도 그렇습니다. 그래야 나중에 부모다운 부모가 되어 '이 아이 덕분에 정말 많은 것을 얻었다'고 생각하실 겁니다.

인터넷 중독의 생물학적 이해

"아이들 두뇌에 영향을 미치는 게임 중독, '조절 능력'을 갖게 해주는 것이 관건"

김대진
가톨릭대학교 정신건강의학과 교수

저는 정신건강의학과 의사로서, 뇌과학을 연구하는 의학자로서 우리나라의 현재 상황을 감안한 특수성을 곁들여서 인터넷 중독이 우리의 뇌와 정신건강에 어떤 영향을 미치고 있는지 깊이 있게 얘기해보겠습니다.

강의의 순서는 최근 인터넷 중독이 사회적으로 이슈가 되고 있는 사례를 먼저 소개하고, 이어서 인터넷 중독의 생물학적 이해, 특히 신경생물학과 유전, 인지에 관해 설명하겠습니다. 마지막으로 스마트폰 중독에 대해 말씀을 드리도록 하겠습니다.

미국 저널 "한국에서 인터넷 중독은 심각한 공공건강 이슈"

최근 몇 년간 인터넷 중독과 관련해 사회적으로 이슈가 된 사건, 사고가 많았습니다.

게임에 중독된 학생이 자신을 나무라던 어머니를 죽이고 본인도 자살한 사건, 미국 명문대 중퇴생이 인터넷 게임에 빠져 길 가던 행인을 흉기로 찔러 살해한 '묻지 마' 살인, 게임에 중독된 20대 엄마가 두 살 된 아들을 때려 숨지게 한 사건, 게임 중독 의사가 만삭의 부인을 살해한 혐의로 구속된 사건, 게임 중독 20대가 PC방에서 아기를 낳아 살해하고 버린 사건 등등 끔찍하고 한심하고 낯부끄러운 사건들이 우리가 살고 있는 나라에서 벌어졌습니다.

『미국 정신과학저널(American Journal of Psychiatry)』이라는 잡지는 '한국에서 인터넷 중독은 가장 심각한 공공건강 이슈 중의 하나로 여겨지고 있다(South Korea considers Internet addiction one of its most serious public health issues)'고 표현했습니다. 좋은 방면으로 우리나라가 유명해져야 되는데 부정적인 내용으로 언급이 되어서 좀 씁쓸합니다.

얼마 전 일본에서 중독학회가 있어서 갔는데 인터넷에 관련된 심포지엄이 있었습니다. 일본, 한국, 대만, 태국 등 아시아 각국의 학자들이 모여 토의를 하는 와중에 갑자기 일본의 어떤 교수님이 "인터넷 중독의 상당한 책임은 한국에 있다"고 얘기를 합니다. 한국에서 게임을 너무 재미있게 잘 만들어서 일본의 게임 중독자가 자꾸 늘어나고 있다는 겁니다.

저도 맞대응을 했지요. 우리나라 청소년들이 많이 보는 음란 동영상들이 일본에서 많이 만들어지거든요. 그래서 "일본은 왜 그렇게 나쁜 포르노들을 많이 만들어서 우리나라 사람이 보게 만드느냐"라고 반격했습니다. 실제로 일본은 섹스 비디오 중독, 포르노(pornographic) 중독이 많거든요. 아무튼 그날 토의는 서로가 힘을 합쳐서 인터넷 중독이나 포르노 중독 같은 여러 가지 중독현상에 대해 잘 대처해보자는 쪽으로 결론을 내렸습니다.

인터넷에 중독되면 환청이나 망상도 생긴다

　최근 인터넷 중독으로 인해 벌어지는 사건들을 보면 정신과 의사 입장에서는 매우 관심 있게 봐야 할 내용이 많습니다. 닷새 동안 밥도 안 먹고 게임을 하다가 갑자기 돌연사하는 경우도 있고, 어머니를 살해하고 본인도 자살한 중학생도 있습니다. 보통 우울증에 걸리면 자살을 하는 경우가 많고, 자살이라는 것은 어떤 공격 성향을 본인한테 향하는 건데, 게임에 중독된 아이들의 경우에는 본인을 해치는 것뿐만 아니라 남을 해치는 경우도 나옵니다.

　그래서 게임 때문에 자살충동(suicidal ideation)만 생기는 것이 아니라 살인충동(homicidal ideation)까지 나타나는 것이 최근에 더 심각한 문제입니다. 잠원동 '묻지 마' 살인사건은 그 청년이 그냥 게임을 하다가 밤에 나와서 게임의 장면을 그대로 연출한 것이거든요.

　인터넷에 중독되면 환청이나 망상 같은 것이 생기는데 실제로 제가 본 환자도 몇 명 그런 경우가 있습니다. 그 중 하나는 의학을 전공하는 여학생인데 '서든 어택(Sudden Attack)'이란 게임에 빠져 있었어요. 그 학생이 어느 날 저한테 와서 "선생님, 제가 문제가 생겼어요. 회진 돌 때 교수들이 서든 어택의 병사로 보이고 그래서 총으로 쏴죽이고 싶은 생각이 계속 들어요"라는 거예요. 그 학생은 회진을 따라 돌 수가 없는 상황이 됐어요. 게임에 너무 빠져 병원이 마치 전쟁터 같은 환시(幻視)가 보이기 시작한 겁니다. 그래서 그 학생에게 일단 휴학을 권하고 약물 치료를 시작했습니다.

　인터넷에 중독된 아이들의 40% 정도는 정신과적인 질환을 같이 갖고 있습니다. 제일 많은 경우가 우울증(depression)이고 ADHD(주의력 결핍 과잉행동 장애)도 일부 있습니다. 중독이 심한 아이들의 경우 우울증이

최근 인터넷 중독으로 사회적 이슈가 된 사건

죽음 부른 게임 중독(2010. 2)
서울 용산구의 한 PC방에서 온라인 게임을 하던 손모씨(32)가 갑자기 쓰러져 병원으로 옮겼으나 2시간 40여 분만에 숨지는 사고가 발생했다. 경찰 조사 결과 손씨는 설 연휴를 포함해 지난 12일부터 닷새 동안 PC방에서 게임에만 몰두하며 식사도 자주 거른 것으로 밝혀졌다.

게임 중독 중학생, 모친 살해 후 자살(2010. 10)
게임 중독에 빠진 한 중학생이 어머니를 살해한 뒤 스스로 목숨을 끊는 사건이 발생해 게임 중독의 심각성을 나타냈다.……사건 발생 하루 전인 15일 밤 11시쯤에도 김씨와 아들 A군은 컴퓨터 게임 문제로 심하게 다투었고, 결국 다음 날 오전 어머니는 침대에 쓰러져 숨져 있었고, A군은 유서를 남긴 채 자살했다. 경찰에 따르면 A군은 유서를 통해 "게임을 한다고 어머니로부터 야단을 맞았고 어머니에게 해서는 안 되는 짓을 했습니다. 죄송합니다"라고 적었던 것으로 전해졌다.

잠원동 묻지 마 살인사건, 용의자는 게임 중독 유학생(2010. 12)
서울 서초경찰서는 17일 잠원동에서 김모씨(26)를 흉기로 찔러 사망하게 한 혐의로 박모씨(23)를 붙잡아 조사중이다. 경찰에 의하면 칼싸움을 소재로 한 격투게임 '블레이블루'에 심취한 박씨가 게임을 하다가 갑자기 '맨 처음 만나는 사람을 죽이겠다'라는 생각이 들어 식칼을 가지고 나가 범행을 저질렀다. 그는 실제로 가장 먼저 눈에 띈 김모씨를 타깃으로 잡아 등과 허벅지를 서너 차례 찌르고 도망치는 김씨를 뒤쫓아가면서까지 칼을 휘두른 것으로 조사됐다.

PC방서 밤새 게임……딸 굶겨 죽인 '게임 중독 부부'(2010. 3)
경기 수원경찰서는 3일 인터넷 게임에 빠져 갓난 딸을 방치해 굶어 죽게 한 혐의(유기치사)로 김모씨(41, 무직)와 김씨의 아내(25)에 대해 구속영장을 신청했다.……이들 부부는 옹알이도 못 하는 딸을 혼자 안방에 놔둔 채 인근 PC방에서 12시간씩 게임을 하던 탓에 아기는 밤새 배를 곯아 울어댔지만 누구 하나 돌봐주지 않았다. 이날도 김씨 부부는 PC방에서 밤새 게임을 하고 아침에 들어왔고 딸은 이미 숨져 있었다.……경찰 관계자는 "2008년 인터넷 채팅을 통해 만난 이들 부부는 매일 12시간씩 인터넷 게임을 즐기는 등 게임 중독에 빠져 어린 딸에게 하루 한 번만 분유를 주고 방치해왔다"고 말했다.

많이 나타나고 약한 경우에는 ADHD가 많았습니다.

그런 경우에는 인터넷 중독과 함께 정신질환을 같이 치료해야 합니다. 여기에 대해서는 사회적으로 모두 관심을 가져야 합니다. 그렇지 않으면 이런 중독 현상이 앞서 언급한 사회적인 사건이나 끔찍한 범죄로까지 이어질 수가 있거든요. 특히 게임 업체들이 더 책임감을 느껴야 한다고 봅니다.

최근 한 신문이 '게임 회사, 게임 중독으로 망친 청소년 못 본 체할 건가'라는 사설을 썼는데 여기에 전적으로 공감합니다. 담배회사나 사행 산업 쪽에서 펀드를 마련해서 공익사업을 하는 것처럼 게임 회사들도 이익 가운데 일부를 인터넷 중독에 걸린 아이들을 치료하거나 예방하는 데 사용해야 한다고 생각합니다.

스마트폰 때문에 여학생들 성적이 떨어져

스마트폰 중독은 최근에 나타나고 있는 현상입니다. 이전부터 남자애들은 게임 때문에 성적이 떨어진 애들이 많습니다. 그런데 스마트폰 시대가 되면서 여학생들이 더 문제가 되고 있어요. 처음에는 남자애들이 게임 때문에 성적이 많이 떨어졌는데, 최근에는 스마트폰 특히 카카오톡 때문에 여자애들 성적이 떨어지면서 남학생과 여학생 성적이 공평하게 함께 떨어지는 별로 좋지 않은 현상이 벌어지고 있습니다.

초등학교 스마트폰 보급률이 2010년에 8%였는데 2011년에는 38%까지 올라갔다고 합니다. 2012년에는 60-70%까지 올라갈 것 같은데 엄청나게 빠른 속도입니다. 스마트폰이 앞으로 우리 청소년들에게 어떤 정신건강적인 문제를 일으킬 건지 굉장히 걱정됩니다.

인터넷 중독의 국내 현황을 보면 인터넷 중독은 8%, 도박 중독은

1.7-4.4%, 스마트폰 과다 사용은 11.1-24.2%로 스마트폰이 굉장히 심각한 것으로 나타나고 있습니다. 전반적으로 행위 중독의 유병률이 외국에 비해 높게 나타나고 국내 다른 정신질환의 유병률보다 높습니다. 또 정신과적인 공존질환이 많고, 폭력이나 자살 문제가 함께 발생하기 때문에 국가적 차원에서 관심이나 개입이 시급합니다. 특히 인터넷 중독은 어린이나 청소년들이 빠져들기 쉽고 취약하기 때문에 더욱 관심을 기울여야 하겠습니다.

"게임 재미없어요. 그런데 안 하면 미칠 것 같아요"

인터넷 중독의 생물학적 이해로 들어가 보겠습니다. 먼저 '중독'이란 개념을 이해해야 하는데 중독에는 addiction과 intoxication 두 가지가 있습니다. 둘 다 우리말로 중독이라고 표현합니다.

예를 들어 '어린아이가 농약에 중독되어 응급실에 왔다'고 하면 이 중독은 intoxication입니다. 어린아이가 농약을 좋아서 먹진 않았겠지요. 잘 모르고 먹어서 큰 탈이 난 것은 intoxication입니다. '우리 남편은 술에 중독돼서 만날 술이야, 술이 없으면 못 살아'라고 하면, 이건 addiction입니다. 뭔가 당기고 좋아해서 하지 않으면 안 되는 것이 addiction입니다.

addiction이란 개념의 중독은 크게 '남용'과 '의존', 두 가지로 나뉩니다. 술 먹고 직장에 늦게 가고, 싸우고, 음주운전하고, 뭔가 사고를 치는 것이 남용입니다. 그리고 이게 반복되다 보면 의존이 됩니다. 의존에는 세 가지 특징적인 현상이 있습니다.

첫째 내성입니다. 중독된 행위를 하는 시간이 점점 늘어납니다. 술로 따지면 점차 주량이 늘어나는 것입니다. 제가 보는 알코올 중독 환자들은 평균 소주 10병을 먹습니다. 작은 걸로 10병이고 페트병으로는 2-3

병 정도입니다. 이게 내성인데, 인터넷에 중독된 아이들은 시간만 나면 컴퓨터 앞에 앉아 있습니다. 처음부터 그랬던 것이 아니라 차츰차츰 컴퓨터를 하는 시간이 늘어난 것이지요. 많이 하는 아이들은 하루 18시간까지 합니다. 잠도 안 자고, 밥도 안 먹고 인터넷만 하니 정상적인 생활을 할 수 없게 되지요.

두 번째는 금단증상입니다. 알코올 중독자에게 술을 못 먹게 하면 손이 덜덜덜 떨리고, 식은땀이 나고, 막 불안하고 이런 현상이 나타납니다. 게임에 중독된 아이들도 비슷한 증상을 보입니다. 저도 얼마 전 스마트폰을 집에다 두고 왔는데 하루 종일 걱정이 되는 거예요. 못 견딜 정도로 많이 힘들더군요. 어느새 모든 사람이 스마트폰에 대해 금단증상을 겪고 있습니다.

금단증상에는 정신적인 금단증상이 있고 신체적인 금단증상이 있는데 정신적인 금단증상은 불안하고 없으면 힘들고, 불안해서 미칠 것 같고 이런 것들입니다. 신체적인 증상은 심장이 뛰고 식은땀이 나고 이런 건데, 실제로 아이들한테 게임을 갑자기 못 하게 하면 심장이 뛰고 그 다음에 식은땀이 흐르는 현상을 보입니다. 그래서 알코올 의존이나 마약 중독에서 보이는 금단증상이 게임 중독에도 나타나고 있다고 할 수 있습니다.

내성과 금단증상 다음으로 마지막 하나 남은 중독 현상은 갈망입니다. 갈망은 '당기는 것'입니다. 라면에 중독된 사람은 밤에 라면 광고를 보면 끓여먹고 싶은 생각이 듭니다. 막 당기는 거지요. 처음에는 참습니다. 그런데 한 시간쯤 참다가 결국 끓여먹습니다. 그런 일이 반복되면 그 견디는 시간이 너무 허무하다는 생각에 그 다음부터는 선전이 나오면 바로 끓여먹습니다.

이것이 중독되어가는 과정입니다. 바로 행위로 연결되거든요. 밤에 맥주 광고를 하는 이유도 여기에 있습니다. 밤늦게 거실에 앉아 TV를 보다가 맥주 광고에 유혹되어 슈퍼마켓에 맥주를 사러 갑니다. 인간의 갈망을 상품의 마케팅에 이용하는 사례이지요.

게임 채널 같은 곳에서 스타크래프트 중계하는 것을 정신없이 보고 있는 아이들이 있습니다. 아이는 그것을 보면서 '아, 게임을 해야 되겠다, PC방에 가야겠다' 이런 생각을 하고 있는 겁니다. 인터넷에 중독되었거나 게임을 많이 하는 아이들은 심지어 게임을 하고 있지 않아도 머릿속에서 게임을 시뮬레이션하고 있습니다. 가끔 바보같이 히죽 웃습니다. '무슨 생각하니?' 물어보면 머릿속에 게임이 들어와 있는 겁니다. 바둑 잘 두는 사람이 머릿속에서 바둑을 복기(復棋)하고 있는 것과 마찬가지입니다.

중독되어가는 과정을 살펴봅시다. 처음에는 좋아서 시작하게 됩니다. '아, 게임을 하면 이렇게 재미있구나, 인터넷을 하면 이렇게 재미가 있구나, 카톡을 하면 이렇게 재미있구나.' 이렇게 좋아서 시작했던 것들이 나중에는 단순히 이러한 것들 자체를 원하게 되고, 그래서 하고 싶어질 때마다 합니다. 그러다가 강박적으로 하게 됩니다. 이제는 안 하면 못 견딥니다. 그러다가 갑자기 못 하게 되면 난리가 납니다. 금단증상이 생기는 것이지요.

아이들이 게임을 처음에는 좋아서 하다가 나중에는 힘들까봐 하게 됩니다. 긍정적 강화(positive reinforcement)에서 부정적 강화(negative reinforcement)로 되는 것이지요. 그래서 게임을 많이 하던 애들을 보면 처음에는 즐거워서 시작했는데 나중에는 '선생님, 지금은 게임 하나도 재미없어요. 그런데 안 하면 미칠 것 같아요'라고 말합니다. 이런 부정적 강화로 넘어가면 약물 중독에서 나오는 과정(process)과 비슷하게 진행되는 것이지요.

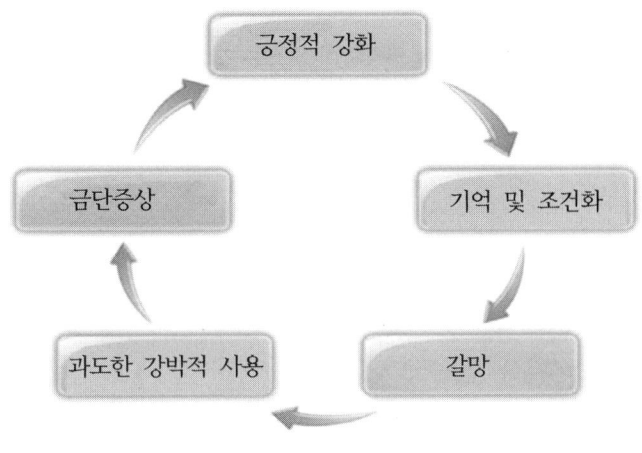

〈그림 3-1〉 중독의 주요 요소

강의를 다운받아야 한다는 핑계로 다른 것을 하는 아이들

인터넷 중독의 특징에 대해 살펴보겠습니다. 인터넷과 스마트폰을 완전히 끊게 할 수 있을까요? 술, 담배, 마약은 완전히 끊는 것이 최고의 목적입니다. 어떤 수단을 쓰든지 끊게 해주면 되는 것입니다. 그러나 인터넷이나 스마트폰은 그것이 불가능합니다.

인터넷을 과다하게 사용해서 부모들이 컴퓨터를 못 쓰게 하면 아이들은 인터넷 강의를 다운받아서 봐야 된다고 다시 컴퓨터를 하게 해달라고 합니다. 그러면 실제로 그걸 보느냐? 그걸 핑계로 해서 또 다른 것을 합니다. 이렇게 실제로 아이들에게 컴퓨터나 스마트폰을 완벽한 차단하기가 어렵다는 데 문제가 있습니다. 그래서 결국은 조절력(control) 회복이 문제입니다. 아이들이 스스로 조절할 수 있게 도와주는 것이 굉장히 중요합니다.

다양한 연령대의 사람이 인터넷과 스마트폰을 사용하기 때문에 선별

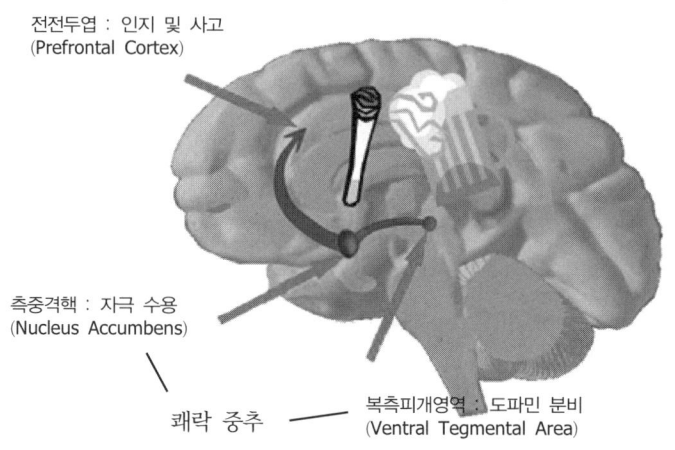

〈그림 3-2〉 중독에 의한 뇌 질환

도구에도 여러 가지 문제점이 있고, 임상적으로도 인터넷 중독에 대해서는 아직 검증이 이뤄지지 않았습니다. 공존질환에 합병증까지 있어서 뭐가 문제인지, 우울해서 인터넷을 한 건지 인터넷을 해서 우울한 건지, 인터넷을 해서 머리가 나빠진 건지 머리 나쁜 애들이 다른 것을 못 하니까 게임만 하는 건지, 이런 인과관계의 논란이 아직도 첨예하게 대립하고 있습니다.

5분만 참으면 게임하고 싶은 생각이 줄어든다

위의 〈그림 3-2〉은 중독에 의한 뇌 질환을 설명하는 우리 인간의 뇌 그림입니다. 왼쪽 아래 부분의 측중격핵(Nucleus Accumbens, 중격의지핵)에서 자극을 수용하고 복측피개영역(Ventral Tegmental Area, 배쪽피개영역)에서 도파민을 분비합니다. 이 두 부분을 합쳐 쾌락 중추라고 합니다.

술을 먹어도 여기까지 술이 올라와서 딱 붙으면 도파민이 나오고, 담배를 피워도 니코틴이 올라와서 여기서 딱 붙으면 도파민이 나옵니다. 모든 쾌락이 다 여기에서 옵니다. 게임을 할 때도 여기에 자극이 되면 도파민이 나옵니다. 우리 인간이 느끼는 기쁨이나 음식을 먹었을 때 만족감 같은 모든 쾌락이 여기서 발생합니다.

다음은 갈망에 대해 설명해보겠습니다. 정상인은 술 사진을 보여줘도 전혀 안 당기는데, 알코올 중독자는 맥주 사진만 보여줘도 뇌 혈류량이 증가합니다. 알코올 의존증을 가진 사람은 진로소주 사진이나, 심지어 두꺼비 사진만 보여주어도 뇌로 혈액이 엄청나게 솟구칩니다.

실제로 게임에 중독된 아이들한테 하루 정도 못 하게 해놓고 제일 좋아하는 게임 사진을 보여주면 거의 비슷한 현상이 나타납니다. 게임 중독인 아이들한테 게임하는 사진을 보여주면 뇌 혈류량이 증가합니다. 갈망 상태가 되면 뇌 혈류량이 증가되는데 이 상태가 되면 게임을 안 하고는 도저히 견디기 어렵습니다.

그렇지만 뇌 혈류량이 증가된 상태는 5분밖에 유지되지 않습니다. 5분만 참으면 되는 것입니다. 그래서 학생들한테 5분 동안 다른 생각을 할 수 있도록 하거나, 요새 같으면 싸이의 '강남 스타일'을 한 번 부르라고 합니다. 그러면 3분 30초가 지나고, 뇌 혈류량이 정상 상태로 돌아오면 게임을 하고 싶은 생각이 줄어들게 됩니다. 이런 방식으로 아이들이 스스로 컨트롤 할 수 있도록 가르칩니다.

뇌의 보상회로 "습관이나 환경도 중독을 유발한다"

중독의 특성을 반영한 뇌의 보상회로에 대해 설명하겠습니다. 뇌의 모든 신경세포는 다양한 각자의 기능이 있으면서 동시에 다른 세포와도

밀접하게 연결되어 있습니다. 이러한 신경세포의 연결을 통하여, 뇌세포들은 각 세포 고유의 기능만이 아닌 통합적인 기능을 하게 됩니다. 중독 연구에서 이러한 뇌의 통합적인 기능에 대한 학설을 도입한 이유는, 중독이라는 질환의 특성 때문입니다.

과거 중독을 생물학적으로 설명하고자 했던 학자들은, 배쪽피개영역(복측피개영역)에서 중격의지핵(측중격핵)에 이르는 도파민성 회로에 의한 '갈망'만 조절하면 중독 문제가 해결될 것이라고 믿었습니다. 도파민 회로의 기능만을 차단하면 중독 문제가 저절로 해결될 것이라 생각한 것입니다. 그러나 약물을 이용해 이 단계를 차단해도 중독의 문제가 100% 해결되지 않았습니다.

'갈망' 자체는 어느 정도 제어될 수 있었지만 중독은 갈망만으로 이뤄지는 것이 아니었던 것입니다. 많은 알코올 중독자나 니코틴(담배) 의존자, 비약물성 행위 중독자들의 경우 갈망이 차단된 이후에도 단순한 습관 때문에 중독성 행동을 반복했습니다. 술이나 담배가 눈앞에 나타나거나 스트레스를 많이 받게 되면 중독성 행위가 쉽게 재발되었습니다.

즉 도파민이 관련된 고전적 보상회로뿐만 아니라 술 담배 같은 실제 중독 상황에 대한 기억을 재생시키는 물질 또는 환경도 중독 행위를 유발한다는 사실을 알게 됐습니다. 따라서 스트레스 반응과 복합되는 중독 행위의 재발 등에 대한 이해를 통해 의존자의 행위를 보다 통합적으로 설명하는 것이 필요하게 되었습니다.

피터 칼리바스 등 연구자들은 △약물 자체에 직접적으로 반응하여 습관적 행위가 유발되는 뇌의 부위 △약물이나 행위 자체에 대한 기억 혹은 연관된 환경에 대한 기억을 통하여 습관적 행위가 유발되는 뇌의 부위 △스트레스와 연관되는 뇌의 부위 등으로 중독적 행위가 반복되도록 만드는 영역을 구분하고, 이러한 유발 자극에 의해 습관적 행위가 발생하는 데 최종적으로 관여하는 공통 경로로서 전전두엽에서 배쪽창백(Ventral Pallidum)에 이르는 도파민성 회로를 제시했습니다. 이것을 뇌의 보상회로라고 합니다.

보험 적용이 안 돼 인터넷 중독에 효과 있는 약을 쓰기가 힘들다

중독은 한 번 뇌에 기억이 되면 평생 고치지는 못합니다. 그러니까 한 번 필로폰에 중독된 환자는 평생 필로폰을 볼 때마다 하고 싶은 것입니다. 알코올 의존도 마찬가지고, 담배도 마찬가지고, 게임도 마찬가지입니다.

그러나 중독된 기억을 없앨 수는 없지만 조절할 수는 있습니다. 이것을 '관리할 수 있다(manageable)'고 이야기합니다. 당뇨병이나 고혈압처럼, 완치는 되지 않지만 음식이나 운동 또는 약물로 적당히 조절해가면서 정상 상태를 유지할 수 있다는 겁니다. 어떻게 하면 조절할 수 있을지에 대한 것은 과학적으로 계속 연구를 하고 체계를 갖춰나가고 있는 상황입니다.

인터넷 중독은 단순히 인터넷 사용시간이 많다는 것만 의미하는 것은 아닙니다. 개인의 삶이 인터넷에 완전히 몰두되어 있다는 것을 의미합니다. 결국 개인의 다른 생활은 현저하게 저하되는 것이지요. 인터넷 중독은 다른 중독 증상과 마찬가지로 금단, 내성, 갈망 증상을 동반하는 것으로, 여러 중독 증상 가운데 가장 개인적, 사회적인 문제를 많이 유발한다고 평가받고 있습니다.

따라서 국가적 차원에서 인터넷 중독에 대한 치료 시스템을 구축하는 것이 굉장히 시급하다고 생각합니다. 뇌 과학에 기초한 중독 연구도 필요합니다.

현재 정부 차원에서 인터넷 중독을 질병으로 분류해서 질병 코드를 부여하려는 정책이 추진되고 있습니다. 그래야만 인터넷에 중독된 아이들이 보험으로 치료를 받을 수 있게 됩니다. 현재는 충동조절 장애, 우울증, ADHD(주의력 결핍 과잉행동 장애) 등 유사 질병으로 대체하는 실정이고, 인터넷 중독에 효과가 있을 만한 약제를 쓰고 싶어도 보험 적용이 되지 않아 사용하기 어려운 실정입니다. 우리나라의 인터넷 중독이 세계적으로 유례를 찾아보기 힘들 정도로 심각한 만큼 독자적인 질병 코드를 추진해 체계적으로 관리하는 방안이 시급합니다.

게임이나 인터넷 오래 하면 '뇌가 위축된다'

신경생물학 측면에서 인터넷 중독을 살펴보겠습니다. 술을 많이 먹으면 뇌가 위축됩니다. 뇌가 쪼그라드는 것입니다. 알코올 중독과 마찬가지로 다른 중독에서도 중독 상태가 오래되면 뇌에 위축이 옵니다. 그러면 과연 게임을 오래 한 아이들도 뇌가 위축되느냐 하는 연구를 여러 학자들이 해보았습니다.

몇몇 그룹에서 연구했는데 인터넷에 중독된 사람의 뇌를 살펴본 결과 전두엽 부분에서 쪼그라드는 것을 발견했습니다. 전두엽은 대뇌피질의 앞부분에 있는 기관으로 복잡한 문제 풀이와 판단 등 인간의 지능을 담당합니다. 이런 중요한 기관의 뇌세포 자체가 위축되는데 게임을 오래 하면 할수록 더 쪼그라들었습니다. 저도 깜짝 놀랐습니다. 술, 마약 이런 것만 뇌를 쪼그라뜨리는 것이 아니라 게임이나 인터넷을 오래 해도 뇌가 위축된다는 것은 놀라운 사실입니다.

엄마, 아빠가 게임 좋아하면 아이도 게임 좋아한다

국내 연구 중에는 이런 것도 있습니다. 쾌락 중추에 도파민 수용체가 있습니다. 도파민 수용체는 쾌락을 느낄 때 도파민이 나오는데 중독이 되면 도파민이 너무 많이 나와버리니까 그 도파민 수용체가 줄어듭니다. 가령 필로폰 환자들이 필로폰을 할 때 너무 좋아서 오래 하면 쾌락 중추에 있는 도파민이 너무 많이 나오기 때문에 그것을 받아내는 도파민 수용체의 수가 줄어들게 됩니다.

놀라운 것은 인터넷에 중독된 아이들도 도파민 수용체의 수가 바로 그 쾌락 중추에서 줄어들고 있다는 그런 결과가 나왔습니다. 필로폰 같은 마약처럼 인터넷 중독도 도파민 수용체에 비슷하게 영향을 미치는 것을 알 수 있습니다. 인터넷 중독이 심하면 심할수록 도파민 D2 수용체 수가 줄어 있는 것을 볼 수 있습니다. 인터넷 중독이나 게임 중독이 우리 뇌의 쾌락 중추에 실제로 영향을 미치는 것을 밝혀준 논문입니다.

인터넷 중독이 유전된다는 연구도 있습니다. 엄마, 아빠가 게임을 좋아하면 자식들도 게임을 좋아하게 되는데, 중독에 있어서 유전 성향은 약 60%로 알려져 있습니다. 절반이 넘습니다. 앞으로 연구가 더 진행되어야 하겠지만, 부모 세대에서 인터넷 중독이 되면 자식 세대에 그 중독성을 물려줄 수도 있다는 것을 유념해야 하겠습니다.

인터넷에 중독된 아이 '이해력'과 '어휘력' 떨어져

인터넷 중독과 인지(認知) 기능에 관해 살펴보겠습니다. '인지기능 장애, 그러니까 흔히 말해 머리가 나쁜 아이들이 처음부터 게임에 중독될 가능성이 높다'고 하는 연구도 있고, 또 어떤 연구들을 보면 '멀쩡하던 아이가 인터넷 게임을 많이 해서 머리에 문제가 생겼다'고 하는 연구도 상당히 많습니다. 제 생각에 모든 생명 현상은 한쪽 방향은 없는 것 같습니다. 서로 양방향으로 주고받기(cross talk)를 하기 때문에 인터넷 중독도 그런 룰을 따르지 않을까 생각합니다.

저는 얼마 전에 '인터넷 중독으로 청소년 지능이 떨어진다'는 연구 결과를 발표한 적이 있습니다. 2009년 서울의 한 고등학교와 여자중학교 학생 642명을 조사했더니 그 중 9.5%(61명)가 인터넷 중독으로 나타났습니다. 청소년 10명 중 한 명 꼴로 인터넷 중독 현상을 보인 것이지요. 이 학생들을 대상으로 지능검사를 해봤더니 인터넷에 중독된 아이들이 일반 아이들에게 비해 이해력과 어휘력이 떨어진다는 결과가 나왔습니다. 이해력 항목에서 인터넷에 중독된 학생들의 점수는 9.92로 일반 청소년의 11.65에 비해 현저하게 낮았습니다. 어휘력 항목은 인터넷 중독 여중생이 13으로 일반 여중생의 14.5보다 크게 낮았습니다.

이해력은 일상생활의 경험, 도덕, 윤리적 판단능력을 측정하는 영역인데 인터넷에 중독된 아이들이 상당히 떨어지는 경향성을 보였습니다. 여학생들이 대부분 언어능력이 좋은데 인터넷 중독 여학생의 경우에는 언어능력이 떨어지는 결과가 보였습니다.

인터넷 게임이 인지기능에 부정적인 영향만 미치는 것은 아닙니다. 게임 중독의 긍정적인 면 가운데 하나는 안구의 협응력을 개선시킬 수 있다는 점입니다. 눈동자와 손을 막 움직이니까 그쪽 부분은 발달하겠지요. 인터넷 게임으로 손상된 인지기능을 치료하거나 개선할 수도 있습니다. 교통사고가 나서 중증장애인이 된 분들은 몸을 움직이기 힘들거든요. 그래서 게임 같은 것을 하면 인지기능을 회복시키는 데 효과가 있다고 합니다. 뇌활동을 연습하기 위해 설계된 컴퓨터 게임도 있습니다.

그렇지만 이런 특수한 경우를 제외하고 일반적인 청소년들에게 인터넷 게임은 인지기능에 부정적인 영향을 미칩니다. 게임 중독자는 전두엽 기능장애로 인해 자기중심적이 되고 수치심을 느끼지 못하며 감정처리가 부족한 경우가 많습니다. 전두엽이 손상되면 굉장히 공격적이 되고 책임감이 떨어지는 경향이 있습니다. 또 뇌가 발달하는 청소년기에 컴퓨터 게임으로 인해 과도한 일방적인 자극이 가해지면 다양한 뇌의 인지기능에 영향을 미칠 수 있습니다. 그래서 청소년기에 인터넷 중독이나 게임 중독은 상당히 관심을 기울여 들여다볼 필요가 있고, 필요할 경우 학부모나 학교, 사회 그리고 국가까지 개입을 해야 한다는 겁니다.

장난감 대신 아이에게 스마트폰을 주는 부모들 '위험천만'

우리 사회에서 스마트폰 중독은 이미 남의 일이 아닙니다. 스마트폰이 너무 빨리 보급되다 보니까 3-5세 유아기부터 스마트폰을 갖고 노는 아이들이 많습니다. 물론 엄마 아빠 폰이지요. 아이가 자꾸 스마트폰을 달라고 하니까 장난감 대신 주는 경우가 있는데 이게 문제가 있습니다. 얼마 전에 제가 한 일간지에 인터뷰를 했는데요, 틈만 나면 스마트폰을 갖고 노는 아이는 뇌에 문제가 있을 수 있다는 내용이었습니다.

유아기부터 스마트폰에 빠지면 뇌의 우측 전두엽이 발달하지 못해 정보를 통합하는 사고력이 떨어질 가능성이 있습니다. 가능한 한 스마트폰 사용시기를 늦추고, 스마트폰에 집착하면 부모가 함께 신체활동을 하거나 다른 놀잇감을 주며 관심사를 바꿔줄 필요가 있습니다.

요즘 지하철에서 보면 사람들이 '스마트폰 좀비' 같습니다. 대부분 스마트폰을 꺼내서 검색을 하거나 게임을 하거나 채팅을 합니다. 스마트폰을 들여다보느라 다른 사람에겐 관심도 없습니다. 노인이 서 있어도 모른 척 하고, 내려야 할 역을 지나쳐버리는 경우도 많습니다. 옛날에는

〈표 3-1〉 스마트폰 중독 자가진단 10가지 항목

- 샤워실에서 스마트폰을 사용한다.
- 주머니나 가방을 만질 때 스마트폰이 없으면 잠깐의 패닉(panic)을 느낀다.
- 같은 스마트폰을 가진 사람을 만날 때 스마트폰과 관련된 이야기만 한다.
- 스마트폰이 고장 나면, 친구를 잃었다는 느낌이 든다.
- 충전된 배터리는 하루도 가지 못한다.
- 한 달 통신비를 내려고 다른 필수비용을 줄여본 적이 있다.
- 스마트폰으로 스마트폰과 관련된 정보를 찾아본다.
- 스마트폰 알람은 생활의 모든 일을 언제 해야 할지 알려준다.
- 스마트폰에 30개의 앱이 있고, 30개의 앱을 모두 사용한다.
- 스마트폰 액세서리에 스마트폰 구입 가격보다 더 많은 돈을 쓴다.

신문을 보는 사람도 있었는데 신문이 실종됐습니다. 요즘 어린이들은 종이 책을 보지 않고 스마트폰으로 책을 보지요. 어릴 적부터 책장을 넘기면서 책을 보는 습관을 기르기 어렵습니다.

스마트폰 중독은 휴대폰 중독과 인터넷 중독의 혼합판이죠. 위의 〈표 3-1〉는 스마트폰 중독에 대해 스스로 진단할 수 있는 10가지 항목입니다. 여러분은 몇 개나 해당하는지 한 번 체크해보세요.

스마트폰 중독은 행위 중독 모델(Behavioral addiction model)과 기술 중독 모델(Technological addiction model) 두 가지를 모두 따르고 인터넷 중독과 모바일(휴대폰) 중독의 혼합입니다. 인터넷 중독은 주로 남성이 문제가 되는데, 모바일 중독은 여성에게 많습니다. 인터넷 중독은 내향적으로 되고 모바일 중독은 외향적으로 됩니다. 인터넷은 익명성, 모바일은 실시간(real time)이라는 특징이 있습니다. 인터넷과 모바일 중독 모두 '자신감 저하'라는 증상을 나타냅니다.

　스마트폰을 사용하면 실시간으로 어디서든지 실명 혹은 익명으로 게임이나 파일을 다운받을 수 있고, 원하는 정보를 접할 수 있습니다. 손가락 터치 한 번이면 가능한 일입니다. 요즘 아이들의 스마트폰을 보면 야한 동영상이나 영화 파일이 없는 애들이 없습니다. 이런 요소들이 번갈아가며 스마트폰 사용시간을 길게 하고 중독을 더욱 강화하는 것입니다.

　스마트폰 중독도 인터넷 중독과 마찬가지로 일상생활에 장애가 생기고 내성, 금단증상, 일탈행동, 이런 것들이 모두 나타납니다. 제가 이런 스마트폰 중독 척도를 재는 표를 만들었는데, 모두 33가지 항목이 있습니다. 33가지 항목의 총점이 101-126점이면 스마트폰 중독 '높음'(주의), 127점 이상이면 '매우 높음'으로 진단합니다. 이 척도를 이용해서 자신이 어느 정도 스마트폰에 중독되어 있는지 스스로 체크해볼 수 있습니다.

스마트폰 중독 척도(Smart phone Addiction Scale)

아래의 문항을 잘 읽으시고 최근 3개월간 자신의 스마트폰 사용 모습에 가장 맞는다고 생각되는 칸에 표시하여 주십시오.

1	스마트폰을 하다가 계획한 일들을 제대로 못한 적이 있다.	1	2	3	4	5	6
2	스마트폰 사용으로 인해 학교수업이나 과제, 회사 일에 집중하지 못한 적이 있다.	1	2	3	4	5	6
3	스마트폰을 너무 많이 사용해서 머리가 아프거나 눈이 침침한 적이 있다.	1	2	3	4	5	6
4	스마트폰을 사용하다 보면 뒷목이 아프거나 손목의 통증을 느낀 적이 있다.	1	2	3	4	5	6
5	스마트폰을 사용하느라 잠을 못 자서 다음 날 피곤한 경우가 있다.	1	2	3	4	5	6
6	스마트폰을 사용하는 동안 마음이 제일 편하다.	1	2	3	4	5	6

7	스마트폰을 사용하게 되면 기분이 좋아지고 흥미진진해진다.	1	2	3	4	5	6
8	스마트폰을 사용하는 동안 나는 더욱 자신감이 생긴다.	1	2	3	4	5	6
9	스마트폰을 사용하면 스트레스가 모두 해소되는 것 같다.	1	2	3	4	5	6
10	스마트폰을 사용할 수 없다면 내 생활에 재밌는 일이란 없다.	1	2	3	4	5	6
11	스마트폰이 없다면 내 인생은 공허할 것 같다.	1	2	3	4	5	6
12	스마트폰을 사용하는 동안 나는 가장 자유롭다.	1	2	3	4	5	6
13	다른 어떤 것보다 스마트폰 사용이 가장 즐겁다.	1	2	3	4	5	6
14	만약 스마트폰이 없다면 견디기 힘들 것 같다.	1	2	3	4	5	6
15	스마트폰이 내 손에 없으면 안절부절 못하고 초조해진다.	1	2	3	4	5	6
16	스마트폰을 사용하고 있지 않을 때 자꾸 스마트폰이 생각난다.	1	2	3	4	5	6
17	스마트폰 사용으로 인해 실생활에 문제가 생기더라도 스마트폰 사용을 포기하지는 않을 것이다.	1	2	3	4	5	6
18	스마트폰을 사용할 때 누군가 방해하면 짜증이 난다.	1	2	3	4	5	6
19	화장실에 갈 때 아무리 급해도 꼭 스마트폰은 챙긴다.	1	2	3	4	5	6
20	스마트폰 사용으로 아는 사람들이 많아져서 기분이 좋다.	1	2	3	4	5	6
21	스마트폰으로 알게 된 사람들이 실생활 친구보다 더 친근하게 느껴질 때가 있다.	1	2	3	4	5	6
22	스마트폰을 사용하지 못하면 친구를 잃은 것 같은 느낌이 들 것 같다.	1	2	3	4	5	6
23	실제로 아는 사람보다 스마트폰으로 알게 된 사람들이 나를 더 잘 이해해주는 것 같다.	1	2	3	4	5	6
24	스마트폰을 사용하지 않을 때(트위터나 페이스북에서) 다른 사람들이 하는 이야기를 놓칠까봐 자꾸만 스마트폰을 확인하게 된다.	1	2	3	4	5	6
25	아침에 눈을 뜨자마자 스마트폰으로 트위터 또는 페이스북과 같은 SNS(Social Network Service)를 꼭 확인해야 한다.	1	2	3	4	5	6

26	가족이나 친구들과 있는 시간보다 스마트폰에서 알게 된 사람들과 이야기하는 것이 더 좋다.	1	2	3	4	5	6
27	궁금한 것이 있으면 옆 사람에게 물어보는 것보다 스마트폰으로 검색하는 것이 더 편하다	1	2	3	4	5	6
28	충전한 배터리가 하루 동안 지속되기 힘들다	1	2	3	4	5	6
29	스마트폰을 사용하게 되면 의도했던 것보다 오랜 시간을 사용하게 된다(시간이 가는 줄 모른다).	1	2	3	4	5	6
30	스마트폰을 사용하다가 그만두면 또 하고 싶어진다.	1	2	3	4	5	6
31	스마트폰 사용시간을 줄여보려 노력한 적이 있으나 늘 실패한다.	1	2	3	4	5	6
32	스마트폰 사용시간을 줄여야겠다고 늘 생각한다.	1	2	3	4	5	6
33	주위 사람들이 내가 스마트폰을 너무 많이 사용한다고 지적한다.	1	2	3	4	5	6

스마트폰 중독이 인터넷 중독보다 2배 많아

이 척도를 이용해서 스마트폰 중독에 대해 조사를 해봤더니 현재 인터넷 중독보다 스마트폰 중독이 2배 가까이 많은 것으로 나타났습니다. 특히 카카오톡 사용이 제일 많습니다. 카카오톡을 하는 아이들의 하루 평균 카카오톡 이용 횟수가 200회 정도나 됩니다. 담배도 20회 피우면 작업량이 떨어지는데 카카오톡을 200번 하면 아무것도 못 하거든요. 그래서 스마트폰 중독이 심각합니다.

지금까지 인터넷 중독과 관련해 여러 가지 뇌에서 벌어지는 현상들을 신경과학(neuroscience)의 입장에서 살펴보았습니다. 그리고 스마트폰 중독이 앞으로 더 심각한 문제로 다가올 것이라는 점도 지적했습니다. 인터넷이나 게임 중독 모두 다 두뇌(brain)에 영향을 미치는 것이기 때문에 두뇌를 어떻게 하면 조절할 수 있는지가 관건입니다. 중독이 되면 완전히 끊지는 못하거든요. 조절할 수 있는 능력을 갖게 해주고, 이 조절할 수 있는 능력을 갖게 해주기 위해서 의사들이 약을 쓰기도 하고, 공존질환을 치료하기도 하고, 인지행동 치료나 동기강화 치료를 하는 등등 여러 가지 노력을 하고 있습니다. 많은 정신과 의사, 심리학자, 교육자들이 힘을 다 합쳐도 인터넷 중독이 너무 강적이어서 될지 안 될지 잘 모르겠지만 최선을 다하려고 노력하고 있습니다.

정신과 의사가 본 중독 치료

"아이들이 자신의 마음 속 목소리를 듣게 되면 치료가 시작된다"

최삼욱
을지대학교 강남을지병원 정신건강의학과/
을지대학교 중독재활복지학과 교수

저는 정신건강의학과 의사지만 또 한편으로는 중독에 특화된 4년제 대학교에서 학생들을 가르치며, 중독성 질환의 치료, 연구 그리고 교육을 병행하고 있습니다. 처음에는 물질 중독에 대한 치료와 연구로 시작해서 현재는 도박 중독의 연구나 치료를 계속하고 있는데 최근에는 행위 중독의 일환인 인터넷 중독에 대해서도 연구와 치료를 계속하고 있습니다.

인터넷 중독에 대한 이슈를 토론하면서 네 가지로 나누어 말씀드리려고 합니다. 첫째 용어 사용의 문제, 둘째는 내성과 금단에 대한 부분, 셋째 조절력과 소통에 대한 부분, 그리고 마지막으로 치료적 측면에서 자신의 내면과 마주치는 자신과의 소통의 중요성에 대해 언급하겠습니다.

'인터넷 과몰입'이란 용어는 사실을 왜곡할 수 있다

먼저 용어 사용의 문제입니다. 사실 인터넷 중독이나 스마트폰 중독이라는 용어는 학계에서 공식화되기도 전에 일반 대중들이나 매체에서 더 빨리 사용되고 확산된 측면이 있습니다. 현재 정신의학 진단분류 기준체계(DSM-IV)에서 중독성 질환은 '의존'이란 용어로 설명되고 있습니다. 중독의 개념과 유사해서 내성과 금단, 조절력 상실, 부정적 결과에도 불구하고 계속적인 물질 사용 등의 특징을 보이는 현상을 말합니다.

예전에 충동조절 장애로 분류되었던 도박 중독뿐만 아니라, 인터넷 중독도 최근에는 행위 중독으로 범주화하는 것이 타당하다고 주장하는 연구자들이 많습니다. 이와 관련된 연구에서 반복적 행위를 통해서도 물질 중독과 유사한 뇌의 기능적 변화, 신경생리적 변화가 온다는 것이 밝혀지면서 이런 주장은 설득력을 얻고 있습니다.

그 결과 2013년에 개정되는 정신의학 진단분류 기준체계(DSM-V)에는 문제성 도박을 충동조절 장애에서 중독질환으로 분류하고, 인터넷 사용 장애(internet use disorder)도 추가 연구를 위한 질병으로 등재하기로 결정했습니다.

그런데 유독 우리 사회에서는 '인터넷 게임 과몰입'이라는 용어가 사용되고 있습니다. 원래 '몰입'이라는 용어는 자신의 능력과 강점을 최대로 활용하여 최적의 수행을 나타내는 현상을 뜻하며, 자신의 행동을 스스로 조절할 수 있는 최적 경험을 이르는 매우 긍정적인 용어입니다. 그래서 '과몰입'이라는 용어는 '지나치다'는 뜻의 '과(過)' 자를 더하여 '원래는 좋은 것인데 조금 지나친 것 뿐'이라며 사실을 왜곡할 여지를 주는 것 같습니다. 이에 비해 외국에서는 아래와 같은 다양한 용어로 인터넷 중독을 지칭하고 있습니다.

internet use disorder(인터넷 사용 장애), computer addiction(컴퓨터 중독), internet gaming addiction(인터넷 게임 중독), problematic internet use(문제성 있는 인터넷 사용), excessive internet use(과도한 인터넷 사

용), pathological internet use(병적인 인터넷 사용), internet dependence (인터넷 의존증), cyber-game addiction(사이버 게임 중독) 등등. 이것들이 모두 인터넷 중독과 같은 개념을 지향하고 있다고 생각됩니다.

어떤 사람은 아직 인터넷 중독이 질병으로서의 근거가 많지 않다는 점을 이야기하면서 더 많은 연구가 필요하다고 지적합니다. 맞는 말입니다. 다른 정신질환이나 중독성 질환과 비교해도 그렇고, 같은 행위 중독의 대표 주자인 도박 중독에 비해서도 아직은 더 많은 근거가 필요한 것은 사실입니다. 하나의 현상이 질병으로 이해되는 데는 아주 많은 시간과 연구 결과들이 필요합니다.

그러나 최근에 생물학적 근거가 계속 발표되고 있으며, 앞으로도 결국 인터넷 중독이라는 공식적인 용어에 대해 임상 의사와 연구자가 함께 사용하는 공동의 진단기준이 생길 것이라고 예상합니다.

쾌감을 맛본 우리 뇌는 강한 '갈망'을 느낀다

둘째, 내성과 금단과 관련된 내용입니다. 내성과 금단은 모두 신경적응(neuroadaptation) 즉, 뇌가 뚜렷한 변화를 보이는 생물학적, 신경생리학적 증거의 하나입니다. 내성이란 그동안 사용했던 양으로는 원래의 효과를 얻지 못하게 되어 점점 양과 강도 혹은 빈도가 증가하게 되는 현상입니다. 가령 술 한 잔으로 기분이 좋아지는 사람이 나중에는 한 잔으로는 기분이 풀리지 않아 한 병이 필요해지는 상태입니다.

게임 중독 현상에도 이러한 특징들이 관찰됩니다. 처음에는 한 번의 게임으로 만족했지만 일단 재미를 붙이게 되면 점점 게임 시간이 늘어나게 됩니다. 시간만의 문제가 아닙니다. 좀 더 강한, 좀 더 자극적인 내용으로 게임이 바뀌며, 채팅과 동호회 활동도 더 열심히 하게 됩니다.

금단증상도 있습니다. 술을 지속적으로 마시다가 중단하거나 줄이게 되면 여러 가지 신체적, 심리적으로 불편한 증상이 발생하는 것을 금단이라고 하는데, 게임에 있어서는 물질 중독만큼 신체적 금단은 뚜렷하지는 않지만, 심리적 금단증상은 강하게 나타납니다. 게임을 할 때는 그렇게 에너지가 넘치던 아이가 게임을 못 하게 하면 불안과 초조함을 보이고, 짜증이 늘어 폭력적이 되기도 하며, 일상생활에서 모든 일에 귀찮아 하는 모습을 보입니다.

모든 생물체는 현재 상태를 유지하려고 하는 항상성(恒常性)이란 특징을 보이는데 인간의 뇌도 마찬가지죠. 게임하는 시간이 점점 증가하면서 이러한 새로운 변화에 뇌가 적응해가는 것입니다. 우리 뇌는 여러 신경전달물질이 신경세포인 뉴런과 뉴런 사이의 화학적 커뮤니케이션 과정을 통해 그 기능을 유지합니다. 정상적으로 동기화된 행동을 통해 도파민이 생산 방출되는데, 술, 담배, 약물, 도박, 그리고 게임 같이 더 많은 쾌감을 느끼는 상황에선 훨씬 더 많은 양의 도파민이 나오게 됩니다.

도파민을 전달받아야 하는 신경세포의 수용체 양이 늘어난 상태에서 게임을 중지하면 내성과 금단 상황이 나타날 수 있습니다. 예를 들어 좋은 음악을 듣거나 친구와 만나 즐거운 시간을 보낼 때는 도파민이 10개 나오고, 온라인 역할 게임(MMORPG)을 할 때는 100개가 나온다고 가정한다면, 늘어난 도파민을 받아들이기 위해 도파민 수용체의 수가 늘어나 점점 더 많은 도파민을 받아들이다가, 게임을 못 하게 되면 늘어난 수용체가 줄어든 도파민 때문에 아우성을 치게 되는 것이 내성과 금단증상이라고 할 수 있습니다.

문제는 한번 쾌감을 맛본 우리 뇌는 감정과 연결된 기억장치를 통해 그 좋았던 순간을 생생하게 기억한다는 겁니다. '그 게임을 할 때 너무 좋았어! 세상에 그렇게 재미있는 것이 또 없지.' 레벨이 올라가고, 총을

쏘면서 쌓였던 감정이 나름 해소되고, 일상에서는 힘들지만 게임에서는 왕이 되고 기사가 되어 멋진 제2의 삶을 살아간 경험(보상)을 기억하는 것입니다. 다시 게임을 하고 싶은 강한 갈망을 느끼게 됩니다.

갈망이 생길 때마다 즉각 만족을 주는 것에 길들여지면, 점점 만족을 지연시키는 조절력은 작동하지 않게 됩니다. 게임을 생각나게 만드는 단서가 주어질 때마다 갈망이 생기고 게임을 바로 하지 않으면 안 되는 상황이 발생하게 됩니다. 이때는 예전에 좋고 재미있던 일상생활에서의 소소한 즐거움은 더 이상 관심거리가 되지 못합니다. 게임보다 재미를 주고 흥분하게 만드는 것은 더 이상 없습니다. 나중에는 게임으로 학교나 가정에서 문제가 생기지만 오히려 그 문제를 잊기 위해서라도 인터넷에 더 빠져들게 되기도 합니다. 이러한 상태가 점점 악순환되는 과정을 밟게 되는 것이 중독 현상입니다.

'아이들의 뇌는 스펀지와 같다'

셋째는 조절력과 소통에 대한 이야기입니다. 성인에게도 문제가 되지만 아직 청소년기에 우리 아이들의 뇌가 충분히 조절력을 갖추기도 전에 이러한 내성과 금단, 강력한 쾌감, 갈망감 그리고 즉각적인 게임을 통한 즉각적 만족을 경험하게 되면 아이들 스스로의 조절력으로 자제하기가 매우 어렵습니다.

이렇게 조절이 안 되는 측면과 관련된 몇 가지 연구 결과가 있습니다. 인터넷 과다 사용자들도 도박 중독, 충동조절 장애 및 물질 중독 환자들의 경우와 마찬가지로 의사결정 능력의 저하를 보인다는 연구가 있습니다. 즉 위험한 상황에서의 의사결정을 평가하는 몇 가지 검사에서 인터넷 중독자들이 위험한 상황에서 안전한 선택을 하는 빈도가 현저히 낮은 것으로 나타났습니다.

이것은 인터넷 중독자의 의사결정에 문제가 있음을 의미합니다. 중요한 문제를 결정하거나 합리적이고 논리적인 대안을 마련하려고 할 때 특히 중요한 기능을 하는 것이 전두엽입니다. 그런데 이 전두엽의 기능이 저하되면 아이들은 반사적이고 즉각적인 반응 기능만 발달하게 되어 종합적인 분석력, 사고력, 이해력의 저하를 보이게 됩니다. 중요한 일들을 심사숙고하고 책임감 있는 판단과 결정을 하는 것이 아니라, 즉각적 만족을 추구하고 충동적인 판단을 하게 됨으로써 부정적인 결과를 초래하여 자신과 가정 그리고 사회에까지 피해를 끼치는 결정을 하게 되는 것입니다.

저는 인터넷 과다 사용 아이들을 치료할 때 이런 얘기를 해줍니다. '우리 뇌는, 특히 아이들의 뇌는 스펀지와 같다.' 경험하는 모든 시각적, 청각적 자극을 받아들이는데, 그것이 계속되면 뇌의 기능을 변형시킵니다. 문제는 그것은 사람의 의지와 무관하게 작동한다는 겁니다. 우리가 설사 기억하려고 하지 않아도, 뇌는 강한 감정과 연결된 기억을 너무 잘 기억하게 됩니다.

인간의 뇌는 뒤쪽에서 앞쪽으로 발달하는 순서를 보입니다. 따라서 아이들의 전두엽이 충분이 발달하기 전에 어른들의 지도와 환경적인 도움으로 아이들의 부족한 조절력을 보완해주어야 합니다. 우리 아이들이 학교에 들어가기 전부터 매일 세수하고 손을 씻고 양치질을 하는 위생교육을 받는 것처럼, 현대 일상생활에서 함께해야 할 디지털 문화와 게임을 할 때 필요한 지식과 태도를 먼저 가르쳐야 합니다.

인터넷과 게임의 특성은 무엇인지, 건강한 게임 사용은 어떻게 하는 것인지, 게임과 인터넷은 아이들의 성장과 발달 그리고 대인관계에 어떤 영향을 주는지, 과도한 인터넷과 게임사용이 뇌의 기능에 어떠한 영향을 주는지, 건강한 즐거움은 무엇인지를 가르쳐야 합니다. 이를 위해서는 보다 과학적이고 객관적인 '뇌 기반 교육' 자료가 흥미로운 구성으로 개발되어 학교와 지역사회에 보급되고 이를 바탕으로 건강한 인터넷 사용과 인터넷 중독 예방에 활용되어야 할 것입니다.

문자나 SNS로 다른 사람과 제대로 소통할 수 있을까?

오랜 시간 인터넷을 사용하는 것만으로는 인터넷에 탐닉하게 되지는 않습니다. 인터넷이 만든 가상세계에 참여하게 되는 것에는 게시판에 글을 쓰고, 채팅을 하며, 동호회 활동을 하며 소속감을 느끼는 것이 중요한 분수령이 됩니다. 이때부터 자신의 정신세계 일부가 가상세계와 연결된 경험을 하게 됩니다. 가상세계에서 자존감이 향상되고, 인정받는다는 경험을 하게 되면 현실세계보다 가상세계에 더 많은 시간을 보내고 탐닉하며 현실세계를 점차 회피하는 경향을 보입니다.

따라서 현실에서의 친구관계와 가정에서의 가족관계를 건강하게 유지하고 아이들이 그 속에서 자존감을 키워가도록 노력하는 것이 예방과 관련해 매우 중요합니다.

요즘 특히 스마트폰과 SNS(Social Network Service)가 등장해 그동안 잊고 지내던 친구들을 이어주고, 자주 연락하게 되는 놀라운 생활이 가능해지면서 친구관계의 중요성과 소통의 의미를 더 생각하게 되었습니다. 그러나 SNS가 진정한 의사결정과 소통에 어떤 영향을 미치게 될지는 곰곰이 생각해보아야 할 부분입니다. 우리들이 정말 문자나 SNS를 통해 진정한 소통을 하는 것일까요? 그 많은 대화 중 자신의 행복을 위한 의미 있는 내용들이 얼마나 오고 갈까요?

중독성이라는 측면에서 보면 스마트폰의 휴대성과 빠른 응답이 문제가 됩니다. 반응과 만족이 빠르면 빠를수록 중독성이 강해지거든요. 예를 들어 니코틴의 경우 흡연하면 평균 10초 안에 뇌를 자극하기 때문에 중독성이 강하다고 하는데 SNS나 스마트폰은 접근성(accessibility)뿐만 아니라 즉각적인 반응이 가능하다는 측면에서 중독성의 잠재적 요소를 지녔다고 볼 수 있습니다.

지난 시절 누군가를 머리에 떠올리고 깊이 생각하며 편지를 써서 부치면 며칠 후에야 답장이 왔던 시절이 있었습니다. 지금은 메시지를 보내면 바로 답이 오는 정말 빠른 시대가 되었지만, 간혹 답 메시지가 빨리 오지 않으면 불안해지거나 짜증이 나지는 않나요? 우리의 복잡한 생각과 감정조차도 그 짧은 몇 마디 단어의 조합으로 소통하는 시대에 과연 앞으로 사람들의 사고 방식과 소통 방식 그리고 그 속에서의 의미 있는 소통이 어떻게 이루어질지는 지켜봐야 할 것 같습니다. 의사소통의 70% 이상은 비언어적 대화인데, 문자를 이용한 대화로 진정한 소통과 대인관계를 지속할 수 있는지 생각해봐야 할 때입니다.

'외로워요, 힘들어요' 하는 마음을 게임하면서 회피

마지막으로 치료적 측면에서 자신의 내면과 마주치며 소통하는 부분입니다. 아이들의 뇌가 스펀지와 같기 때문에 자극적이고 폭력적인 경험 대신 건강하고 다양한 경험이 필요합니다. 아이들 각자의 기질과 환경을 이해하는 노력을 통해 어릴 때부터 건강한 자극에 노출될 수 있도록 도와주어야 합니다. 이것은 예방 차원의 문제뿐 아니라 치료적 차원에서도 동일한 원칙입니다. 그러나 이미 인터넷과 게임 중독으로 심각해진 아이들에게 건강하고 새로운 경험은 별로 매력이 없습니다. 상당한 노력이 필요한 부분입니다.

심각한 상황에 있는 아이들에게 건강한 대안을 소개하고 경험할 수 있게 하기 위해 필요한 것은 무엇일까요? '관계의 회복'입니다. 모든 치료의 시작은 상담자와 클라이언트(내담자)의 관계 형성에서 시작됩니다. 처음에는 쉽지 않지만 일단 관계가 형성이 되어야 소통이 가능해집니다. 공감과 수용을 통해 친해지고 믿을 수 있어야 솔직한 이야기들이 시작될 수 있습니다.

게임을 과도하게 사용하는 아이들의 부모님들을 만나보면 많은 분들이 게임을 하지 말라고는 했지만, 게임이 왜 재미가 있는지, 왜 그 게임을 하는지, 진정 아이들이 무엇을 원하는지는 알려고 하지 않습니다. 부모님들도 문제의 시작을 '아이들과의 관계 개선'에서 출발해야 합니다.

과다한 게임이나 인터넷 때문에 생기는 가장 큰 손해가 무엇인지 아십니까? 아이들한테 치료하면서 물어봅니다. 그러면 아이들은 '성적이 떨어져요, 스트레스 받아요, 부모님과 친구관계에 문제가 생겨요'라고 얘기합니다. 하지만 제가 생각하는 가장 큰 손해는 그것이 아닙니다. 아이들이 정말 스스로 들어야 될 목소리 즉, 자기 내면의 두 가지 목소리를 듣지 못한다는 점입니다.

한 가지는 '내가 외로워요, 힘들어요'입니다. 이렇게 힘든 마음을 게임을 하면서 본인은 해결한다고 생각하지만 사실은 그것을 단순히 회피하고 있는 차원밖에 안 되거든요. 그런 자기 내면의 작은 신음들을 고통스럽지만 들어야 되는데 안 듣고 있다는 점이 큰 문제입니다. 즉 현재 힘들어하는 마음을 있는 그대로 직면하여 스스로 문제를 해결하거나 도움을 요청하는 것이 아니라, 자극적인 인터넷 게임으로 그 사실을 외면하고 도망감으로써 현실에서의 문제는 해결되지 않은 채 점점 깊어질 수 있다는 것입니다.

두 번째가 더 중요한데 지금은 문제가 있고 성적이 떨어지고 가족과 갈등관계에 있지만, 사실은 누구나 가지고 있는 스스로 행복해지고 싶고 나아지고 싶고 건강하게 살고 싶고 인정받고 싶은 욕구들을, 그런 목소리들, 자기 내면의 건강한 목소리들을 인터넷과 게임으로 인한 수많은 자극들 때문에 못 듣고 있다는 것입니다. 그러니까 자기의 건강한 목소리를 들을 수 있게 해주는 그런 관계를 맺게 되면 치료가 시작된다고 할 수 있습니다. 비록 지금 학교나 가정에서 아이들이 인정을 받지 못하고 있지만, 그래서 게임이나 가상현실에서 그 인정을 받으려고 노력했지만 정말 아이들이 스스로 자랑스럽고 행복하게 살고 있는지 내면 속 자신들의 건강한 목소리를 스스로 들을 수 있게 도와주어야 합니다.

아이들에게 채팅과 문자를 통해서 진정 자신에게 도움이 되고 친구에게 도움이 되는 소중한 관계를 형성하고 있는지 물어보면 아이들도 진지하게 생각합니다. 처음에는 다른 사람의 말을 듣지 않던 아이들도 점점 자신의 신음과 건강한 목소리에 귀를 기울입니다. 자신과의 소통이 가능해집니다. 그럴 때 비로소 진짜 자신의 모습을 수용하게 되며, 낮아진 자존감을 회복하기 위하여 조금씩 변화의 힘과 동기가 생기고 변화를 실행할 힘을 갖게 됩니다.

게임 업체도 '부정적인 영향'을 인정하고 문제해결에 동참해야

게임 업계와 정부 그리고 전문가들이 모두 인터넷 중독 문제와 관련하여 우리 아이들을 위해 무엇을 어떻게 해야 할지 고민하고 실천해야 하는 시점입니다. 이때 우리가 경계해야 할 사고 방식은 극단적인 흑백논리입니다. 게임은 긍정적인 면과 부정적인 면 모두 갖고 있습니다. 하지만 게임 업체는 게임이 사람에게 부정적인 영향을 줄 수도 있다는 사실을 인정하지 않는 것 같습니다.

게임 업계는 1년 중 게임 트래픽이 가장 높은 시기가 학생들의 여름 방학과 겨울 방학이라는 사실을 직접 말하지 않는 것 같습니다. 게임 업계 스스로 양질의 내용을 담은 좋은 게임을 만들고, 나쁜 게임은 걸러내는 노력을 계속해야 할 것입니다. 또한 게임의 부작용을 인정하고 이를 개선하기 위한 사회적 노력을 기울여야 할 것입니다. 단지 기금을 내놓는 차원이 아니라 게임의 부작용에 대한 연구와 사회적 합의 방안을 모색해야 합니다. 이러한 노력이 생색내기가 아닌 진정성이 있을 때 건전한 게임 산업과 문화 콘텐츠로서의 발전도 지속되리라 생각됩니다.

정부도 게임 중독에 대한 사회적 공포심만 불러일으킨다면 근본적인 문제가 해결되지 않을 것입니다. 게임이 모든 학교 폭력의 원인은 아닐 것입니다. 무엇보다 아이들의 발달 과정에 필요한 건강한 정서적, 인지적 발달이 현재 교육 시스템으로 충분히 이루어지지 않는 점이 문제이겠죠. 입시 위주, 성공 위주의 교육 시스템의 한계가 원인 중 하나로 생각됩니다. 폭력적, 선정성 높은 게임의 심의와 규제 뿐 아니라 보다 근본적인 교육 시스템의 변화와 교육환경 개선을 위해 노력해야 할 것입니다. 또한 정부차원에서 효율적으로 인터넷 중독 문제를 예방하고, 치료할 수 있는 포괄적 개입 시스템을 구축해야 합니다.

인터넷 중독을 연구하고 치료하는 전문가들은 다른 나라 전문가들과 협력하여 인터넷, 게임 중독의 개념 정립 및 공동의 진단기준을 마련하고 이를 통해 과학적 소통을 가능하게 하며, 치료적 판단을 객관적으로 시행할 수 있는 기반을 마련하도록 노력해야 할 것입니다. 또한 인터넷 중독의 예방과 치료 시스템 및 효과적인 치료법 개발에 힘을 쏟아야 할 것입니다.

인터넷 중독의 보호요인과 위험요인

"스트레스가 중독의 원인, 이상과 현실의 괴리감 때문에 인터넷에 함몰된다"

권정혜
고려대학교 심리학과 교수

우리나라 청소년들은 인터넷에서 무엇보다 게임을 많이 하는 것으로 알려져 있습니다. 인터넷을 오랜 시간 사용하는 사람이 모두 인터넷 중독자가 되는 것은 아니지만, 인터넷 게임을 오래 사용하는 사람, 그 중에서도 자기조절력이 충분히 발달되지 않은 청소년들은 인터넷 게임 중독에 빠지기가 쉽습니다.

특히 온라인 역할 게임(MMORPG)은 강한 중독성을 유발하는 게임의 구조를 가지고 있어 취약한 청소년들을 빨아들이는 블랙홀과도 같습니다. 인터넷 게임은 화려하고 재미있을 뿐 아니라 강한 결속력을 지닌 가상공동체를 제공하고, 현실세계 못지않은 권력과 지위와 돈(아이템과 캐릭터)을 얻을 수 있다는 기대심리를 조장해 청소년들로 하여금 게임에서 빠져나오지 못하게 만듭니다.

인터넷 게임에 빠진 청소년들은 인터넷 게임을 계속하는 것이 자신의 삶을 좀먹고 해로운 결과를 가져온다는 것을 뻔히 알면서도 멈추지 못합니다. 우리나라 청소년의 인터넷 중독 문제는 소리 없이 청소년들을 망가뜨리며 장기적인 폐해를 낳는다는 점에서 어떤 사회 문제보다 심각한 문제라고 볼 수 있습니다. 따라서 청소년들이 인터넷에 중독되기 전에 이를 예방하는 것이 어떤 다른 접근보다 중요하다는 것을 강조합니다.

킴벌리 영, 8개 항목 중 5개 이상 해당되면 '인터넷 중독'

효과적인 예방을 하기 위해서는 인터넷 중독에 빠지게 되는 과정을 과학적으로 이해하고, 인터넷 중독에 대한 보호요인과 위험요인이 어떤 것인가를 아는 것이 필요합니다. 인터넷 중독의 보호요인과 위험요인에 대해 말씀드리기 전에 먼저 인터넷 중독의 정의를 간단히 살펴보겠습니다.

인터넷 중독의 핵심 특성이 무엇인지에 대해서는 연구자들마다 정의와 진단기준이 다르고, 이에 대한 많은 논쟁이 있습니다. 이 때문에 많은 인터넷 중독 연구자들 간의 국제적 협력 연구가 매우 절실합니다.

인터넷 중독에는 세 가지 공통적인 특징이 있습니다. 첫째는 갈망이나 강박적인 사용입니다. 둘째는 인터넷에 대한 통제를 상실하는 것입니다. 셋째는 부정적인 결과를 뻔히 알면서도 인터넷을 계속 사용하는 것입니다.

마크 그리피스 교수는 인터넷 중독을 현저성, 감정 변화, 내성, 금단, 갈등, 재발 등 여섯 가지 요소로 규정했습니다. 최근에는 인터넷 중독을 두 가지 요인으로 나누는 연구(Charlton & Danforth, 2004)도 발표된 바 있습니다. 제1요인은 반복적 특성, 금단, 갈등 같은 실제적인 중독요인입니다. 내성, 감정 변화, 인지적 현저성 같은 과몰입은 제2요인으로 분류합니다. 효과적인 치료와 예방을 위해서는 고위험군으로 선별된 청소년들이 제1요인과 제2요인을 모두 가지고 있는지, 아니면 그 중에서도 제2요인만 보이는 청소년들이 있는지 선별하고, 이들이 보이는 특성에 따라 차별적 접근을 할 필요가 있습니다.

킴벌리 영은 인터넷 중독을 병적인 도박과 비슷한 준거를 사용해 다음과 같이 정의하고 있습니다. 아래 8개의 항목 가운데 5개 이상이 해당되면 인터넷 중독으로 규정하고 있습니다.

1) 집착
2) 내성
3) 인터넷 사용을 줄이거나 중단하려는 시도를 반복하나 성공하지 못함
4) 인터넷 사용을 줄이면 안절부절 못하고, 기분이 우울해지고 짜증을 냄
5) 처음에 계획한 것보다 오랜 시간 인터넷을 사용함
6) 대인관계, 직장, 학업 등에 심각한 장애를 초래함
7) 인터넷에 관여한 정도를 숨기기 위해 거짓말을 함
8) 문제에서 도피하거나 우울한 기분을 없애기 위해 인터넷을 사용함

국내외적으로 인터넷 중독에 대한 연구는 이처럼 다른 기준을 가지고, 다른 척도를 가지고 연구되고 있습니다. 그래서 이 연구들을 종합하는 것은 매우 어렵지만, 현재의 상태에서도 우리가 인터넷 중독에 대한 보호요인과 위험요인을 알면 예방에 상당히 시사점을 얻을 수 있다고 생각합니다.

청소년에게 '자기통제력' 키워주면 인터넷 중독 예방에 도움

저는 1999년부터 2012년까지 우리나라 전문 학술지에 발표된 70개

연구를 메타분석법을 통해 종합해보았습니다. 여기에 연구대상으로 참여한 사람들의 연령층을 보면 △초등학생 21% △중학생 13% △고등학생 11% △중학생과 고등학생을 같이 포함한 경우 24% △대학생 24% △성인 5%로, 주로 청소년과 학생층이 많았습니다. 이 70개 연구에서 사용된 변수는 28개로서, 청소년의 개인적인 특성에서부터 가족특성 및 교우관계, 학교적응에 이르기까지 다양한 변수를 포함하고 있습니다.

우선 인터넷 중독의 보호요인을 살펴보겠습니다. 보호요인은 청소년들의 인터넷 중독을 막아주는 요인으로서, 크게 성격특성과 부모-자녀관계, 가족특성, 대처요인, 학업기능으로 분류해볼 수 있습니다. 성격특성, 부모-자녀관계, 양육태도, 학업기능이 중요한 보호요인으로 작용하고 있습니다.

조금 더 자세하게 살펴보면 성격특성에는 △자기통제력 △자기존중감 △자기효능감 △개인강점, 이런 것들이 있습니다. 이 가운데 개인강점을 제외하고 자기통제력이나 자기존중감, 자기효능감들이 모두 유의미한 보호요인으로 작용하고 있습니다. 특히 가장 중요한 보호요인은 자기통제력 요인이었습니다. 이 외에 사회적 유능감이나 사회적인 지원도 중요한 보호요인인 것으로 나타났습니다. 우리나라 청소년들은 어려서부터 입시위주의 교육을 받으며 자라나 공부만 잘하면 그 이외의 영역에서는 모든 것이 허용되는 환경에서 자라나는 경우가 많습니다. 청소년들로 하여금 건강한 자기통제력을 내면화하기 위해서는 어릴 때부터 먹고 노는 것뿐만 아니라 인터넷 사용, 시간과 용돈의 사용 등을 관리함으로써 자기통제력을 키워가도록 도와주는 것이 장기적으로는 인터넷에 중독되는 것을 방지하는 역할을 할 수 있을 것입니다.

'스트레스 풀려고' 인터넷 하는 아이들 의외로 많다

이번에는 인터넷 중독의 위험요인을 살펴보겠습니다. 위험요인도 △성격특성 △사회적 지원 및 사회적 유능감 △부모-자녀관계 △인터넷 관련 특성 △환경적인 요인으로 나누어봤습니다. 모든 요인들이 상당히 위험요인으로 작용합니다. 조금 더 세부적으로 살펴보면 개인의 특성 중에서는 자기도피 성향, 우울, 불안, 공격성/분노, 충동성/자극추구 성향, 이런 것들이 중요한 위험요인입니다.

그뿐만 아니라 가족갈등이나 불화가 있을 때, 또 부정적인 양육태도나 부모-자녀 간의 역기능적인 의사소통이 있을 때, 인터넷 사용기간이나 사용동기가 높을 때 위험요인이 됩니다. 또 우리가 간과하지 말아야 할 부분 중의 하나는 스트레스가 인터넷 중독의 위험요인으로 작용한다는 것입니다. 아이들에게 인터넷을 왜 하느냐고 물어보면 '재미로' '심심해서' '친구 따라' 등의 대답을 하는데, 의외로 '스트레스를 풀려고' 인터넷을 한다고 대답하는 청소년들이 무척 많습니다. 청소년들에게 인터넷은 신나는 경험을 할 수 있는 공간이 틀림없습니다. 하루 종일 공부에 시달려 스트레스가 쌓인 청소년들에게 인터넷 외에 할 수 있는 건전 여가활동이나 여가공간이 하나도 없다면 청소년이 인터넷에 빠지게 되는 것은 어쩌면 당연한 결과일 수 있습니다.

프로그램을 10회 이상 해야 치료 효과가 높다

다음으로 인터넷 중독의 치료에 대한 국내연구를 간단히 개관해보겠습니다. 인터넷 중독에 대한 치료는 아직도 초기단계입니다. 박승민 선생님이 인터넷 중독을 치료한 41개 논문을 메타분석한 결과를 보면 195

개의 평균 효과크기가 1.04로 매우 높게 나옵니다.

하지만 대부분의 치료 연구가 실제 인터넷 중독에 빠진 청소년이나 성인을 대상으로 하기보다 인터넷 과사용자들을 대상으로 하고 있어 치료라기보다 예방에 더 가깝다고 볼 수 있습니다. 주목할 만한 또 다른 결과는 10회 이상의 프로그램이 6-9회 프로그램을 했을 때보다 더 높은 치료 효과를 보인다는 것입니다. 마지막으로 이론적 배경을 보면 절충적인 접근이나 현실치료, 인지행동 치료가 모두 효과가 높은 것으로 나와 있습니다.

앞으로 인터넷 중독에 대한 치료 연구가 더 많이 나와야 할 것입니다. 특히 현재는 대부분의 연구가 치료 전후 1개월, 길어야 3개월 정도만 추적(follow up)했다는 사실입니다. 그런데 인터넷 중독은 매우 재발이 잦기 때문에 과연 이 청소년들이 과연 6개월 뒤, 1년 뒤에 인터넷 중독 상태로 다시 돌아가지 않았는지 장담할 수 없습니다. 따라서 이에 대한 자료를 모으기 전에는 이들 치료가 효과적이라고 말하기가 굉장히 어렵다는 한계가 있습니다.

'몰입'에서 '중독'으로 넘어가지 않도록 예방하는 것이 최선

그동안의 연구들을 종합해보면 인터넷 중독을 예방하기 위해서는 자기통제력의 증진이나 학업기능의 유지, 부모-자녀관계의 의사소통 촉진 등 인터넷 중독에 대한 보호요인을 강화하는 것이 필요합니다. 이와 동시에 우울, 불안, 공격 성향 등 부정적 정서가 있거나 가족갈등이 있는 청소년들과 스트레스 수준이 높은 위험요인을 가진 청소년들을 미리 선별하여 예방적 개입을 하고, 인터넷 중독으로 가는 길을 차단하는 것이 급선무라고 볼 수 있습니다.

인터넷 중독은 첫째도 예방, 둘째도 예방, 셋째도 예방! 예방이 가장 중요하다는 것을 다시 한 번 강조하고 싶습니다. 이미 중독된 청소년들을 치료하는 일이나 재발을 방지하는 것은 매우 어렵습니다. 따라서 이 청소년들이 중독 상태로 들어가기 전에 예방을 하는 것이 더 효과적인 개입 방법입니다. 이를 위해서는 고위험군 학생들을 정확하게 선별하고 이 청소년들이 몰입에서 중독으로 넘어가지 않도록 미리 치료적인 혹은 예방적인 접근을 하는 것이 장기적으로 비용을 더 적게 들이는 방법이 될 것입니다.

마지막으로 무엇보다 정부의 지속적인 지원이 필요할 것 같습니다. 우리나라는 인터넷 중독이 다양한 기관, 다양한 정부 부처에서 다루어지면서 공조체제가 잘 이루어지지 않는 것이 상당히 문제라고 생각합니다. 인터넷 중독 연구자들도 협력체계를 만들어야 되지만, 정부도 공조체제를 이루어 인터넷 중독을 예방하기 위한 장기적인 계획을 가지고 추진하는 것이 필요할 것입니다.

스마트 미디어와 인터넷 중독

"컴퓨터와 휴대폰을 끄고, 세상을 직접 느끼고 맛보고 부딪쳐라"

유홍식
중앙대학교 신문방송학부 교수

우리는 디지털 미디어(digital media) 세상, 스마트 미디어(smart media) 시대에 살고 있습니다. 사실 디지털, 스마트 미디어의 발전속도와 사회적 확산속도가 너무나도 빨라 이들을 수용하고 이해하기도 쉽지 않은 것이 현실입니다.

어린이와 청소년들은 태어나면서부터 디지털, 스마트 미디어를 일종의 친구로 접해왔기 때문에 적용 능력과 이해 능력이 뛰어납니다. '디지털 원주민(digital native)'으로 태어나 언제 어디서나 이들 미디어를 쉽게 활용할 수 있는 '디지털 유목민(digital nomad)'으로 자란 이들 세대(generation)에게 디지털, 스마트 미디어는 편리하고 필수적인 도구일 것입니다.

'미디어의 홍수' 시대에 살고 있는 현대인

우리 주위에서 얼마나 많은 미디어를 선택적으로 접할 수 있는지 간단하게 살펴보면 다음과 같습니다. 신문에는 크게 전통적인 종이 신문과 인터넷에서만 볼 수 있는 인터넷 신문이 있습니다. 종이 신문은 대표적으로 전국을 배포대상 지역으로 하는 11개의 종합 일간지가 있고, 170여 개의 경제지, 스포츠 신문, 무료 신문, 지역 신문 등이 있습니다. 일주일에 한 번 발행되는 주간지가 약 1,200개 있는 것으로 알려져 있습니다. 인터넷 신문의 수는 정확하게 파악하기 어렵지만 3,000개 이상 존재하는 것으로 추정되고 있습니다.

방송의 경우 가정에서 TV 수상기만 있으면 볼 수 있는 KBS, MBC, SBS, EBS 같은 전국 지상파 텔레비전 채널이 있고, 각 지역(예를 들어 경기, 인천지역의 OBS, 대전의 TJBC)마다 1개씩 지역 민영 지상파 채널이 있습니다. 휴대폰이나 자동차 내비게이션에서 시청할 수 있는 지상파 DMB(Terrestrial Digital Multimedia Broadcasting)도 있습니다. 시청자들이 직접 가입해야 하는 케이블 방송(Cable TV), 위성 방송(Satellite Broadcasting), IPTV(Internet Protocol Television) 같은 3가지 유료 방송 서비스가 존재합니다. 이러한 유료 방송은 가입한 상품에 따라 차이는 있지만 최대 180개-230개의 실시간 방송 채널을 제공합니다. 또한 수만 편의 영화, 드라마, 다큐멘터리 등을 언제 어디서나 편리하게 이용할 수 있는 주문형 비디오 서비스(Video on Demand, VOD)도 있습니다. 태블릿 PC, 스마트폰, TV 수상기 등 여러 개의 단말기를 번갈아가면서 방송 프로그램이나 영상 콘텐츠를 이용할 때 끊김 없이 언제 어디서나 이용가능하게 하는 N-스크린 서비스도 가능해졌습니다.

최근에는 스마트폰이 엄청난 속도로 대중화되고 있습니다. 최근 2-3년 사이에 한국인의 60%인 3,000만 명 이상이 스마트폰을 구입해 사용하고 있습니다. 이 가운데 1,000만 명은 2011년 7월에 상용화된 흔히 4세대 이동통신망(4G)이라 불리는 LTE(Long Term Evolution) 가입자입니다. LTE는 3세대 이동통신망(3G)보다 12배 정도 빠른 속도로 통신할 수 있어, 700MB 용량의 영화 한 편을 1분 안에 다운로드할 수 있는 신기술입니다.

미국보다 200배 빠른 인터넷망을 보유한 한국

외국과 비교해 한국에서 가장 빠른 속도로 이용할 수 있는 미디어는 바로 인터넷입니다. 초고속 인터넷망 보급률은 2011년 95%에 달했고, 초고속 무선 인터넷 보급률은 OECD 34개 회원국 중 1위인 100.6%입니다. 한국의 인터넷 평균속도는 세계 2, 3위인 홍콩과 일본보다 훨씬 빠르며, 인터넷 속도가 빠른 세계 15개 도시 중 상위 11개가 한국에 있습니다. 미국의 대표적인 신문인 뉴욕타임스가 "한국은 현재보다 10배 빠르고, 미국 가정에 현재 보급된 인터넷망보다 200배 빠른 인터넷망을 2012년까지 보급할 계획을 가지고 있다"고 보도할 정도입니다.(*New York Times*, 2011. 2. 22)

우리나라 청소년들은 인터넷을 정말 많이 이용합니다. 이러한 인터넷 이용환경 때문에 한국 청소년의 인터넷 이용률은 99.8%에 달합니다. 사실상 모든 청소년들이 인터넷을 사용하고 있다고 해도 과언이 아닙니다. 10대의 인터넷 이용률은 99.9%, 20대는 99.7%로 나타나고 있습니다.

그렇다면 한국의 청소년은 '인터넷 최강국'에서 건강하게 자라나고 있는 것일까요? 한국의 청소년은 안전한 인터넷 공간과 문화에서 자라나고 있을까요? 공식자료를 보면 그렇지 않습니다. 속도와 접근성에서는 100점짜리 인터넷이지만, 건전한 이용문화 또는 이용환경의 측면에서는 '0점짜리'라고 할 수 있습니다. 세계에서 가장 빠른 속도라는 자랑스러운 인터넷 환경 뒤에는 암울한 모습이 공존하고 있는 것입니다.

매년 실시되고 있는 안전행정부와 한국정보화진흥원의 '인터넷중독실태조사'에 따르면 20-30대 한국 성인의 인터넷 중독률이 다소 심각한 수준임을 보여주고 있습니다. 2005년 9.9%, 2009년 6.4%, 2011년 6.8%로 점차 낮아지는 추세이기는 하지만, 알코올 중독률 5.6%, 도박 중독률 6%보다 높은 수치입니다.

청소년(10-19세)의 인터넷 중독률은 이보다 훨씬 심각합니다. 젊은 성인과 마찬가지로 2005년 15.3%, 2009년 12.8%, 2011년 10.4%(약 68만 명)로 감소 추세를 보이고는 있지만, 젊은 성인에 비해 훨씬 높은 중독 수치를 보이고 있습니다. 특히 고등학생의 중독률은 12.4%에 이르고 있습니다. 적극적인 상담과 치료의 개입을 필요로 하는 고위험군의 경우, 유아동은 1%, 젊은 성인(20-40대)은 1.4%입니다. 10대 청소년은 이들보다 2-3배 많은 2.9%에 이르고 있습니다. 이러한 수치들은 인터넷 중독이 알코올 중독이나 도박 중독보다 더 심각한 사회적 문제로 발전해왔으며, 특히 청소년층에서 심각해지고 있음을 보여주고 있습니다.

'집단따돌림' 두려움 때문에 잠을 안 자고 게임을 한다?

다른 나라에 비해 한국의 인터넷 중독이 가지는 특징은 인터넷 중독의 상당수가 인터넷 게임 중독이라는 점입니다. 인터넷 중독자들의 상당수가 인터넷 게임을 하기 위해 인터넷을 이용하고 있으며, 어린이와 청소년들이 가장 선호하는 서비스는 바로 인터넷 게임입니다. 어린이들은 중독적 성향이 비교적 높다고 알려진 온라인 역할 게임(Massively Multi-player Online Role Playing Game, MMORPG)을 선호합니다.

이러한 유형의 인터넷 게임들은 플레이 스테이션(Play Station), 엑스

박스(Xbox), 큐브(Cube) 등과 같은 비디오 게임과는 다르게 제한된 게임 내용과 구조를 가지지 않습니다. 게임 이용자들의 참여에 의해 끊임없이 변화하는 게임 구조로 되어 있습니다. 동일한 게임 내용이 존재하지 않는 것입니다. 따라서 게임 이용자들은 자신의 게임 아이템을 지키고 더 강한 게임 아이템을 획득하기 위해서는 계속 게임을 해야 합니다.

이러한 유형의 인터넷 게임들은 여러 명이 함께 모여 조직적으로 게임을 함께 하는 파티(party) 방식, 즉 '공동분업 게임 방식'으로 운영되는 게임 구조를 가지는 경우에 해당된다고 볼 수 있습니다. 이에 따라 자신의 게임 중단이 자신이 속한 파티에 직접적으로 영향을 주기 때문에, 나중에 다시 게임을 하려고 할 때 집단따돌림으로 돌아올 수 있는 잠재적 두려움 때문에 수면시간을 방해받으면서까지 지속적으로 게임을 해야 합니다.

안전행정부와 한국정보화진흥원의 '2011년 인터넷중독실태조사'의 결과에 따르면, 인터넷 게임 이용률은 초등학생 97.2%, 중학생 95.5%, 고등학생 97.4%이었습니다. 대부분의 초중고 학생들이 인터넷 게임을 이용하고 있다는 것입니다. 이용시간은 고등학생으로 갈수록 증가하여 고등학생의 이용량은 인터넷 게임 중독자의 평균시간인 12.1시간에 가깝습니다. 이러한 이용현황은 온라인 게임이 어린이와 청소년들 사이에 하나의 중요한 문화 또는 '또래문화'로 형성되어 있음을 보여줍니다. 또한 사회적으로 문제가 되는 문화임을 내포하고 있기도 합니다.

우리나라에서 인터넷 게임 때문에 발생하는 사건들이 종종 뉴스에 보도됩니다. 2000년대 들어 인터넷 게임의 장시간 이용과 관련된 사건들이 여러 차례 발생했고, 일일이 거론하지 않더라도 우리는 이러한 사건들이 사회적으로 매우 주목되었던 것을 기억하고 있습니다. 이를 간단하게 분석해보면, 발생 초기에는 인터넷 게임을 오래 한 젊은 성인들의 사망 사건들이 주류를 이루었습니다.

그러나 최근에 들어서는 완전히 다른 양상의 사건들이 발생하고 있습니다. 인터넷 게임과 관련된 사건의 직접적인 피해자나 가해자가 바로 영유아와 청소년이라는 점입니다. 부모가 인터넷 게임에 중독되어 돌보지 않음으로 인한 영아의 사망 사건, 게임을 중단시킨 부모를 살해하고 자살한 청소년의 사례 등에서 이를 확인할 수 있습니다. 또한 인터넷 게임 중독으로 인해 많은 가정들이 불화를 겪고, 가정파괴를 경험하고 있다는 언론보도와 조사 결과가 끊임없이 나오고 있습니다.

인터넷 게임과 관련된 것으로 알려진 끔찍한 사건들과 인터넷 게임 중독에 대한 통계수치들은 청소년을 게임으로부터 보호하기 위한, 건전한 게임 이용문화를 만들기 위한 규제의 도입으로 이어졌습니다.

특정 시간대(자정부터 다음날 오전 6시)에 청소년의 인터넷 게임 접근을 완전히 차단하기 위한 일명 '셧다운제(shutdown system)'가 학부모 시민단체, 학계, 여성가족부의 노력으로 2011년에 도입되었습니다. 이 제도의 공식 명칭은 '청소년 인터넷 게임 건전 이용제도'입니다.

2011년부터 학교폭력이 심각한 사회 문제로 대두되자 교육부는 게임 중독을 학교폭력의 원인들 가운데 하나로 보고, 더 강력한 '쿨링 오프제(cooling off system)'의 도입을 고려한 바 있습니다. 이 제도는 청소년이 게임을 2시간 이상 사용하면 자동으로 게임이 종료되며, 10분 후 1회에 한해 재접속이 허용되지만 하루 4시간 이상 접속할 수 없도록 하는 것입니다. 정부는 우리 청소년들을 게임으로부터 보호하기 위해 이런 제도가 최소한의 장치라고 보고 있습니다.

'윤리교육'보다 '활용교육'에 치중하는 학교

하지만 이런 정책과 규제만으로 건전한 게임 문화가 정착되고, 게임으로 인한 문제가 해결되지는 않습니다. 즉 규제만이 해결책이 아니라는 점에는 누구나 동감할 것입니다. 가장 중요한 것은 건전한 인터넷과 인터넷 게임 이용문화의 토대를 만드는 것입니다. 이를 위해 사회 각 부문의 주체들이 건전한 이용문화를 만들어내려는 노력에 동참해야 합니다. 정부, 게임 업체, 학교, 학부모, 학생 모두가 이런 노력에 참여해야 합니다. 각 주체별로 어떤 노력이 필요한지 살펴보면 다음과 같습니다.

우선, 정부와 게임 업체는 우선 재원을 마련해서 인터넷이나 인터넷 게임에 중독된 청소년과 그 가족의 상담과 치료를 확대해야 합니다. 단기적이고 일회적인 치료가 아닌, 지속적인 치료가 가능하도록 하는 기숙형 치료 센터도 설치해야 합니다. 다른 중독은 약물치료를 통해 상당 부분 치유할 수 있지만, 인터넷 게임 중독은 약물치료가 불가능하고 재발 가능성이 매우 높기 때문입니다. 인터넷 게임 중독은 가족 간 불화나 가정파괴의 원인이 되기 때문에 가족 구성원 모두에 대한 심리치료를 병행하는 것이 좋습니다. 또한 어린이와 청소년 대상의 건전한 게임 문화 확산교육을 확대하는 것도 정부의 역할입니다.

게임 업체들은 한국의 청소년 또는 자신들의 게임을 이용하는 전 세계의 청소년들을 보호하기 위해 피로도 시스템(fatigue system)의 도입과 같은 스스로 소비자를 보호하기 위한 노력을 해야 합니다. 피로도 시스템이란 게임 업체 스스로가 사용자들이 일정 시간 게임을 한 후에는 게임을 하지 못하고 쉬도록 하는 방법입니다.

학교는 오랜 역사를 통해 인간이 만든 최고의 사회화 기관(socialization institution)입니다. 어린이와 청소년들은 학교교육을 통해 건전한 윤리의식, 공동체 정신을 가지는 시민으로 성장합니다. 하지만 우리나라 학교의 컴퓨터와 인터넷 교육은 윤리교육보다는 활용교육에 치중하고 있습니다.

앞으로 인터넷 이용 윤리교육이라는 '예방주사 교육'에 더 집중해야 합니다. 잘못된 인터넷이나 인터넷 게임 이용이 자신과 자신의 가족, 친구나 타인에게 어떤 정신적, 심리적 고통이나 피해를 주는지, 사회적으로는 얼마나 큰 대가를 지불해야 하는지에 대해 교육할 필요가 있습니다. 이러한 교육은 빠르면 빠를수록 좋습니다. 나이가 어린 학생들에게 시작할수록 더 큰 효과를 기대할 수 있다는 것입니다. 최근 사회적으로 문제되는 '사이버 집단 괴롭힘' 현상도 사실상 이러한 교육의 부족에서 오는 현상이라 할 수 있습니다.

청소년들의 인터넷 중독 문제를 해결하려면 무엇보다 부모들의 적극적인 관심과 대화가 필요합니다. 부모들이 인터넷이나 인터넷 게임, 컴퓨터를 잘 다루지 못하더라도 자주 아이들의 이용현황을 파악할 필요가 있습니다. 이를 위해서 부모들도 필요한 교육을 받아야 합니다.

쉽지는 않겠지만 어린이와 청소년들 스스로가 인터넷의 불건전, 불법적 정보를 감시하는 주체로 나설 필요가 있을 것입니다. 청소년들이 개인 차원이나 학급 동아리 학교 차원, 지역공동체나 지역의 청소년기관 차원에서 참여하는 것입니다. 자발적으로 인터넷과 인터넷 게임에 대한 모니터링 활동을 한다면 상당수의 청소년들이 중독 상태까지 빠지기 전에 치료나 예방을 할 수 있을 것입니다. 청소년들 스스로 미디어 이용을 줄이려는 노력을 하고, 미디어를 대체할 수 있는 신체적 활동이나 공동체 활동, 봉사활동을 했으면 좋겠습니다. 이를 학교 차원이나 지역교육청 차원, 지방자치단체 차원에서 실시할 필요가 있습니다.

미디어 속 '상징 현실'을 '실제 현실'로 착각

최근 국내에서 발생하는 성범죄와 관련하여 인터넷에서의 법제도 정비가 필요합니다. 특히 아동 포르노의 유통과 소지, 생산과 관련하여 이를 엄하게 처벌하는 제도를 마련해야 합니다. 인터넷 포털이나 인터넷 뉴스에서 너무나도 쉽게 접근할 수 있는 선정적인 사진이나 광고에 대한 규제논의도 시급합니다. 확실한 윤리기준이나 도덕적 판단기준이 완성되지 않은 청소년기에 접하는 선정적인 성관련 정보와 이미지는 성에 대한 잘못된 가치나 태도를 형성할 수 있습니다.

사실 인터넷을 이용하다 보면, 엄청난 '선정적 이미지, 광고 폭탄'을 접하는 기분입니다. 이러한 것들이 우리 포털과 인터넷 뉴스에 넘쳐나고 있습니다. 이것을 문제 삼는 사람이 사회적으로 뒤처진 사람, 옛날 사람, '쿨'하지 못한 사람, 윤리 도덕론자로 보일까봐 뒤로 숨어야 하는 세상이 된 것 같습니다.

자극적인 정보에 처음 노출되면 초기에는 민감화 반응(sensitization reaction)이 발생합니다. 처음에는 받아들이기 힘들고 부담스러워 합니다. 하지만 이런 정보에 지속적으로 노출되면 둔감화(desensitization) 현상이 초래됩니다. 자극에 둔감해져서 이런 자극이 오히려 자연스러워지고, 더 자극적인 것을 찾게 됩니다. 이와 같은 과정을 거쳐 정말 무섭고 끔찍한 (성)폭력도 사람들이 사소한 것으로 치부하게 되는 것입니다.

인터넷의 불건전하고 불법적인 콘텐츠에 지속적으로 노출된 사람들, 특히 어린이나 청소년들은 일반인들이 가지는 현실 인식과는 다른 왜곡된 인식과 태도를 자신도 모르게 가지게 됩니다. 즉 자신들이 지속적으로 노출된 불건전 또는 불법 콘텐츠에 담긴 것과 동일한 인식을 가지게 됩니다. 미디어 속에나 존재하는 '상징 현실(symbolic reality)'을 '실제 현실(reality)'로 착각하게 되는 것입니다. 이러한 사실은 조지 거브너라는 유명한 커뮤니케이션 학자의 '문화배양 이론(Cultivation Theory)'에 의해 설명된 바 있고, 많은 실증 연구들이 이를 증명해왔습니다. 폭력이나 범죄를 다루는 방송 콘텐츠나 영화를 탐닉하는 일부 중독자들은 미디어 속에서나 가능한 범죄를 현실에 그대로 투영하는 모방범죄(copycat crime)를 일으키기도 합니다.

유럽연합은 2009년부터 2013년까지 총 5,500만 유로를 투입해 '안전한 인터넷 프로그램(Safer Internet Programme 2009-2013)'을 진행하고 있습니다. 이 프로그램은 1) 인터넷의 장점과 위험, 안전하게 이용하는 방법 등에 대한 이용자의 인식 제고 2) 인터넷 불법, 유해 행위에 대한 대처, 불법정보 신고 핫라인(hotline) 구축과 유럽연합 회원국 및 국제적 공조 촉진 3) 이해관계자들 간 협력과 공조와 교류, 협동적 규제 시스템의 개발과 이행 4) 안전한 인터넷 이용을 촉진하는 방법과 기술 등에 자금을 투자한다는 내용을 담고 있습니다. 이 프로그램의 지원을 받은 '유럽인터넷핫라인협회(Internet Hotline Providers in Europe, INHOPE)'가 아동 포르노, 아동 성학대, 온라인에서 어린이 대상의 불법적 성적 유혹 행위, 채팅룸이나 SNS(Social Network Service) 사이트 등의 불법 행위를 감시하고 국제적 공조를 하고 있습니다.

구글 회장 슈미트 "컴퓨터와 휴대폰을 끄고, 사람들을 발견하라"

결론을 말씀드리면, 먼저 청소년들이 미디어에 의존하는 생활에서 벗어나 함께 뛰어노는 공동체 문화를 만드는 데 사회 구성원 전체가 최선의 노력을 해야 할 것입니다. 우리 청소년들은 학습 능력과 인터넷에서 상호작용하는 능력은 뛰어나지만, 현실에서 다른 사람들과 사회적으로 상호작용하는 능력은 매우 떨어집니다. 학교생활 만족도도 매우 낮게 나옵니다. 최근 조사에 따르면, 청소년 10명 중 4명이 학교를 그만둘 생각을 해보았다고 합니다. 우리 교육은 이제 다른 사람의 입장을 취하면서(perspective-taking) 남을 이해하려고 하는 능력, 남의 처지나 감정에 공감(empathy)할 수 있는 능력을 가진 청소년으로 성장시키는 데 중점을 둘 필요가 있습니다. 우리 교육은 약자에 대한 사회적 지지를 보낼 수 있는 청소년으로 교육시키고 성장시키는 것에 중점을 둘 필요가 있습니다.

우리는 무한경쟁 시대에 살고 있습니다. 원하든 원하지 않든 간에 끊임없이 경쟁하고 있습니다. 그러한 경쟁 때문에 역사적으로 찾아보기 힘든 최단 시간 내에 한강의 기적을 일구어냈고, 물질적으로 매우 풍요로운 생활을 직접 누리고 있거나, 눈으로 보면서 살아가고 있는지도 모릅니다. 하지만 많은 성인들은 "행복하십니까?"라는 질문에 행복하지 않다고 스스럼없이 말하고 있습니다.

청소년들도 마찬가지입니다. 그래서 현실의 고통으로 벗어나기 위한 하나의 '위안(comfort) 수단' 또는 '도피 수단'으로 재미있는 인터넷과 인터넷 게임으로 달려가고 있는지 모르겠습니다. 그동안 앞만 보고 달려오느라 옆과 뒤에 누가 있는지, 어떤 어려움을 겪고 있는지 관심을 가져오지 않았습니다. 아니 애써 무시했을지도 모릅니다. 이제는 함께 하는 공동체의 재발견을 통해 따뜻한 가정, 따뜻한 지역공동체, 따뜻한 또래문화를 만들어가야 할 시점입니다. 이를 통해 청소년이 행복하고, 그리고 최대 다수가 행복한 공동체로 나아가야 합니다.

미국의 20-30대 청년들이 가장 선망하는 기업 1위인 구글(Google)의 에릭 슈미트 회장은 2009년 펜실베이니아 대학교의 졸업식 축사에서 "당신의 컴퓨터와 휴대폰을 끄고, 우리들 주위에 있는 사람들을 발견하라(Turn off your computer. You're actually going to have to turn off your phone and discover all that is human around us)"고 말한 바 있습니다. 매우 창의적이고 개혁적이며 미래의 가치를 창조하는 세계 초일류 기업의 회장이 강조했던 것은 컴퓨터도 휴대폰도 아니었습니다. 바로 '사람들 간의 관계'였습니다. 그는 2012년 보스턴 대학교의 졸업식 축사에서도 비슷한 말을 했습니다. 휴대폰과 컴퓨터 스크린에서 눈을 떼고, 주변 사람들과 세상을 직접 느끼고, 맛보고, 냄새 맡으며 맞부딪힐 기회를 더 많이 만들라고 강조했습니다. 우리 아이들에게도 에릭 슈미트 회장이 말하는 시간과 기회가 더 주어지길 기대해봅니다.

일선 교사가 본
인터넷 중독 실태와 해결 방안

"위험한 학생일수록 부모가 상담을 꺼려요.
조그만 방심이 아이를 수렁에 빠뜨립니다"

이홍배
서울 천일중학교 수석교사

학교 현장에 있는 교사로서 큰 책임감을 느끼고 인터넷 중독으로부터 우리 청소년들을 어떻게 해방시킬 수 있을까, 상당히 고민하고 있습니다. 사회 전반적으로 인터넷 몰입에 빠져 있는 가운데, 학생들이 인터넷에 많이 노출되다 보니, 거기에서 헤매는 학생들이 많습니다. 수업을 하다 보면 게임을 하느라 잠이 부족해서 학교에 와서는 엎드려 자야 되는 학생들, 억지로 깨워서 수업을 듣게 해도 잠시 후 다시 잠드는 학생들이 적지 않습니다. 새벽 3-4시까지 게임을 했다고 하니, 참으로 안타까운 일입니다.

삼척동자 아이도 마우스 클릭하는 '인터넷 사회'

먼저 학생들을 인터넷이나 게임, 스마트폰 중독으로부터 벗어나게 하는 것이 어떤 의미가 있는지 살펴보겠습니다. 인터넷 중독에서 해방된 학생들은 학교생활과 일상생활에 안정감이 있고 적응을 잘합니다. 친구와의 갈등도 줄고 규칙을 잘 지키게 되니 준법시민을 양성할 수 있습니다. 학교폭력을 예방하는 효과도 있고요. 가정이나 일상생활에서 사회성이 좋아지고 현실적응 능력이 향상됩니다. 잠을 잘 자서 성장기의 건강도 좋고, 건전한 여가생활을 즐기게 됩니다. 학생들이 중독에서 해방되면 이렇게 좋은 점이 많습니다. 그러려면 예방교육이 최선이고, 수업과 생활지도를 통해 가능합니다. 물론 인터넷과 스마트폰의 긍정적 측면도 있습니다. 신속한 정보 검색과 상호교류, 쌍방향 의사소통, 시공간을 초월한 교육, 평등한 교육기회, 자기주도 학습 등이 인터넷과 스마트폰의 강점입니다.

제가 1997년 아주중학교에 근무할 때, 교육지원청 단위에서 인터넷망을 구축하고, 그 지역 선생님들을 모시고 인터넷 사용법 연수를 했습니다. 그런데 요즘은 글만 깨치면, 마우스로 클릭을 하든지, 손가락으로 터치해서 인터넷을 사용할 줄 알아요. 그만큼 지난 10여 년간 우리 사회는 인터넷 주도의 사회가 되었습니다.

사이버 공간의 폭력을 실제 현실에서 재현하기도

문제는 인터넷과 스마트폰의 부정적인 측면입니다. 부정적인 특성을 보면, 가상과 현실의 경계가 모호해지고, 두뇌 발달에 나쁜 영향을 주고, 음란물이나 유해 사이트에 노출되고, 프라이버시를 침해당하고, 사이버 따돌림 현상이 발생하는 것 등을 들 수 있습니다.

이런 부정적인 측면은 특히 청소년들에게 심각한 영향을 미칩니다. 게임이나 스마트폰에 빠져 일상생활이 어렵게 되고, 타인과 어울리는 시간이 줄어들어 사회적으로 고립됩니다. 음란물, 폭력물 등 각종 유해 정

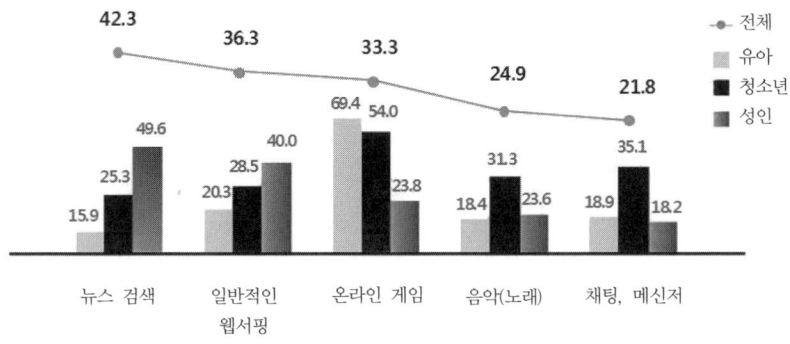

〈그림 7-1〉 유아동 및 청소년 인터넷 사용 용도
출처 : 한국인터넷진흥원 "2011년 인터넷이용실태조사"

보에 노출됩니다. 사이버 공간에서의 폭력을 실제로 그대로 재현하는 범죄를 저지르기도 합니다. 또한 엄청난 범죄를 저지르고도 죄책감을 느끼지 못하는 경우도 있습니다.

아이들 남는 시간의 대부분을 인터넷과 스마트폰에 투자

청소년들의 인터넷과 스마트폰 이용현황을 보겠습니다. 우리 10대 청소년들은 일주일에 평균 13.2시간 인터넷을 사용합니다. 하루 2시간이 조금 안 되지요. 아이들이 하루 종일 학교와 학원에서 보낸다는 것을 고려하면 나머지 시간의 대부분을 인터넷에 투자하는 겁니다.

우리나라의 인터넷 사용 용도를 보면, 뉴스 검색(42.3%), 일반적인 웹서핑(36.3%) 온라인 게임(33.3%), 음악(24.9%), 채팅과 메신저(21.8%)의 순으로 나타나고 있습니다. 그런데 20대 미만의 경우 온라인 게임이 유아 69.4%, 청소년 54%로 압도적인 1위입니다. 뉴스 검색이나 웹서핑

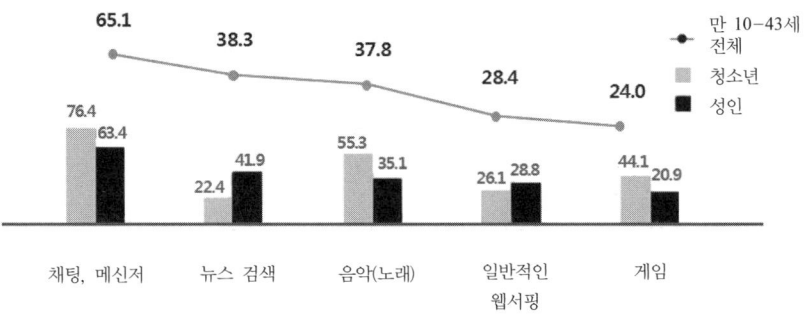

〈그림 7-2〉 청소년의 스마트폰 사용 용도
출처 : 한국정보화진흥원 "2011년 인터넷중독실태조사"

은 성인들이 주로 많이 사용합니다. 10대 청소년들은 채팅과 메신저(35.1%)와 음악(31.3%)에도 많은 시간을 소비하고 있습니다.

청소년의 스마트폰 사용 용도를 보면, 채팅과 메신저(76.4%) 음악(55.3%), 게임(44.1%) 순서로 많이 이용합니다. 이에 비해 성인들은 뉴스 검색(41.9%)과 웹서핑(28.8%)을 하면서 주로 스마트폰을 사용합니다. 청소년들은 게임이나 채팅을 위해 인터넷이나 스마트폰을 사용한다는 것을 알 수 있습니다.

학생들의 하루 평균 온라인 게임 이용시간을 보면 초등학생 때는 84분인데, 중학생이 되면 108분으로 늘어나고, 고등학생이 되면 90분으로 약간 줄어듭니다. 대학입시에 대한 부담 때문에 고등학생들은 게임을 자제하는 것이지요. 하지만 일부 고위험군 고등학생들의 경우 중학생들보다 온라인 게임 이용시간이 많은 것이 현실입니다.

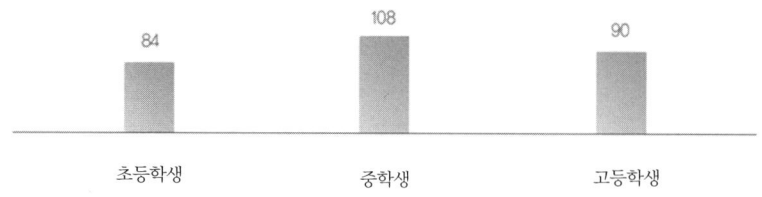

〈그림 7-3〉 학생들의 평일 하루 평균 온라인 게임 이용시간
출처 : 한국인터넷진흥원 "2011년 인터넷이용실태조사"

우리나라 부모의 70% '자녀의 인터넷 사용 제한'

여성가족부와 통계청이 조사한 '2011년 청소년종합실태조사'를 보면, 청소년들의 인터넷 게임 이용은 79.7%로, 2008년의 60.5%보다 늘어났습니다. TV 시청은 97.7%로 대다수의 청소년들이 TV를 보는 것으로 나타났고, 휴대폰 사용 92.4%, 인터넷 사용 84.2%, 독서 79.6% 순으로 조사되었습니다.

부모가 자녀의 인터넷 사용 제한을 요구하는 경우는 69%로 나타났고, 65.5%의 부모는 인터넷 사이트의 종류와 내용을 가려 제한하고 있었습니다. 부모 10명 가운데 7명은 자녀의 인터넷 사용을 제한하고 있다는 것이지요. 2011년 11월부터 시행된 셧다운제에 대해서는 74.5%가 '인터넷 게임 중독 및 해소에 효과가 있을 것'이라고 응답해 셧다운제를 찬성하는 입장이었습니다.

최근에는 인터넷 중독보다 스마트폰 중독이 훨씬 더 큰 문제로 다가오고 있습니다. 이것은 IT 강국인 우리나라가 피해갈 수 없는 문제점이라고 생각합니다. 스마트폰은 이제 청소년이나 어른의 전유물이 아니라 초등학생도 너나없이 소지하고 있습니다. 가정과 지하철, 학교 도서관 어디서나 스마트폰을 활용하지 않는 사람이 없을 정도로 열풍입니다.

현대인의 스마트폰 사랑은 지하철을 타면 확인할 수 있습니다. 지하철 승객 전체 중 75% 이상은 스마트폰을 보고 있습니다. 스마트폰을 통해서 정보를 얻거나 교양서적을 읽고, 음악을 듣거나 영화를 보기도 하고 게임도 즐깁니다. 제가 목격한 바에 의하면, 어떤 때는 지하철에 앉아 있는 90%의 사람들이 스마트폰으로 뭔가를 하고 있어서 사진을 찍어두기도 했습니다.

모든 사람이 같은 행동을 하는 듯 보이지만 각기 다른 일을 하고 있습니다. 우리는 스마트폰을 가진 사람이 다수이고, 그렇지 못한 사람이 소수가 된 시대를 살고 있습니다. 그동안 인터넷 중독에 주로 매달렸다면 앞으로는 스마트폰 중독에 대해서 많은 연구가 필요합니다.

유아 3.6%가 인터넷 중독 '잠재적 위험군'으로 밝혀져

우리나라 청소년들의 인터넷과 스마트폰 중독 현황을 살펴보겠습니다. 인터넷 중독의 잠재적 위험군에 속한 학생은 초등학생 7.9%, 중학생 6.5%, 고등학생 8.3%로 나타났습니다. 고위험군 학생은 초등학교와 중학교는 2.1%, 고등학교는 4.1%입니다.

학년이 올라갈수록 이미 인터넷에 중독되었거나 중독의 위험성이 있는 학생의 비율이 높아지고 있습니다. 이들이 제대로 치료를 받지 않고 상급학교에 진학을 하고 있어, 앞으로 중독된 학생들의 비율은 점점 더 증가할 것으로 예상됩니다. 인터넷 중독은 제때 치료하지 않으면 치료를 위한 시간과 비용이 곱절로 들어갑니다.

한 가지 눈여겨봐야 할 것은 유치원이나 어린이집에 다니는 유아들도 3.6% 정도가 인터넷 중독 잠재적 위험군으로 조사되고 있다는 점입니다. 컴퓨터가 지능 발달에 도움이 된다며 아이들이 게임에 몰두해도 내버려둔다면 잘못입니다. 조금 더 세심한 관찰과 지도가 필요합니다.

청소년들은 속한 계층에 따라 인터넷 중독률의 차이를 보이고 있습니다. 월 소득 200만 원 미만의 저소득층 자녀, 다문화 가정 자녀, 한 부모 가정 자녀, 맞벌이 가정 자녀들의 인터넷 중독률이 평균치보다 높다는 것을 알 수 있습니다. 이런 경우 부모들이 관심을 가질 여력이 없다 보니 인터넷을 혼자 사용하는 시간이 많고, 중독이 되더라도 부모의 협력 아래 효과적인 치료를 하기가 어렵습니다. 이들 가정의 경제적 상황이 나아지지 않는 한 고위험군과 잠재적 위험군에 속한 학생들의 비율은 점점 증가될 가능성이 매우 큽니다.

최근 성별, 연령별 스마트폰 중독률 조사에 의하면, 여성이 남성보다 고위험군이나 잠재적 위험군에 속하는 비율이 높게 나타나고 있습니다. 또한 청소년이 성인보다 고위험군이 100% 더 높고, 잠재적 위험군이 50% 더 높게 나타납니다. 남성보다는 여성이, 성인보다는 청소년이 스마트폰 중독에 취약한 것을 알 수 있습니다. 스마트폰은 컴퓨터보다 더 쉽고 편리하기 때문에, 청소년들이 점점 더 중독 증상을 보이고 있습니다.

아이들이 인터넷에 중독되면 4단계의 증상을 보이게 됩니다. 첫째 단계에서는 우울증과 불안 등 정신병리적 반응이 나타나고, 가상공간에 대한 긍정적인 기대감이 생기면서 인터넷상에서 만난 가상적 대인관계를 현실보다 더 중시하게 됩니다. 둘째 단계에서는 게임으로 인해 일상생활에 장애가 발생하고, 가끔 일탈 행동을 합니다. 셋째 단계에서는 인터넷에 내성이 생기고 게임을 하지 못하게 하면 정신적, 신체적 금단증상이 발생합니다. 마지막 넷째 단계에 이르면 온라인 가상 현실과 실제 현실을 구분하지 못하는 현실구분 장애가 일어납니다.

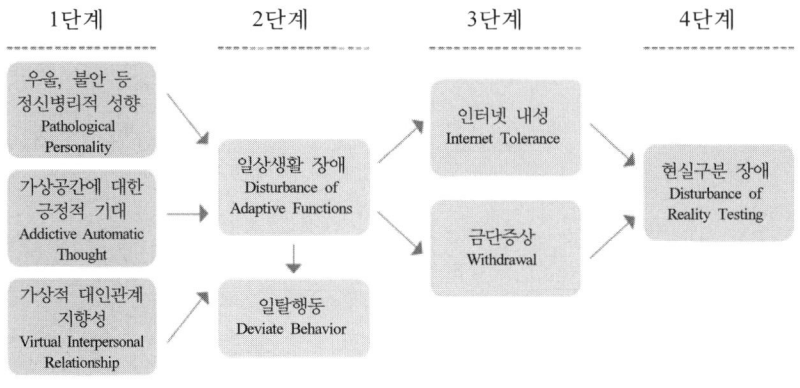

〈그림 7-4〉 인터넷 중독 구조 모형
출처 : "게임, 인터넷, 스마트폰의 올바른 사용을 위한 생활지도 매뉴얼(중등용 교육부)"

 교육부가 발행한 "게임, 인터넷, 스마트폰의 올바른 사용을 위한 생활지도 매뉴얼"에 따르면 인터넷에 중독된 청소년은 11가지 증상을 보인다고 합니다. 바로 강박적 집착, 자기통제력 상실, 낮은 자아존중감, 우울증, 내성, 금단증상, 현실에서의 유능감 상실, 공존질환, 일상생활 장애, 신체 건강 문제, 공격성입니다.

학생 방에 있는 컴퓨터를 거실로 옮기자

 실제 교육현장에서 인터넷 중독과 관련해서 벌어지는 일들을 말씀드리겠습니다. 대부분의 학생은 하루 1-2시간 인터넷을 하고 스스로 통제가 되지만, 인터넷이나 게임을 많이 하는 학생은 하루 5-6시간씩 컴퓨터에 매달려 있습니다. 이 경우 컴퓨터가 학생 방에 설치되어 있어서 부모로부터 관리가 잘 안 되는 것이 문제입니다.
 학생들에게 어떻게 하면 중독으로부터 탈출할 수 있는지 물어봤습니다. 그 결과 다음 7가지 방안이 제시되었습니다.

1) 시간을 정해놓고 컴퓨터를 사용한다.
2) 게임은 한 회씩만 하고 과감하게 일어난다.
3) 컴퓨터를 많이 하는 시간, 특히 주말에는 가족과 함께 여행을 한다.
4) 온라인에서 함께 게임을 하는 친구들과 오프라인에서 축구, 야구 등의 운동을 한다.
5) 주말에는 가족과 함께 영화관을 찾아 영화를 감상한다.
6) 컴퓨터를 거실에 설치한다.
7) 중독 증세를 치유할 동안 부모 중 한 분이 직장을 잠시 휴직한다.

어떻습니까? 현실적인 방법도 있고 실행하기 어려운 방법도 있지요? 하지만 아이들이 생각하는 해결법이니 귀담아들을 필요가 있습니다.

인터넷 중독 학생, 설문 왜곡해 사실 숨기는 사례 많아

인터넷 중독과 관련하여 학교에서는 현재 여러 가지 프로그램이 시행되고 있습니다.

1) 매년 1학기 초에 인터넷 중독 검사를 통해 위험군과 고위험군 학생에 대한 현황 파악을 한 후 교육지원청에 보고한다.
2) wee 클래스에서 위험군과 고위험군 학생에 대한 집단 상담을 실시한다.
3) 위험군과 고위험군 학생의 학부모님을 불러 상담을 실시하고 학생을 지도한다.
4) 고위험군 학생들은 서울 5개 'I will' 센터와 연계하여 지속적으로 지도한다.

5) 인터넷 중독 예방 차원에서 전문 강사를 초청해 강연을 실시한다.
6) 위험군과 고위험군 학생 중 나홀로 학생을 위한 주말 프로그램 제공한다.
7) 가정통신문을 보내 인터넷 중독 예방교육을 실시한다.
8) 가정통신문을 통해 '셧다운제'를 설명하고 '유해 사이트 차단' 프로그램을 설치하도록 안내한다.

학교가 여러분이 생각했던 것보다 많은 노력을 하고 있다고 생각하지 않으십니까?

하지만 현재 학교에서 실시하고 있는 인터넷 중독 관련 프로그램에는 한계와 문제점이 있습니다.

첫째, 1학기 초에 인터넷 중독 검사를 할 때, 위험군과 고위험군 학생들 가운데 일부는 설문에 사실대로 응답하지 않습니다. 그래서 자신이 인터넷 중독이라는 사실을 숨기려 듭니다. 자신의 정체를 숨기게 되면 정확한 통계를 잡기 어렵지요.

둘째, wee 클래스와 담임교사를 통해서 학생 본인과 학부모에게 위험군과 고위험군에 대한 사실을 알리고 상담할 때 중독된 사실을 인정하려 하지 않는 경우가 많습니다.

셋째, 위험군과 고위험군 학생의 학부모님과 상담을 한 후 지역에 있는 'I will' 센터에 가서 상담받기를 권할 때 거부하는 경우가 종종 있습니다.

넷째, 위험군과 고위험군 학생들에 대한 집단 상담을 하게 되면 이를 통해 게임 중독에 걸린 새로운 친구들을 알게 되어 친구들과 게임에 대한 정보를 주고받습니다. 마치 범죄를 저지른 아이들이 소년원에 가서 나쁜 친구를 사귀거나 새로운 범죄 방법을 배우는 것과 마찬가지입니다.

다섯째, 인터넷에 중독된 학생들 가운데 주말에 부모가 어쩔 수 없이 직장에 나가야 돼서 혼자 있게 되므로 인터넷 중독 치료에 어려움을 겪는 경우가 있습니다. 이렇게 되면 결단력과 자제력이 부족한 학생들이 유혹을 이기지 못하고 다시 컴퓨터에 앉게 됩니다. 맞벌이 부부가 지속적으로 증가하고 돌봄을 받지 못하는 학생들의 비율이 점점 더 높아지고 있는 상황에서 염려되는 바가 큽니다.

여섯째, 위험군과 고위험군 학생 중 '나홀로' 학생을 위해 주말 프로그램을 제공하는데도 학생들이 참여하지 않는 경우가 있습니다.

일곱째, 가정통신문으로 '셧다운제'나 '유해 사이트 차단' 프로그램 설치에 대한 안내를 하고, 설치 유무에 대한 회신서를 받아도 학생들이 스스로 회신서를 조작해서 제출하는 경우가 있습니다.

여덟째, 학업 성적이 상위권에 있는 학생 중에도 인터넷 중독인 학생들이 있는데, 이런 학생들은 집에서 열심히 공부를 하기 때문에 수면부족으로 부모들이 잘못 알아서 치료시기를 놓치는 경우도 있습니다.

이처럼 인터넷 중독 학생에 대한 치료가 청소년기에 적절하게 이뤄지지 않으면 학업에 심각한 장애가 생기고 진학에 어려움을 겪게 됩니다. 이는 결국 사회병리 현상 등으로 인해 엄청난 사회적 비용을 지출하는 결과로 이어지게 됩니다.

아이를 치유할 동안 부모 한 분이 휴직하는 것은 어떨까?

학교에서 실시하는 인터넷 중독 관련 프로그램이 제대로 효과를 나타내기 위해서는 개선책이 마련되어야 합니다.

첫째, 1학기 초에 실시하는 인터넷 중독 검사에서 설문 내용을 왜곡 응답하여 인터넷 중독에 대해서 자신의 정체를 숨기는 학생들을 찾아내서 지도해야 합니다.

둘째, 위험군과 고위험군 학생들의 개인적인 상담을 통해서 고위험군의 학생들을 파악해야 합니다. 상담을 마친 학생들은 개인 상담과 학부모 상담 및 'I will' 센터 연계 지도를 해야 합니다.

셋째, 학생 본인과 학부모가 중독 사실을 인정하려 하지 않을 경우 인터넷 중독 예방을 위한 체크 리스트를 제공한 후 PC 사용시간에 대한 지속적인 관리를 요청합니다.

넷째, 위험군과 고위험군 학생이 'I will' 센터에 가서 상담받기를 거부하는 경우 학교장과의 면담을 실시하도록 해야 합니다.

다섯째, 수업시간에 엎드려 자거나 수업받기를 힘들어하는 학생들은 교과교사와 담임교사들이 일단 인터넷 중독에 대한 의심을 하고 담임교사와 학부모가 지속적인 상담을 통해 인터넷 중독 여부 및 치료를 위해 노력해야 합니다.

여섯째, 인터넷 중독 학생 중 주말 프로그램에 참여를 거부하거나 부모의 직장생활로 인해 나홀로 방치되는 학생들은 법적인 조치가 필요합니다. 아이의 중독 증세를 치유할 동안 부모 중 한 분이 육아휴직 같은 제도를 통해 직장을 잠시 휴직할 수 있도록 관련 법이나 제도가 마련되어야 합니다.

일곱째, 가정통신문에 대한 회신서를 조작하는 것을 방지하기 위해 학부모가 프로그램 설치 화면을 스마트폰으로 촬영한 후 담임교사에게 전송하도록 합니다. 잠신중학교의 경우 이런 방법으로 큰 효과를 보았습니다. 중독에 걸린 학생들 대부분이 낮 시간이나, 저녁 시간(20-21시)에 1-2시간 컴퓨터를 이용한 후 과도하게 컴퓨터를 하지 않는 것으로 조사되었습니다.

다음의 내용은 청소년보호위원회에서 나온 '올바른 인터넷 사용을 위해 부모가 명심해야 할 8가지'를 참고해서 제가 작성한 '인터넷 중독 예방을 위한 학부모 10계명'입니다. 이것들만 잘 지켜도 우리 아이들을 인터넷 중독에서 건져낼 수 있을 것 같습니다. 자세히 살펴보겠습니다.

1) 유해 사이트 차단 프로그램을 다운로드하여 설치한다.

인터넷을 사용할 때 청소년들은 자연스럽게 유해 정보를 접할 수밖에 없습니다. 청소년기는 호기심과 감수성이 풍부하고, 성에 대한 호기심이 매우 왕성한 시기이기 때문에 인터넷을 할 때 자신도 모르는 사이에 현란하게 유혹하는 아이콘이나 자극적인 제목에 마우스를 클릭하는 경우가 있습니다. 이런 횟수가 늘어나다 보면 더 자극적인 것을 보고 싶어하는 욕구가 생깁니다. 학부모들은 '설마 내 아이가 그럴까'라는 생각을 버리고 무조건 유해 사이트 차단 프로그램을 설치해야 합니다. 학생들이 언제든지 유해 사이트 차단 프로그램을 삭제할 수 있으니 이런 점도 유의해야 합니다.

2) 컴퓨터 사용환경을 새롭게 조성해야 한다.

인터넷 중독이 의심되는 자녀가 있는 가정에서는 불편하더라도 컴퓨터를 거실로 옮겨야 합니다. 청소년기에는 자신의 방에 부모가 들어오는 것을 거부합니다. 그러므로 컴퓨터를 거실로 옮기거나 사용하는 시간에 대하여 자녀들과 충분한 대화를 해야 합니다.

3) 자녀의 학습에 관심을 가지고 유용한 콘텐츠를 찾아준다.

어린 학생들은 유익한 사이트를 찾을 수 없고, 무엇이 유익한 것인가에 대한 판단이 잘 서지 않을 수도 있습니다. 때문에 자녀의 관심과 발달

단계에 맞는 콘텐츠를 찾아주어 부모가 자녀의 학업에 관심을 가지고 있다는 것을 인식시켜줄 필요가 있습니다. 학습 내용이 체계적이고, 단계적이며, 학습동기와 성취감을 느낄 수 있는 양질의 교육 사이트를 찾도록 해야 합니다.

4) 자녀가 혼자 있을 때 컴퓨터를 켜지 않도록 철저하게 관리한다.

초등학생의 경우 교육 목적으로 컴퓨터를 시작했더라도 순간적으로 유해 사이트에 접속하는 경우가 많습니다. 초등학생들은 부모의 통제가 절실히 필요합니다. 초등학교 때 컴퓨터 사용에 대한 지도 없이 중독이 되면 중학생이 되어 치료기간이 길어집니다. 초등학교 때는 성적에 대한 스트레스가 별로 없고, 학습 성취도의 수준 차이가 크게 느껴지지 않기 때문에 공부에 대한 부담이 중학교에 비해 상대적으로 적습니다. 그러나 중학교에 들어가면 인터넷 중독으로 학업에 흥미를 잃은 학생들은 큰 장벽을 느끼게 됩니다. 이런 학생은 자존감이 떨어지면서 아예 학업을 포기해버리고 남는 시간과 에너지를 게임에 몰두하게 돼서 악순환이 시작됩니다. 게임하느라 잠을 못 자서 등교를 거부하고, 우울증을 겪기도 하고 무기력증에 빠지기도 합니다. 처음 한두 번 부모의 방심이 자녀의 학업은 물론 학교생활 그리고 자녀의 미래에까지 크나큰 악영향을 주는 것입니다.

5) 컴퓨터 사용시간을 관리해야 한다.

컴퓨터 게임의 경우 한 회에 30분이 걸리는 것도 있지만, 한 회로 끝날 수가 없도록 만든 게임들이 많고 대부분 중독성이 있습니다. 학생들이 이런 게임을 계속하다 보면 컴퓨터를 끄기가 매우 어렵습니다. 특히 집에 손님이 방문했을 때는 부모가 자녀들에게 관대해지는데, 아이들은 이때를 이용해 컴퓨터를 오래 하게 됩니다. 현명한 부모라면 이럴 때도 자녀의 컴퓨터 사용시간을 30분 간격으로 확인하고, 휴식시간을 갖도록 권해야 합니다. 학생들은 일단 컴퓨터를 끄면 게임의 흐름이 끊어졌기 때문에 다시 켜기가 싫어질 수도 있습니다. 자녀의 건강을 위해서라도 중간 휴식이 반드시 필요하다고 알려줘야 합니다.

6) 자녀와 컴퓨터 사용에 대한 규칙을 정하고 반드시 지키도록 한다.

저의 큰아들이 초등학교 2학년 때의 일입니다. 부모가 부부교사인 것을 안 아들 친구들이 방과 후에 우리 집에 모여들어 게임을 하곤 했습니다. 통제불능 상태가 되었습니다. 토요일 오후 아들과 진지하게 이야기를 나눠 평일에는 컴퓨터 사용을 금지하고, 토요일에만 1시간씩 사용한다는 규칙을 정했습니다. 그 후 우리 집은 그 규칙을 지키려고 노력했고 아들은 게임 중독으로부터 해방되었습니다.

7) 몸을 움직이는 활동을 유도한다.

컴퓨터 게임을 하는 학생들의 뇌를 촬영해본 결과 게임하고 있는 동안에는 뇌가 정지 상태라는 최신 연구 결과가 나왔습니다. 흔히 자녀들이 게임을 잘하면 뇌가 발달할 것으로 생각하지만 연구 결과는 달랐습니다. 학생들이 게임을 하고 있는 시간은 버려지는 시간이 될 가능성이 매우 높습니다. 초등학교 때나 청소년기에는 많은 에너지를 학업에 사용할 수 있도록 지도해야 합니다. 가능하면 지적이고, 신체적인 자극을 줄 수 있는 건전한 게임을 할 수 있도록 부모의 지도와 관심이 필요합니다. 학생들의 오감을 자극하는 블록 쌓기나 색칠하기, 구슬 꿰기 등 창의력 향상을 위한 도구들을 제공하는 것이 바람직합니다. 공원이나 학교 운동장에 가서 야구나 축구, 배드민턴 등 스포츠를 통해 컴퓨터를 하고 싶은 마음이 들지 않도록 하는 것도 좋습니다. 이런 시간들이 늘어날수록 학생들은 컴퓨터 게임을 잊을 수 있기 때문입니다.

8) 반드시 상담센터를 찾아 도움을 받는다.

자녀가 중독성이 있다고 판단되거나 학교로부터 연락을 받은 경우 반드시 상담센터를 찾아 도움을 받아야 합니다. 인터넷이나 컴퓨터 사용에 대해 부모와 자녀 사이에 협의나 해결이 되지 않을 경우 'I will' 센터와 같은 상담실을 찾아야 합니다. 경우에 따라서는 병원 치료를 받아야 할 수도 있습니다. '인터넷 중독예방 상담센터', '청소년상담센터' 같은 상담기관들이 많이 있습니다. 외상이나 내과적인 문제가 발생하면 우리는 즉시 병원을 찾지만, 인터넷 중독은 위험 증세를 느껴도 '시간이 지나면 점차 나아지겠지' 하는 생각 때문에 미루는 경우가 많습니다. 그러나 시간이 갈수록 학생들은 인터넷이나 게임에 대한 강도를 더욱 높이기를 원하기 때문에 더 위험한 경우에 도달할 수도 있습니다.

9) 주말에는 가족과 함께 하는 프로그램을 개발한다.

주말에는 가족과 함께 하는 프로그램을 개발하거나, 이것이 어려울 때는 영화관을 찾아 영화를 감상합니다. 학생들이 게임에 중독되는 이유는 가족들이 자기에게 관심이 없다는 사실을 알게 되면서 게임을 대체 수단으로 이용하는 것입니다.

10) 친구들과 축구, 야구 등 스포츠를 즐길 기회를 제공한다.

남학생들은 여학생보다 에너지가 넘칩니다. 학업에 흥미를 잃은 학생들은 남는 에너지를 어딘가에 발산해야 합니다. 그래서 그런 학생들은 게임에 에너지를 쏟는 것입니다. 자녀들이 게임에 사용할 시간을 축구나 야구 등의 스포츠 활동에 사용할 수 있도록 해주면 신체적 건강은 물론 정신적으로도 건강해지게 된다는 점을 명심해야 합니다.

대학생을 활용한 '동행 프로젝트' 효과 크다

우리 청소년들을 인터넷과 스마트폰 중독으로부터 해방시키기 위해 어떤 정책적인 대안들이 마련되어야 하는지 현장 교사의 입장에서 정리하면 다음과 같습니다.

첫째, 부모가 스마트폰으로 자녀의 컴퓨터 사용에 대해 파악할 수 있는 시스템이 필요합니다. 부모의 스마트폰과 자녀가 사용하는 컴퓨터에 '크레이지 리모트(crazy remote)' 같은 앱을 다운받아 설치해놓으면, 자녀의 컴퓨터 이용시간과 프로그램 내용을 알 수 있기 때문입니다. 게임 중독 위험군이나 고위험군의 부모들은 반드시 이런 프로그램을 설치하도록 해서 자녀를 게임 중독에서 건져낼 수 있도록 하는 조치가 필요하다고 봅니다.

둘째, 중독의 위험군과 고위험군에 속하는 학생의 부모와 담임교사의 협력체계가 필요합니다. 이런 학생들은 특별히 관심을 가지고 보살펴야 하는데, 부모가 맞벌이라던가 생업이 바쁘다는 이유 등으로 학부모와의 상담조차 어렵습니다. 따라서 학부모가 상담에 응하지 않을 경우 의무적으로 학교나 유관기관에 출석하여 심각성에 대해 설명을 듣고 자녀를 중독에서 구할 수 있는 실천에 나서는 제도적인 장치를 마련해야 합니다.

셋째, 중독 학생들에 대한 심리치료와 학습 코칭 시스템을 도입할 필요가 있습니다. 인터넷이나 게임 중독 학생들 가운데 상당수는 이유는 어떻든지 간에 부모의 무관심 등과 같이 중독에 빠지게 된 분명한 요인들이 있습니다. 이에 대한 근본적인 해법이 없이는 중독으로부터 해방시키기가 매우 어렵습니다. 유관기관은 이들 학생을 대상으로 심리치료로 자존감을 회복시켜주고, 비전 코칭, 학습 코칭 등의 프로그램을 통해 공부하는 즐거움을 느낄 수 있도록 해야 합니다. 대학생들이 참여하는 '동행 프로젝트'로 중독 학생들에게 선배들과 함께 하는 기회를 주는 것도 치유 효과를 거둘 수 있을 것입니다.

넷째, 학생들이 스트레스를 해결할 수 있는 다양한 신체 운동, 관심을 넓힐 수 있는 프로그램 등을 개발하고, 양방향 게임 같은 교육용 게임의 개발 및 보급도 필요합니다.

다섯째, 여성가족부에서 방학기간 동안 진행하고 있는 '인터넷 치유학교(internet rescue school)'에 가능한 한 많은 학생들이 참여할 수 있도록 해야 할 것입니다.

여섯째, 발명 캠프 등의 창의력 향상 프로그램을 개발하여 학생들을 많이 참여시킴으로써 국가가 필요로 하는 인적 자원으로 키울 수 있도록 정부가 지원할 필요가 있습니다. 이런 캠프를 통해 인성을 함양하고 교육과 창의성 향상 프로그램을 제공한다면 학생들의 자존감을 키워줄 수 있을 것입니다.

인터넷에 중독된 학생들 가운데는 IT 분야의 재능이 탁월한 경우도 있습니다. 이들의 컴퓨터 실력과 창의적인 아이디어를 발휘할 수 있는 교육 콘텐츠를 개발하여 참여시킨다면 큰 의미가 있을 것입니다. 이러한 콘텐츠는 최근 교육계의 화두가 되고 있는 융합인재교육(STEAM : Science, Technology, Engineering, Arts, Mathematics)으로서도 훌륭한 사례가 될 것입니다.

우리들 이야기 :
인터넷 건전문화 정착을 위한 청소년 포럼*

"공부 못하는 아이도 인터넷 말고 잘할 수 있는 게 있어야 게임 중독 해결돼요"

김동일(교수) 오늘의 청소년 인터넷 포럼은 여러분이 TV에서 보시는 '100분 토론' 스타일로 하겠습니다. 한 쪽에서는 찬성, 다른 쪽에서는 반대, 이런 식으로 한 가지씩 얘기를 이어가는 겁니다. 어느 주제에 대해 찬성하는 입장에서 얘기하고 나면, 그것에 대해서 논박하는 얘기를 하고, 다시 거기에 대해 보충하거나 반박할 수 있는 기회를 1분씩 드리겠습니다. 우리 중학생, 고등학생의 대표적이고 전형적인 의견과 생각을 얘기해주기를 기대합니다.

첫 번째 주제는 '특별히 이런 사람들은 인터넷을 잘 사용하고 있는 것이다' 또는 '이런 사람들은 인터넷 사용 때문에 좀 곤란할 것이다'라는 얘기부터 시작해보겠습니다.

---

* 2012년 9월 24일 개최된 '청소년 인터넷 건전문화 정착을 위한 국제 포럼'에는 청소년 포럼도 함께 열렸다. 현재 중고등학교에 재학 중인 8명의 학생들이 나와, 그들이 보는 우리 인터넷 문화와 중독의 실태, 그들의 고민과 목소리, 부모에게 하고 싶은 말, 정책과 제도에서 개선할 점에 대해 생생하고 꾸밈없는 현장의 소리를 들려주었다. 김동일 서울대학교 교육학과 교수의 사회로 진행된 이날 포럼의 내용을 현장 중계한다. 다만 청소년 포럼에 참석한 학생들에 대해서는 A, B, C 등 익명으로 표기했음을 밝힌다.

인터넷은 21세기 정보화시대에 없어서는 안 될 도구

학생 A ㄱ인터넷고등학교에 다니는 학생입니다. 사람들은 궁금하거나 모르는 것이 생기면 얼른 인터넷 검색을 합니다. 인터넷에는 엄청난 양의 정보가 돌아다니고 있고, 누구나 그 정보를 쉽고 빠르게 접할 수 있습니다. 컴퓨터에서도 인터넷을 사용할 수 있고, 스마트폰에서도 인터넷에 접근할 수가 있습니다. 이제 인터넷은 생활의 일부가 되어 항상 저희 곁에 있습니다.

저는 정보통신과에 재학 중이며, 특히 해킹과 보안 쪽에 관심을 갖고 있습니다. 해킹과 보안 분야는 다른 분야보다 대중적이지 않습니다. 따라서 항상 구글(google)에서 검색을 하고 해외 사이트에 들어가 직접 영문을 해석하고 PDF 파일을 구해서 공부를 합니다. IT 분야의 각종 컨퍼런스나 해킹 대회 또한 검색을 통해 찾아서 참석을 하곤 합니다.

우리 학교에는 컴퓨터 프로그램이나 휴대폰 애플리케이션(application, 흔히 줄여서 '앱'이라고 함)을 개발하는 학생들이 많습니다. 개발에 필요한 컴퓨터 프로그래밍 언어인 C언어의 내장함수나 헤드파일들을 일일이 기억할 수는 없습니다. '위키'(위키토피아, 인터넷 사전)에서 검색해서 찾습니다. 안드로이드 개발자들도 애플리케이션을 개발할 때는 커뮤니티 사이트나 외국 개발자(developer) 사이트에서 유용한 정보를 가져와야 합니다. 이렇게 자신이 필요한 정보를 직접 검색하며 찾음으로써 깊은 정보부터 얕은 정보까지 얻을 수 있게 됩니다. 앞으로는 인터넷만 연결된다면 모든 작업을 다른 사람과 함께 할 수 있는 날이 올 것이라고 생각합니다.

우리는 모르는 영어 단어나 한자가 있을 때 인터넷에 들어갑니다. 거리에서 흘러나오는 노래가 궁금할 때도 인터넷에서 검색합니다. 인터넷의 다양한 콘텐츠를 이용해 여가생활을 즐길 수도 있습니다. 노래가 듣고 싶을 때에는 음악 포털사이트에 접속해 최신곡부터 인기곡까지 모조리 검색하고 감상할 수 있습니다.

주변에서 일어나는 사건, 사고 또는 여러 가지 사회적 문제에 대해서도 인터넷으로 빠르게 접근할 수 있습니다. 포털사이트의 인기검색어를 통해 지금 한국에서는 무슨 일이 일어나는지, 미국에서는 무슨 일이 일어나는지 모두 알 수가 있습니다. 홍수처럼 쏟아져 나오는 많은 정보를 인터넷에서 단지 마우스 클릭 한 번으로 얻을 수 있는 것입니다. 뉴스를 잘 보지 않는 학생들도 포털사이트에 접속하면 메인 화면에 떠 있는 온갖 뉴스를 보게 됩니다.

요즘 청소년들은 SNS(Social Network Service)를 많이 합니다. SNS는 새로운 세상을 열고 있다고 생각합니다. 멀리 있는 사람과 실시간으로 대화할 수도 있고 다른 곳에서 무슨 일이 일어나고 있는지도 가장 빠르게 알 수 있습니다. 단순한 온라인에 국한되지 않고 오프라인과도 연결되는 인터넷은 21세기 정보화시대에 없어서는 안 될 도구라고 생각합니다. 지금까지 제 전공과 관련해서 학생으로서 제가 느끼는 인터넷의 긍정적인 면을 말씀드렸습니다.

탈북자-다문화 가정 청소년들 인터넷 중독에 빠지기 쉬워

학생 B ㄴ여자고등학교 2학년 학생입니다. A 친구가 말한 것처럼 인터넷을 좋은 의도로 사용할 수 있는 것은 맞습니다. 그러나 잘못된 자료를 구분해서 거르고 자기 주관을 가지고 받아들여야 하는데, 그렇지 않은 친구들도 많이 있습니다. 제대로 된 인터넷 사용교육을 받지 못하고 우리와는 좀 다른 방향으로 과몰입하는 경우라면 얘기가 달라지는 것이지요.

저는 고등학교에 입학하자마자 다문화 학생, 탈북 청소년들과 멘토-멘티 관계를 맺고 활동을 했습니다. 그래서 염려스러운 경우를 많이 보았습니다. 탈북 청소년들의 경우 북한에서 한국으로 탈북하는 과정에서 정신적, 심리적으로 많은 고통을 받았습니다. 남한에 와서도 친구나 대인관계 문제, 사회 부적응 등 숱한 어려움을 겪고 있습니다. 때문에 방어적인 성격이나 공격적인 성격을 가진 아이가 많고, 사람들이 말을 걸면 대꾸를 안 하고 휙 가버리는 경우도 더러 봅니다. 또 탈북 청소년들은 남한에 와서 1-2년 아래 학년으로 들어가니까 적응도 잘 못하고 대안학교로 가는 경우가 있습니다. 대안학교에 가서도 적응을 잘 못하고 결국 인터넷 중독의 길로 빠지는 것을 봤습니다. 그리고 북한에서는 전혀 볼 수 없었던 게임들을 여기서 많이 접하게 되면서 스스로 자제를 못 해서 중독에 빠지기도 합니다.

다문화 가정의 학생의 경우 아빠는 한국인이지만 엄마는 외국인이라서 언어 소통이 되지 않거나, 피부색이 달라서 은둔형 성격이 되는 경우가 염려스럽습니다. 집에 혼자 있는 시간이 많아지고, 아이들한테 '왕따'를 당하면서 인터넷에 중독되는 사례가 많은 걸 알게 됐습니다.

인터넷에서는 국경도 없고 차별도 없습니다. 자신의 어눌한 말투나 얼굴색이 드러나지도 않기 때문에, 이들은 인터넷에서만 자신이 '진짜 한국인'이라고 생각하는 것 같습니다. 특히 이런 경우 대부분 집안 사정이 어렵고 경제적으로 힘들기 때문에 학원도 가지 못해서 학습 부적응을 겪는 일이 많습니다. 방과 후에 집에 돌아오면 할 일이 없어서 내내 컴퓨터 게임에 빠져서 시간 가는 줄을 모릅니다. 이렇게 제대로 공부가 안 되고 인터넷에 빠져서 청소년 복지의 사각지대에 있는 아이들은 성격이 공격적으로 되기 쉬운 것 같습니다. 이런 청소년의 수는 점점 더 늘어나고 있습니다. 앞으로 인터넷을 제대로 사용하지 못하고 음란물이나 게임에 빠지는 친구들이 점점 많아질 것 같아 걱정입니다.

요즘 청소년들은 '디지털 원주민 세대'

김동일 어떤 친구들은 인터넷에 들어가 알맹이 있는 학습을 하고 남는 시간을 즐겁게 보내기도 하는데, 어떤 친구들은 무차별적으로 인터넷에 빠져들게 되어 독이 되는 경우가 있습니다. 1분 정도씩 반박할 기회를 드리겠습니다.

학생 A 저는 다문화 청소년을 만난 적이 없기 때문에 절실하게 공감하지는 못 하겠지만, 얘기를 들어보니까 그런 경우 인터넷이 혜택보다는 독이 될 수도 있겠다는 생각이 듭니다.

학생 B 앞서 말한 것처럼 SNS 시대에 인터넷은 분명히 소통의 창이 되고 있는 것은 맞습니다. 그러나 카카오톡이나 네이트온 같은 것을 하느라 하루 종일 휴대폰을 눈에서 떼지 못하고, 별로 의미가 없는 채팅에 시간을 낭비하거나, 분별없이 받아들이는 것은 조심할 필요가 있을 것 같습니다. 그렇게 조절할 수 있다면 바람직한 인터넷 문화를 만들 수 있을 것 같습니다.

김동일 요즈음은 '디지털 원주민(digital native)'이라는 표현을 흔히 사용합니다. 디지털 시대에 태어나 디지털 세상 속에서 살고 있는, 그러니까 태어날 때부터 디지털 기기가 있어서 그런 디지털 기기가 없는 세상은 상상할 수도 없는 세대가 바로 우리 청소년들입니다. 디지털 시대의 대표라 할 수 있는 인터넷에는 순기능과 역기능이 있다는 것이 앞의 두

학생의 토론에서 나왔습니다. 이 부분에 대해 더 얘기를 해보지요.

인터넷 동영상을 보면서 수업하면 집중도가 높아져

학생 C 저는 중학생입니다. 인터넷은 전 세계에 널리 퍼져 있습니다. 네트워크가 널리 보급되어 있어서 우리들은 학교에서 오락, 숙제 등을 하면서 언제 어디서나 인터넷을 사용하고 있습니다.

학교에서 선생님들이 노트북이나 교실마다 설치되어 있는 컴퓨터로 수업을 하는 경우가 많습니다. 선생님들이 프레젠테이션을 할 때 동영상 자료를 올려 함께 보면서 공부하면 학생들의 수업 집중도가 올라가고 이해하기가 쉽습니다. 숙제를 할 때도 인터넷에서 많은 정보를 얻습니다. 그래서 세상을 알아가는 지식의 힘이 커진다고 생각합니다.

요즘 인터넷 기기의 대표는 스마트폰입니다. 스마트폰은 거의 모든 학생이 가지고 있고, 와이파이(Wifi) 존에서는 시간과 장소에 상관없이 무료로 인터넷에 접속할 수 있습니다. 이처럼 정보를 알게 해준다는 점에서 우리가 생각하는 것보다 훨씬 이로운 문명의 이기라고 생각합니다.

수업 중 몰래 스마트폰 사용, 다른 학생까지 방해

학생 D 저도 중학교에 다니는 여학생입니다. C친구의 의견 잘 들었는데요. 인터넷으로 인해 우리 삶이 풍요로워지고 학습 의욕이 높아진 것은 사실입니다. 하지만 역기능도 살펴봐야 하는데, 바로 인터넷 중독입니다. 게임 또는 인터넷은 자극성이 무척 강합니다. 우리는 매일 접하는 인터넷 뉴스나 휴대폰으로 하는 게임 등을 통해서 자극을 느낍니다. 그런데 스마트폰은 이러한 자극에 유혹당하기 쉬운 청소년들에게 굉장히 부정적인 영향을 끼칠 수 있습니다. 최근 조사에 따르면 우리나라 청소년 가운데 30%가 인터넷 중독의 위기에 처해 있다고 합니다.

TV만 틀면 볼 수 있는 스마트폰 광고로 인해 학생들은 스마트폰을 더욱 많이 사용하게 됩니다. 또한 4G, LTE 같이 빠른 인터넷 기기들이 나올수록 학생들에게 더욱 부정적인 영향을 주고 있다고 생각합니다. 학급에서 보면 스마트폰을 가지고 있지 않은 학생이 거의 없습니다. 스마트폰에 들어 있는 무선 인터넷, 게임, SNS 등을 통해 학생들의 인터넷 접근성이 높아지면서 중독성을 일으킨다고 볼 수 있습니다.

저도 스마트폰을 사용하고 있습니다. 공부하고 있을 때도 옆에 두면 자꾸만 보게 되고 그 때문에 학습에 지장을 줄 수 있다고 생각합니다. 학생이라면 다들 아시겠지만, 선생님 몰래 손이나 책으로 가려가면서 스마트폰을 하는 학생들이 있습니다. 그런 행위는 자신뿐만 아니라 다른 친구들에게도 영향을 미치는데요. 그 학생이 스마트폰을 하는 것을 보면 그 쪽에 신경이 더 가게 되고 선생님의 수업에 집중할 수 없게 됩니다.

남학생의 경우는 더 심각합니다. 남학생들은 학교에서 스마트폰을 하고, 방과 후에는 항상 PC방을 가는데요. PC방에서 매일 2-3시간씩 게임을 하는 학생이 있습니다. 컴퓨터 게임이나 인터넷을 하면서 쾌락을 느낄 수 있지만 정신적, 신체적으로 악영향을 끼칠 수 있습니다. 따라서 인터넷의 발전으로 우리가 편리함을 누리고 있다고는 하지만, 역기능인 인터넷 중독의 폐해도 생각해봐야 합니다.

인터넷 중독의 원인은 '학업 스트레스' 때문

김동일 앞의 이야기와는 초점이 조금 달라졌지요. 우리가 살고 있는 세상에서, 특히 디지털 세상에서 나타나는 여러 가지 얘기를 해주었는데 각자가 말한 내용에 대해 반박할 시간을 1분씩 써도 됩니다.

학생 C 중독에 관해서 얘기를 하셨는데요. 먼저 중독의 원인이 무엇이라고 생각하시나요?

학생 D 중독의 원인은 학생들의 학업 스트레스 때문이라고 생각합니다. 스트레스로 인해 즐거움을 느낄 수 있는 것을 찾게 되고, 그 대상인 게임과 인터넷을 계속 하다 보니까 중독이 되는 것 같습니다.

학생 C 현재 세계에서 학업 성취도 1위인 핀란드의 경우, 모든 학생들이 취미를 가지고 있고 진로가 미리 정해져 있어서 학교가 끝난 뒤 여가시간을 충분히 활용한다고 합니다. 반면 우리나라 학생의 경우에는 학교가 끝나자마자 '야자'(야간자율학습)가 있고, 야자가 끝나면 학원에 가야 하고, 상황이 이렇습니다. 따라서 부모님이 관리하지 않는 경우라면 컴퓨터 게임이나 인터넷으로 빠질 수밖에 없습니다. 또 남는 시간이 적어서 운동 같은 것도 못 합니다. 그러니 집에서 손에 잡기 쉽고 편한 휴대폰이나 컴퓨터를 찾게 됩니다. 저는 오히려 그런 점 때문에 중독이 되는 경우가 많다고 생각합니다.

휴대폰 2개 가지고 와서 수업시간에 딴 짓하는 학생들 많다

김동일 제가 궁금한 것은 우리나라 사람들, 특히 오늘의 주제인 청소년들이 왜 다른 나라에 비해 인터넷이나 스마트폰을 더 많이 쓰게 되는가입니다. 특별한 이유가 있을까요?

학생 D 우리나라의 삼성 같은 기업이 세계 스마트폰 시장에서 1, 2위를 다투고 있고, 온라인 게임 시장도 아주 활발한 상태이기 때문에, 우리 학생들도 그런 분위기 속에서 스마트폰이나 온라인 게임에 접근하기 쉽다고 생각합니다.

김동일 외국에 나가보면 알 수 있지만 대부분 PC방이 없어요. 그래서 밖에서는 인터넷 관련해서 뭔가를 하기가 참 힘들거든요. 그런데 우리나라는 그런 시설들이 잘 되어 있는 것 같아요.

지금까지 인터넷의 양날, 즉 순기능과 역기능에 대해 얘기했습니다. 그럼 이 문제에 대해 청중석에 앉아계신 분들 가운데 얘기할 기회를 드릴게요.

청중 E 저는 중학교에서 정보를 가르치고 있습니다. 요즘에는 스마트폰 중독이 더 큰 문제입니다. 옛날에는 학생들이 휴대폰을 잘 제출했는데, 요즘은 그렇지 않아요. 휴대폰을 두 개 가지고 와서 하나는 제출하고 하나는 몰래 가지고 있으면서 수업시간에 딴 짓을 하는 학생들이 늘었어요. 스마트폰 문제가 매우 심각합니다. 우리나라는 기술적으로는 상당히 높은 수준에 올라가 있는데, 소프트웨어는 그렇지 못하고, 특히 윤리적 측면이 상당히 취약하다고 봅니다. 그리고 이혼 등 결손 가정이 늘면서 자신감 없고 외로운 아이들이 중독에 많이 빠지는 것 같습니다.

학생 D 사실입니다. 학교에 휴대폰을 두 개 가지고 다니는 학생들이 많습니다. 선생님한테 걸리면 자기가 쓰지 않는 휴대폰을 내고 스마트폰을 계속 사용합니다. 앞으로 개선되어야 할 문제인 것 같습니다.

김동일 전자통신 기기에 관한 규율이 문제가 되고 있군요. 다음은 인터넷이나 스마트폰을 이용하는 습관을 중심으로 '이것은 도움이 된다', '이것은 문제가 된다' 하는 방향으로 서로 얘기를 나눠보겠습니다.

'적절한 선'만 지킨다면 게임도 긍정적인 면 많다

학생 F 저도 ㄱ인터넷정보고등학교에 재학 중인 고등학생입니다. 인터넷이 경우에 따라 부정적인 면도 있지만 어떻게 활용하느냐에 따라 좋은 점도 많다고 생각합니다.

인터넷은 여느 공론의 장과는 다르게 하나의 정보가 여러 갈래의 다양한 정보로 연결되어 있다는 점에서 고도의 개방성과 유연성을 가지고 있습니다. 이런 네트워크는 서로 자발적으로 연결되는 통신망이므로 어느 누구도 포괄적인 지배력을 행사하는 관리인이 될 수 없기 때문에 매우 자유롭습니다. 시간과 공간의 지배를 받지 않고 신속하게 정보에 접근할 수 있고, 쌍방향 의사소통이 가능하며, 능동적으로 정보를 선택하고 활용할 수 있습니다.

저는 인터넷을 주로 SNS, 이메일, 토론, 게임 등의 용도로 사용합니다. SNS는 자유로운 의사소통과 정보 공유, 인맥 확대 등을 통해서 사회적인 관계를 생성하고 강화합니다. 페이스북(facebook)은 이미 세계적으로 가입자 수가 9억 명을 넘어섰습니다. 우리 학교의 학생들도 대부분 페이스북을 이용해 학교 행사와 이벤트 등 정보를 얻고 있습니다. 그리고 누구나 자유롭게 자신의 의견을 말할 수 있고 실제로 그런 의견이 반영되고 있습니다. 민주적인 의사소통이 의사결정에 영향을 미치고 있는 것입니다.

두 번째 긍정적인 기능은 이메일입니다. 이메일은 일반 편지와는 달리 상대방이 부재중이라도 자료를 전달할 수 있습니다. 전송하는 동시에 받는 사람에게 도착하고 메일함에 반영구적으로 남아 있어 즉시성과 기록성이라는 두 가지 특성을 동시에 가지고 있습니다. 같은 내용의 이메일을 여러 명에게 한꺼번에 보내면 시간을 크게 절약할 수 있습니다. 물론 이해력이라는 관점에서는 마주 보면서 하는 대면 대화가 더 좋은 수단이겠지만, 이런 경우에도 이메일을 보조수단으로 사용하면 편하게 깊은 대화를 할 수 있습니다.

세 번째로 익명성이 있습니다. 익명성을 이용해 신분이나 국경, 나이 등을 초월하여 엄청난 수의 사람들에게 자유롭게 자신의 생각을 발표하고 공유할 수 있습니다. 저도 인터넷을 통하여 다른 사람들과 자주 토론하곤 합니다. 오프라인으로는 상상할 수 없을 정도로 빠르고 정확한 정보를 얻고 전달할 수 있습니다. 상대방이 누구인지는 그다지 중요하지 않습니다. 익명성을 보장받지 못한다면 그 누구도 쉽게 자신의 의견을 말하지 못하고 표현의 자유가 침해될 것입니다. 예를 들어 정부를 비판하는 내용의 글을 썼을 때 자신의 신변이 위협받는다면 그것은 민주주의의 후퇴를 의미하는 것 아니겠습니까? 익명성은 인터넷 최대의 강점이라고 생각합니다.

마지막으로 게임이 있습니다. 인터넷 게임을 접해보지 못한 청소년은 거의 없을 거라고 생각합니다. 대부분의 부모님들은 게임을 나쁘다고만 생각합니다. 하지만 게임이 무조건 나쁘다는 생각은 잘못된 것입니다. 왜냐하면 게임은 청소년들이 인터넷을 활용하는 방법 중 하나이기 때문입니다. 청소년을 대상으로 실험한 결과, 23시간 동안 게임을 한 집단이 게임을 하지 않은 집단에 비해 추론 능력, 기억력과 사고 능력이 향상되었다는 결과를 얻었습니다.

청소년들은 자신이 게임을 하는 시간을 정할 자유가 있고 권리가 있다고 생각합니다. 그런 의미에서 청소년들의 수면권을 보장한다는 명분으로 시행되고 있는 '셧다운제'는 규제 편의주의적인 발상이라고 봅니다. 입안 과정에서 정작 규제의 대상자인 청소년들의 의견이 완전히 배제된 실패한 정책이라고 생각합니다. 저는 게임이란 적절한 선만 지킨다면 부정적인 면보다 긍정적인 면이 훨씬 많은 건전한 인터넷 활용 방법이라고 믿습니다.

게임 때문에 성적 떨어지고 대인관계 나빠진 친구 많아

학생 G 저 역시 ㄱ인터넷고등학교 정보통신과에 재학 중입니다. 먼저 E군의 의견에 대해 반론을 한 다음 저의 경험을 말하겠습니다. 인터넷을 자기만의 방식으로 사용한다면 문제가 생길 수 있다고 생각합니다. 첫째, 인터넷에 돌아다니는 정보가 모두 유익한 것은 아닙니다. 인터넷에서 유해한 정보를 하나 찾아낸다면 그에 따라 유해한 정보들이 끊임없이 쏟아져 나올 것입니다. 둘째, 인터넷에서는 사용자가 정보를 선택할 수 있습니다. 따라서 유익한 정보와 유해한 정보가 있다고 했을 때 사용자가 반드시 유익한 정보를 선택하리라는 보장은 없습니다.

다음은 익명성인데요. 요즘 익명성으로 인해 피해를 보는 사례가 늘어나고 있습니다. 대표적인 사례가 '악플'입니다. 모든 사용자가 로그인을 한 상태로 자신의 신분을 드러내고 댓글을 단다면 악플은 눈에 띄게 줄어들 것입니다. 하지만 자신을 숨긴 채로, 자신이 보이지 않는다는 것을 악용하여 무차별적인 욕설과 심지어는 성적인 음담패설까지 댓글을 달고 있는 것이 현실입니다. 이러한 댓글을 본 상대방은 어떤 느낌을 갖게 될까요? 얼마나 상처가 크겠습니까. 그런 사례가 실제로 많이 있었습니다. 과연 익명성이 장점이라고 단정지을 수 있을까요?

마지막으로 게임에 대해 말씀드리겠습니다. 요즘 청소년들은 인터넷 중독보다 게임 중독이 훨씬 심각합니다. 우리 반의 한 친구는 학기 초에 성적이 매우 우수하고 대인관계도 원만했습니다. 그런데 그 학생이 변해서, 수업시간에 노트북으로 게임을 하는가 하면, 실습실에서 선생님이 보시는 데도 게임을 했습니다. 결국 그 학생은 2학기에 성적이 떨어졌고 대인관계도 나빠졌습니다. 저도 중2 때 게임을 많이 한 적이 있습니다. 그때 성적이 한꺼번에 15% 이상 떨어졌습니다. 게임은 거의 모두 상업적인 목적으로 만들어지기 때문에 어느 정도 중독성이 있다고 보아야 할 것입니다.

어른들이 '게임이 좋지 않다, 나쁘다'고 하는 이유는 모든 게임이 아니라 특정 게임의 폭력성과 선정성 때문입니다. PC방에서 친구들이 하는 게임을 보면 '19세 이하 이용 불가' 게임이 적지 않습니다. 너무 잔인하고 선정적이어서 청소년들에게는 서비스가 금지된 게임을 하는 경우가 더러 눈에 띕니다.

애초에 청소년들이 '시간 제한'이나 '나이 제한'을 잘 지키지 않았기 때문에 셧다운제라는 극단적인 조치까지 취해졌다고 생각합니다. 사용자 스스로가 지킬 것을 제대로 지키지 않는다면 게임의 장점을 살리기 힘들 것입니다. 나쁜 방향으로 인터넷을 사용한다면 학교 성적은 물론 대인관계, 성격까지도 피폐해질 것입니다.

학생 F 앞에서 예를 든 학급 친구의 경우, 1학기에는 성적이 좋고 대인관계가 원만했는데 2학기 들어 성적이 낮아지고 대인관계가 나빠졌다고 해서 그것이 꼭 게임 중독 때문이라고 볼 수 있나요? 게임 중독의 문제가 아니라 원래 그 학생의 성격에 문제가 있는 것은 아닐까요?

학생 G 사람에 따라 다르겠지만 근본적으로는 게임에 매달린 것이 성적을 떨어뜨리는 데 작용을 했다고 봅니다.

학생 F 아까 익명성을 제거한다면 악플이 줄어들 것이라고 말씀하셨는데, 실명을 원칙으로 하고 있는 '네이버'나 '다음'의 뉴스 댓글만 보더라도 심각하게 다른 사람을 폄하하는 것을 볼 수 있습니다. 신분을 드러내고도 그런 악플을 쓰는 것을 보면 그것은 익명성의 문제가 아니라 그 사람의 성격에 문제가 있는 것 아닐까요?

학생 G 그것도 일리가 있기는 하지만, 애초부터 제대로 윤리교육을 받았다면 그러한 일은 일어나지 않겠지요.

김동일 G군은 인터넷 공간에서 아는 사람 혹은 모르는 사람으로부터 사이버 괴롭힘(cyber bullying)을 당해본 적이 있나요? 만일 있었다면 어떤 기분이 들었나요?

학생 G 예, 있습니다. 거의 다 경험이 있으실 것 같은데……. 기분 나쁘면 고소하면 그만입니다.

김동일 맞아요. 인터넷은 증거가 남기 때문에 고소하면 되겠지요. 굉장히 명쾌한데요.
　다음은 셧다운제에 대해 얘기해보겠습니다. 토론에 참여하고 있는 학생들의 나이는 둘 다 16세가 넘어 셧다운제에 해당되는 나이는 아닙니다만, 본인들이 생각하는 인터넷의 순기능과 역기능에 대해 말해주세요.

'셧다운제' 필요는 하지만 실효성 적다

학생 H 서울 ㄷ고등학교 2학년입니다. 제가 중3 겨울 방학 때 블리자드에서 나온 워크래프트(World of WarCraft)란 게임에 빠져서 석 달 동안 만렙(온라인 게임에서 최고 레벨에 도달한 단계)을 찍었습니다. 하루에 여섯 시간씩 게임을 했으니, 엄청나게 한 것이지요. 제가 게임을 한창 할 때 셧다운제 얘기가 나오고 있었어요. 그런데 저는 게임을 하면서 한 번도 강제로 접속 종료가 된 적이 없었어요. 그 이유를 최근에 알게 됐는데, 셧다운제가 제한하는 게임의 범위가 아주 좁더라고요. 국내 중소기업의 게임은 해당이 안 되고 외국계는 외국 회사의 상품이라서 해당이 안 되고 등등.

원래 저는 셧다운제를 반대하는 입장이었어요. 컴퓨터 게임을 정말 좋아하니까 '왜 나의 자유를 법적으로 구속하려 하느냐' 이런 입장이었던 거지요. 저는 고등학교에 올라와서는 게임을 일주일에 두 시간씩 제한해서 하고 있어요. 저 스스로 의지로 조절이 가능하다고 생각하고 있었어요. 그런데 다른 학생들과 얘기를 나눠보니까 자기 의지로 컨트롤 하지 못하고 게임에 휩쓸려가는 학생들이 있더라고요. 그래서 게임에 거리를 두게 하는 제도적 장치가 필요하다는 생각을 하게 되었습니다.

결론을 말씀드리면 셧다운제 같은 제도는 필요하지만, 현행 제도는 바뀌어야 한다고 생각합니다. 제한하는 게임이 굉장히 적어서 실효성이 적어요. 요즘 나오는 스마트폰 게임에도 적용을 해야 합니다. 최근에는 학생들이 스마트폰 게임을 더 많이 합니다. '애니팡' 같은 게임을 저희 반 여학생들은 수업시간에도 '누가 1등을 하느냐'에 목숨을 걸더라고요.

그리고 셧다운제는 '만 16세 미만 청소년들 계정으로는 밤 12시에서 6시 사이에 게임을 못 하게 하는 것'인데, 사실 그 시간에 그렇게 게임을 하는 청소년들은 이미 중독이 되었을 가능성이 높다고 봅니다. 정부가 이 법안을 만든 것은 예방이 목적이지 이미 중독된 학생들을 위한 것은 아니잖아요. 그러니까 오히려 주말이나 평일 오후 4-5시 학생들이 가장 많이 게임을 할 때, 그때 차라리 셧다운을 한다면 그게 더 실효성이 있지 않을까요? 2012년 청소년 통계에 따르면 고등학생의 인터넷 중독 비율이 10.4%로 가장 높다고 합니다. 그런데 이 제도가 필요한 고등학생들은 제외하고 초등학생, 중학생들만 대상으로 셧다운제가 적용되는 것도 문제입니다.

셧다운제의 효과가 미미하다는 점은 많은 분들이 지적합니다. 대부분의 학생들이 부모님의 주민등록번호를 도용해서 게임을 하고 있으니까요. 제가 중학생 때 '서든 어택'이라는 게임이 유행했어요. 친구들에게 물어보니까 부모님의 주민등록번호로 게임을 하는 것이 당연하다는 듯이 얘기를 하더라고요. 셧다운제가 적용됐을 때도 다들 싫어하기는 하는데 딱히 별다른 반응은 없었어요. 얼마든지 피해갈 방법이 있으니까요.

저는 인터넷을 제한하는 것과 게임을 제한하는 것은 근본적으로 다르다고 생각합니다. 게임은 오랜 시간 앉아서 플레이하는 것이고, 인터넷이나 SNS는 왔다 갔다 하면서, 접속했다 안 했다 하는 거잖아요. 그런데 셧다운제는 게임만 제한을 하고 있어요. 스마트폰을 이용해서 페이스북을 과도하게 한다든지 그런 쪽의 문제가 더 심각한데, 그런 것에 대한 대안은 아직까지 없어요.

인터넷이나 게임에 대해 청소년들이 올바른 습관을 형성하는 것이 중요하다고 생각합니다. 우리나라 IT 산업이 계속 발전하기 위해서는 청소년들이 인터넷을 긍정적으로 사용하는 습관을 가져야 한다고 믿습니다. 학생들을 위해 조금 더 효과적이고 교육적인 정책이 나왔으면 하는 바람입니다.

'셧다운제' 피하는 편법 생겨났지만 '경각심'도 높아져

김동일 4-5년 전 통계에서 게임을 가장 많이 하는 성별과 나이 대가 나왔는데, 예상과는 달리 40대 여자였습니다. 왜 그랬을까요? 청소년들이 엄마의 주민등록번호를 가지고 게임을 등록했기 때문에 가장 게임을 많이 하는 연령대가 40대 여자로 나타난 겁니다. 그래서 게임을 할 때마다 인증제가 개발되어서 그 부분은 지금 얘기한 것보다 상당히 실효성이 있게 된 것은 사실입니다. 지금은 초등학교나 중학교 학생들이 게임을 할 때는 두 번, 세 번씩 검증을 하게 되어 있어요.

학생 I ㄹ고등학교 2학년입니다. 저는 셧다운제에 대한 의견을 말씀드리고 싶어요. 셧다운제라는 것은 청소년의 인터넷 게임 중독을 예방하기 위해서 마련된 제도로 일명 '신데렐라 법'이라고 하지요. 2011년 11월에 시작되었는데 네티즌들의 불만이 많습니다. 저는 셧다운제의 긍정적인 부분이 더욱 빛을 많이 봐야 한다고 봅니다.

부모님의 주민등록번호로 게임에 가입하고, 12시 이전에는 온라인 게임을 하다가 12시 땡 치자마자 CD 게임을 하는 등 여러 가지 편법이 생겨서 쓸모없는 정책이라고 비판하는 글을 많이 봤어요.

하지만 셧다운제의 근본 목적인 인터넷 중독 예방에 대해 생각해본다면 의미가 좀 달라질 것 같습니다. 학생들이 편법을 쓰는 것 자체가 이미 12시 이후에는 인터넷을 사용하지 않아야 된다는 생각이 있다는 것입니다. 중학생 이상이 되면 무의식 속에라도 중독에 대한 경각심을 가지고 인터넷을 사용하고 있다는 거지요. 결국 셧다운제를 피해가는 편법이 생겨났을지라도 근본 목적인 중독에 대한 경각심을 심어줄 수 있다면 효과가 있는 것이 아닐까요?

부모님들도 자녀들이 12시 이후에 게임을 하는 것을 금기시하는 풍토가 있다고 봅니다. 셧다운제로 인해 인터넷 중독에 대한 사회적 경각심이 높아진 것은 다행스런 일입니다. 셧다운제의 시행으로 학생들이 폭력에 접하는 비율이 조금이나마 줄어들 수 있다고 생각합니다. 최근 학교폭력이 큰 문제로 대두되고 있는데 그 학교폭력 문제를 바로잡기 위해 우선적으로 폭력적인 장면의 노출을 줄이는 것이 필요하다고 생각하고요. 시험도 한 번 봐본 사람이 요령을 알 수 있듯이, 싸움이나 폭력도 마찬가지입니다. 그러므로 인터넷을 제한함으로써 학생들이 폭력적인 장면에 노출되는 것을 막는다면 긍정적이라고 믿습니다.

인터넷은 양날의 칼과 같은 도구라서 강제적이고 물리적인 제재는 긍정적인 측면과 더불어 부정적인 결과를 가져올 수밖에 없는 것 같아요. 따라서 인터넷 중독을 예방하기 위해서는 인터넷 이용자 스스로 중독 문제에 대해서 심각하게 고찰하고 생각할 수 있는 기회를 제공하는 여러 콘텐츠와 프로그램을 제작할 필요가 있다고 생각합니다.

학생 H 셧다운제가 생겨난 후 게임에 대해 경계심을 가져야 된다는 사회적인 인식이 생겨난 것은 사실이에요. 하지만 그런 게임을 규제하는 정책에 대해 반대론적인 시각도 훨씬 많이 생겼어요. 여성가족부 홈페이지가 초등학생들한테 사이버 테러를 당하는 사건을 보면 앞으로 만들어질 법안에 대해서 사람들이 더 부정적인 마인드를 갖게 되었다는 생각이 듭니다. 그런 면에서 저는 셧다운제가 좀 성급하게 나오지 않았나 싶어요. 오히려 정부에 대한 불신, 그런 반응이 나오게 되었으니까요.

학생 I 강제적이고 물리적인 제재 뒤에는 긍정적인 면도 있지만 부정적인 면도 있을 수밖에 없거든요. 초등학생들이 뭐라고 해도 어차피 그 애들은 편법을 써서 다시 할 거잖아요. 그러니까 열심히 항의하고 불만을 토로해도 그 아이들이 일단 중독에 대한 생각은 가지고 있게 되는 거지요. 그러므로 중독에 대해서 경각심을 가지는 것은 중요하다고 봅니다.

김동일 이게 창과 방패의 문제예요. 정책이 있으면 대책이 있고, 돌아가는 것을 알면 그 길을 막고……계속 이렇게 됩니다. 오늘 토론회의 주최자인 김명자 한국여성과학기술단체총연합회 회장님께서 말씀해주시겠습니다.

"인터넷에 몰입하면 깊이 생각하는 기능을 잃어버린다"

김명자 오늘 세 가지 행사를 기획하고 주최한 김명자입니다. 저는 규제를 주된 업무로 하는 환경부에서 4년 동안 장관을 지냈습니다. 정부 일을 마치고 나와서, 규제라는 것을 사람들이 가장 싫어한다는 것을 깨달았습니다. 그 다음에 국회의원으로 4년 동안 입법 활동을 했습니다. 국방위원회에서 내내 일했기 때문에 특수성이 있긴 했지만, 과연 정책 수요자들을 얼마나 이해하면서 입법을 하는가 하는 생각을 절실히 하게 되었습니다.

이번에 '인터넷 건전문화'를 주제로 외국 전문가 초청 강연과 세미나, 학부모 워크숍, 청소년 포럼을 연달아 개최하면서, 저는 특히 여러분의 '목소리'에 관심이 컸습니다. 과연 인터넷 중독이나 게임 중독이라는 사회적 이슈에 대해 우리 청소년들은 어떤 느낌과 바람을 가지고 있을까, 그게 제일 궁금했기 때문입니다. 왜냐고요? 어른들이 청소년의 인터넷에 대한 생각과 행동 양식을 얼마나 이해하는 상태에서 법이나 제도를 만들고 있는 것인가에 생각이 미쳤기 때문입니다. 대상은 여러분들 청소년인데, 법을 만들고 규제하는 사람들은 어른들이거든요. 그래서 적어도 무엇을 원하고, 왜 문제가 되는지를 청소년의 눈높이에서 이해하는 노력이 필요하다고 생각했습니다.

우리나라는 IT 분야의 세계적인 강국입니다. 초고속망 속도도 제일 빠릅니다. 게임 산업도 가장 앞서가는 나라입니다. 참으로 자랑스러운 일입니다. 그런데 해외 전문가들이 '한국에서 만든 게임은 한번 들어가면 빠져나올 수 없게, 사람을 꼼짝도 못하게 붙잡는 것을 목표로 만들어지고 있다'고 이야기를 하는 걸 들었습니다. 미국인 인터넷 전문가가 인터뷰하는 것을 들었습니다. "나는 하루에 딱 한 시간만 인터넷을 한다. 왜냐하면 사람이 인터넷에 몰입하여 습관화되면서 나타나는 가장 뚜렷한 증상 가운데 하나가 바로 깊이 생각할 줄 아는 기능을 잃어버리게 되는 것이기 때문이다." 그래서 자신의 전공 분야임에도 스스로를 규제한다는 것이었습니다.

지금 여러분의 생활에서 인터넷을 빼버린다면 어떻게 될까요. 저도 마찬가지입니다. 인터넷이 생활 속의 핵심적인 부분이 되었습니다. 없어지면 큰일이 납니다. 저도 아마 중독 수준일 것입니다. 그런데 핑계를 대자면 저는 인터넷으로 엄청난 분량의 일을 처리하고 있습니다. 전철을 타고 다니면서 처리하는 업무량도 대단합니다. 흘낏 다른 사람들을 보면 게임을 하는 인구가 참 많더군요. 그런데 저는 게임은 할 줄도 모르고, 그런 걸 보면 머리부터 아파집니다. 소질이 전혀 없는 겁니다. 그렇다면 인터넷으로 일을 하는 것은 괜찮고, 재미있어서 게임을 하는 것은 중독이라고 해서 규제를 해야 되느냐, 이런 얘기가 될 수도 있겠지요.

여러분에게 한 가지 질문을 하고 싶습니다. 정부가 셧다운제라는 것까지 내어놓았는데, 여러분은 어떻게 생각하십니까? 실제로 청소년의 삶의 현장에서 그런 제도는 실효성도 별로 없다, 강제로 구속할 성격도 아니다, 등등의 생각을 갖고 있을지 모릅니다. 그러나 정부가 오죽하면 그런 것까지 내어놓았을까요. 중독 증세가 상당히 심각해지고 있다는 것이지요. 완전한 처방이라서가 아니라 궁여지책으로 그런 것까지 내놓았다는 생각을 한번 해보면 어떨까요.

자, 그렇다면 여러분은 바람직한 대안이 무엇이라고 생각하십니까. 인터넷 중독이나 과몰입은 별 문제가 되지 않아요, 또는 문제는 좀 있지만 청소년 스스로 알아서 할 것이니까 어른들은 내버려두세요, 이것이 답인지요? 그런데 여러분이 한 가지 알아야 할 것이 있습니다. 어른들하고 아이들은 차이가 있습니다. 그래서 어른이라고 하고 아이라고 하는 거지요. 우리는 모두 다 아이에서 어른이 되었습니다. 지구상의 동물 가운데 유아기가 가장 긴 동물이 인간입니다. 그만큼 배울 게 많아서 그런 것입니다.

아이들은 사물에 대한 판단 능력이 어른처럼 성숙하지 않은 상태입니다. 그래서 교육을 받고 부모님의 보살핌을 받아야 합니다. 어머니가 이래라, 저래라 잔소리를 하시는 것은 여러분이 누리는 특권이기도 합니다. 그게 보약이 되어서 여러분이 건전하게 생각할 줄 아는 어른이 될 수 있는 거거든요. 자, 그러면 부모님이 그 역할을 포기하고 오로지 여러분의 판단에 맡겨서 인터넷을 10시간을 하든 말든, 게임을 10시간을 하든 말든 내버려두어야 할까요? 또 게임도 도박의 하나라고 본다면 도박이 일상화되는 것이 여러분의 사고에 어떤 영향을 주게 될까요?

자, 그럼 어떻게 하면 좋을까요? 사회적으로 여러 가지 병리현상으로 번지고 드디어 곪아 터져서 더 이상 주체할 수 없을 때까지 그대로 방치하는 것이 옳은 일은 아닐 것입니다. 사회적인 병리현상이 심각해지면 부랴부랴 법적으로, 제도적으로 강경하게 대응을 한다고 나서게 될 것입니다. 그러나 그때는 이미 기회를 잃어버린 것입니다. 기술혁신에 따르는 사회적 충격에 대해 미리 사태를 예측하고 사전에 대비하는 것은 병이 깊어지기 전에 예방을 하는 것이나 마찬가지입니다.

부모님들은 여러분처럼 인터넷의 선수가 아닙니다. 그래서 자녀들이 인터넷 바다에서 무엇을 하는지 잘 모르는 경우도 많습니다. 이런 상황에서 우리 함께 풀어갈 수 있는 윈-윈(win-win, 상생)의 해법은 무엇일까요? 여러분 스스로 답을 만들어보시기 바랍니다. 그러면 우리 여성과학자들이 정부에 전달해서 그런 방향으로 되도록 중간역할을 해보겠습니다.

학교에 컴퓨터는 그만 사고, 운동기구를 마련해주었으면……

학생 B 말 많은 셧다운제보다는 차라리 생활밀착형 관리가 치료에 효과적일 거라고 생각해요. 중독된 친구에게 따로 선생님이 붙어서 일정 기간 같이 다니면서 문화체험을 한다든지, 독서를 한다든지, 컴퓨터 대신 같이 할 만한 것을 찾아보는 시스템이 있었으면 좋겠습니다. 또한 학교에 꼭 필요한 컴퓨터를 제외하고는 더 이상 컴퓨터를 설치하지 말고, 남는 예산으로 아이들이 욕구 불만이나 스트레스를 풀기 위해 할 수 있는 운동기구들을 마련해주었으면 좋겠어요.

학생 H 어떤 친구는 7교시 내내 잠을 자다가 어디를 가요. 어디 가냐고 물어보면 PC방에 간다고 합니다. 1년 후 2학년이 돼서 자기는 VIP 회원이 됐다고 좋아합니다. 그 친구에게 '왜 PC방을 가느냐'고 물어보면 '할 게 없어서' PC방에 간대요. 공부를 해도 잘 안 되고, 엄마 잔소리를 들으면 짜증이 나고……그래서 집에서 컴퓨터를 하지 않고 PC방에 가서 한다는 것입니다. 학교에서 공부를 잘 못하는 애들에게 인터넷 말고 자기가 잘할 수 있는 취미를 가질 수 있도록 하는 방안이 마련되어야 인터넷 중독 문제도 해결할 수 있다고 생각합니다.

김동일 인터넷을 아무리 많이 하더라도 업무를 하거나, 인터넷 고등학교에 재학하는 학생들처럼 그 일 자체가 전공과 관련된 경우에는 중독이라고 하지 않습니다. 중독이란 생활의 다른 여러 가지를 희생하면서, 내 삶에서 굉장히 중요한 건강과 흥미를 빼앗겨가면서도 매달려 하는 상태를 말합니다. 세미나를 끝내기 전에 말씀하실 분이 계신가요?

학생 I 저는 게임을 규제하는 방법보다는 예방하는 것이 더 필요하다고 생각합니다. 예방을 해서 비용을 줄이는 게 더 효율적이잖아요. 학교에서도 게임 중독이 되었을 때 어느 예방 센터로 가라는 교육은 많이 하지만, 어떻게 인터넷을 사용하면 잘 사용할 수 있는지, 어떻게 중독이 안 될 수 있는지, 이런 교육은 거의 받아본 적이 없거든요. 청소년들에게 가령 '스마트폰을 쓸 때는 이렇게 사용하세요'라거나 부모님께 '컴퓨터 게임은 이렇게 자녀와 함께 관리해주세요'라는 식의 매뉴얼을 만들어 보급해준다면 중독에 따른 사회적 치료비용도 줄일 수 있을 것 같습니다.

김동일 현명하게 스마트폰이나 인터넷을 이용하는 팁을 친구에게 한 가지 준다고 하면, 어떤 것이 있을까요?

학생 I 저는 자연스럽게 게임을 끊게 되었어요. 하지만 스스로의 의지로 안 되는 학생들의 경우, 한글을 배우듯이 어렸을 때부터 세뇌시키는 방법이 좋을 것 같아요. 게임은 일주일에 1시간만 해야 돼, 2시간만 해야 돼, 그런 식으로 계속 세뇌시키는 게 좋은 방법이 될 것 같아요.

김동일 잘못하면 규제처럼 보일 수도 있겠네요. '습관을 잘 들이자'는 얘기 같아요. 마크 그리피스 박사님이 재미있는 얘기를 하시더라고요. "슬롯머신 도박이 더 나빠요, 아니면 스타크래프트 게임이 더 나빠요?" "당연히 게임보다야 도박이 나쁘죠." 그랬더니 "슬롯머신에다 스타크래프트의 게임적인 요소를 넣어서 잘하면 더 오르는 게임적인 요소를 넣는 게 나빠요, 아니면 게임에다 도박을 할 수 있는 돈을 거는 요소를 넣는 것이 나빠요?" 이런 질문을 하시는 거예요.

그래서 한참 고민했어요. 도박 기계에다 게임을 넣는 게 나쁜 것인지, 게임에다 도박 기능을 넣는 게 나쁜 건지, 정말 궁금하더라고요. 그런데 그 분 얘기는 '일단 둘 다 나쁜데, 더 나쁜 건 자주하는 것'이랍니다. 무슨 얘기냐 하면, 만일 모든 사람들이 1년에 딱 10분씩만 슬롯머신을 한다면 그게 문제일 수는 있어도 병리적이지는 않을 거라는 말입니다. 좀 정도가 덜하더라도 매일 게임을 한다면 그게 더 문제라는 말입니다.

인터넷과 관련해서는 사실 우리가 생각한 것보다 훨씬 더 놀라운 많은 변화가 일어나고 있습니다. 예전에는 상상도 못 하던 일들이 벌어지고 있는 거지요. 스마트폰으로 어디까지 할 수 있는지, 어디까지 더 요술을 부릴 것인지, 아무도 알 수 없습니다. 옛날처럼 따로따로 분절된 게 아니고 모든 게임들이 융합되고 있잖아요. 디지털 매체에 대해서 조금 더 현명하게 사용하는 것이 필요하고, 인터넷의 부정적인 측면에 대해서는 자율적인 부분과 규제가 칼의 양날과도 같다고 할 수 있습니다. 그래서 우리 사회가 어떻게 대응하고 선택적으로 사용하느냐가 대단히 중요합니다. 청소년 포럼을 여기서 마치겠습니다.

에필로그 : '기억술'에서 'LTE'까지

"기술은 인간이 선택하는 도구인가, 아니면 인간의 조종을 벗어난 초능력인가"

김명자
한국여성과학기술단체총연합회 회장

공직을 물러난 뒤 시쳇말로 '지공보살'(지하철 공짜 여성 탑승객)이 된 지도 몇 해가 되었습니다. 그 사이 달라진 세상 모습 가운데 하나가 지하철 풍경입니다. 몇 년 전만 해도 그렇지는 않았는데, 요즈음은 눈 감고 조는 승객 말고는 앉으나 서나 모두가 들여다봅니다. 그 사람들 중에 저도 끼어 있지요. 실은 지하철에서 엄청난 양의 일처리까지 하고 다닙니다. 길쭉하게 네모난 작은 손기계를 들여다보다가, 혼자 싱긋하는 젊은이도 있고, 자못 심각해지기는 사람도 있습니다. 흘낏 스치는 눈길에 들어오는 건 게임 장면도 있고, 영화 장면도 있습니다.

우리가 살고 있는 이 세상을 상징하는 단어는 무엇일까요? 20세기를 가리키는 몇 가지 별명 가운데 '영상의 시대(Age of Picture)'가 있었습니다. TV의 출현은 1927년 미국의 뉴저지 주에서 뉴욕 시로 영상을 시험 수신한 것에서 비롯됩니다. 1935년에는 최초의 천연색 영화로 「베키 샤프(Becky Sharp)」가 제작되었지요. 이후 TV 기술의 진보로 말미암아 1941년 자연스런 천연색으로 그림이 투사되는 혁신의 돌파구가 열리기 시작합니다. 제2차 세계대전이 끝난 1945년 무렵 세계에서 가장 앞서 가던 '기술강국' 미국의 TV 수상기 보급대수는 1만 대였습니다. 컬러 TV는 1950년에 상용화되었으나, 초기 형태는 컬러 방송만 받을 수 있었습니다. 이듬해 흑백과 컬러 화면의 양쪽을 다 수신할 수 있는 모델이 제작되는데, 그 가격은 당시 500달러였지요.

TV 기술의 혁신으로 인해 HD(High Definition) TV가 언젠가 개발될 것이라는 기사가 과학잡지 『파퓰러 사이언스(*Popular Science*)』에 실린 것은 1981년의 일이었습니다. 우리나라에서도 1995년 통신위성 무궁화호의 발사와 더불어 HD TV 개발에 대한 기대에 부풀었습니다. 그러나 막상 방송과 통신의 융합을 현실화할 수 있는 법적, 제도적 뒷받침이 이루어지기까지 10년이 넘는 세월이 걸려야 했지요. TV의 보급은 전 세계를 글자 그대로 지구촌으로 바꾸었습니다. 지구 반대편에서 일어나는 일을 실시간으로 안방에 앉아서 모조리 알게 되는 세상이 열린 것입니다. 그러한 변화와 함께 영상에 비치는 이미지가 모든 것을 좌우하는 시대가 열렸습니다. 그러나 아쉽게도 그 이미지에는 허상이 훨씬 더 많았고, 지금도 예외가 아닙니다. 특히 정치 분야도 이미지가 지배하는 시대로 바뀌었고요.

크고 작은 스크린에 매달려 사는 현대인의 자화상

영국의 저명한 도박 중독 전문가인 마크 그리피스 교수는 2012년에 한국여성과학기술단체총연합회의 초청으로 서울을 처음 방문했습니다. 그는 '스크린 기반 기술(screen based technology)'이라는 용어를 즐겨 썼고, 그 속에 사람들이 빠져 있음을 지적했습니다. 그의 말대로 사람들이 낮과 밤을 가릴 것 없이 크고 작은 스크린에서 눈을 떼지 못하고 사는 것이 오늘의 우리들의 자화상입니다.

인류 역사에서 정보기술은 어떤 모습으로 전개되어왔을까요. 문명사적 존재로서 인간은 역사의 '때'에 대한 인식을 갖출 것을 요구받습니다. 역사의 지평에서 '오늘'이라는 시기가 어떤 때인가를 아는 일은 그 '때'에 맞는 삶의 방식을 찾는 데 있어서 그것이 출발점이기 때문입니다. 20세기를 마감하면서 인류사회는 하나의 문명이 마감되고 새로운 문명이 열리는 대전환기를 예견하고 있었습니다. 그 변화는 기본적으로 과학기술 혁명에 기반을 둔 것이었고, 가장 핵심적으로는 정보기술 혁명(information technology revolution)이 그 중심에 있었습니다.

20여 년 전에 우리나라에서도 몇 차례 대중강연을 한 적이 있는 대니얼 벨은 일찍이 1960년대에 후기산업사회(post-industrial society)의 도래를 예견했습니다. 그리고 그것이 '정보사회'라고 예측했지요. 1980년에 앨빈 토플러는 『제3의 물결(*The Third Waves*)』에서 탈공업사회로서 정보사회가 다가오고 있다고 말했습니다. 그들의 탁견은 놀라웠습니다. 19세기 후반부터 태동한 현대 산업사회가 수명을 다하고, 그것과는 전혀 다른 새로운 문명 형태로서 역사상 유례없는 기술 의존성을 지닌 정보통신기술 주도의 사회를 전망하고 있었기 때문입니다.

세이건 "인류의 역사는 '12월 31일 23시 59분 50초'에 시작됐다"

이렇듯 세상을 바꾸고 있는 정보기술은 어디서 비롯된 것일까요? 정보량의 최소 단위는 '예'와 '아니오'의 1비트(bit)입니다. 예컨대 불이 켜져 있는가, 꺼져 있는가를 구분하는 것이 정보의 1비트에 해당합니다. 바이러스는 제 몸을 유지하기 위해 1만 비트 정도의 정보를 필요로 합니다. 이는 대략 책의 한 쪽 정도의 정보량이지요. 인간은 약 750억 테라바이트(TB) 정보의 소유자입니다. 세포의 핵 속에는 1,000권의 책에 해당하는 영어 단어만큼의 정보가 들어 있습니다. 인체를 이루는 100조 개의 세포마다 이렇듯 방대한 양의 정보 지시가 들어있는 것입니다. 그래서 인체를 대(大)우주와 대비시켜 '소(小)우주'라 표현하기도 합니다.

1970년대 과학의 대중화에서 빛나는 업적을 쌓은 칼 세이건은 『코스모스(Cosmos)』의 저자로도 유명합니다. 저는 그의 우주 탄생 이후의 과학사(科學史) 이야기를 영상으로 담은 '코스모스' 비디오에 매료되어 교양과목 강의에 사용했습니다. 그는 우주 역사 140억 년을 보통 달력의 1년으로 압축한 우주력(宇宙曆)을 만들었습니다. 우주의 시간과 인간의 시간을 비교한 그의 은유는 참으로 시사적입니다. 대우주에 비하면 인간이 얼마나 보잘것없는 존재인지를 느끼게 하지요. 다른 한편으로, 과학기술의 이름으로 자신이 태어난 고향인 대우주를 탐사하는 경이로운 존재임을 깨우치고 있기도 합니다.

세이건의 우주력을 들춰보면, 정월 초하룻날 빅뱅이라는 우주 최대의 사건이 발생합니다. 이후 5월 1일에 은하수가 생성되지요. 다시 한참 지나 9월 9일에 태양계가 형성되고, 그 속에서 지구는 9월 14일에 태어납니다. 지구에 생명의 기원이 나타나는 것은 9월 25일경입니다. 그 우주력의 원년에서 인류의 눈부신 문명의 역사는 섣달 그믐날 마지막 10초 사이에 벌어진 일이 됩니다. 인류 문명사에서의 중세의 종말부터 현대까지의 기간이란 우주력의 1초 사이에 해당할 따름입니다. 눈 깜짝하는 찰나에 오늘날의 기술 문명을 일구었다는 얘기지요.

인류사회가 문명의 이름으로 일구어낸 신체 외적 기술은 참으로 경이로웠습니다. 그러나 그렇다고 하더라도 유전정보가 무의식 속에서도 작동하고 있는 사람에 비하면 보잘것없는 수준입니다. 신체에서 저절로 수행되는 복잡다단한 생리화학 반응의 극히 일부만을 흉내내는 것이기 때문입니다. 그러나 지속적인 과학기술 혁명에 따라 인류사회의 기술 의존성이 끝없이 커지고 있는 것은 그 대단한 생물학적 능력을 무색하게 만들고 있습니다. 그러한 변화를 주도하고 있는 분야는 특히 정보통신과 생물공학 기술입니다. 21세기에 이들 분야가 더욱 힘을 얻고 있는 것은 마치 우주적 존재로서의 인간이라는 자연의 산물과 자연을 흉내낸 기술이 경합을 벌이고 있는 느낌을 줍니다.

우리 뇌는 연애 감정과 부모-자식 간의 사랑을 정확하게 구분한다

저에게 가장 흥미로운 과학 분야는 두뇌과학입니다. 사람의 두뇌라는 컨트롤 센터의 지시에 따라 이 세상의 모든 일이 벌어지고 있다고 느끼기 때문입니다. 사람 뇌의 무게는 평균 1.3kg 정도입니다. 근대 과학에서는 한때 두뇌의 크기에 따라 지능이 어떻게 다른가 하는 질문도 관심을 끌었습니다. 물론 체중에 따라 두뇌의 비중이 차이가 나긴 하지만, 보통 체중의 50분의 1 정도 밖에 안 되는 이 기관은 우주에서 가장 복잡하고도 오묘한 존재입니다. 아직 이런 수준의 슈퍼컴퓨터는 없습니다.

인간 뇌의 언어는 유전자의 DNA 언어와는 다릅니다. 뇌의 언어는 뉴런(neurons, 신경세포) 속에 쓰여 있습니다. 뉴런은 지름이 수백 분의 1mm인 전기화학적 스위치 소자입니다. 우리 몸에 들어 있는 뉴런의 수는 1,000억 개를 헤아리지요. 이걸 다 세려면 3,000년이 걸려야 한다는 계산이 나옵니다. 그런데 각각의 뉴런 세포는 수천 개의 이웃한 세포와 연결되어 있습니다. 예컨대 대뇌 피질에는 그런 결합이 100조 개쯤 존재한다는 것입니다. 뇌의 회로는 인간의 기술이 제작해낸 어느 기술로도 흉내조차 낼 수 없는 신비의 회로입니다. 사람들은 말을 주고받지 않고 표정만 보고도 상대방의 희로애락을 척척 읽어냅니다. 눈치와는 또 다른 본능적 두뇌 생리 기능입니다. 대뇌 변연계의 편도체(amygdala)가 그 기능을 떠맡고 있습니다. 그리고 체온이 37도라는 것을 정확히 알고 그것을 유지하기 위해서 추우면 몸을 떨고 더우면 땀을 내게 합니다. 이런 조절 기능을 맡고 있는 것은 측두엽의 해마체(hippocampus)입니다.

몇 년 전까지만 해도 사람은 뇌의 10퍼센트만 쓰면서 살고 있다고 했습니다. 그러나 최신 이론은 그것이 틀렸다고 말합니다. 특정하게 활성화되는 부위는 있어도, 뉴런이 서로 얽히고설켜 연동됨으로써 100퍼센트를 쓰고 있다는 것입니다. 우리가 어떤 생각을 하거나 기억을 떠올릴 때, 우리 뇌에서는 뉴런 사이에 새로운 길이 생기고 커넥션이 이루어집니다. 오감을 느낄 때마다 생각(thought)이 생산되는데, 놀랍게도 보통 사람은 하루에 7만 가지의 생각을 하며 산다고 합니다. 이 모든 조화가 뉴런의 전기화학적 작용인데, 깨어 있을 때 뇌에서 생산되는 전기는 10-23W(와트)라고 하니, 전등을 켜고도 남습니다.

사람의 의식과 행동은 이처럼 뉴런의 전기화학적 회로의 작동 결과입니다. 그런데 그 정보처리 속도가 얼마나 빠른가를 보면 실로 경이롭습니다. 뉴런은 시간당 240km의 초고속으로 정보를 전달하고 있습니다. 뇌는 오관(五官)에서 들어오는 감각을 처리하기 위해 전 세계의 모든 전화기로 유통되는 메시지의 총량보다 더 많은 정보를 처리하고 전달한다는 것입니다. 우리의 뇌는 유전자가 가진 정보보다 더 많은 것을 알고 있어야 합니다. 뇌의 정보 도서관이 유전자의 도서관보다 1만 배나 더 방대한 까닭이 여기에 있습니다.

뇌의 기능에서 놀라운 사실은 또 있습니다. 새 것을 배우고 익힐 때 뇌의 구조가 변화하고 더 똑똑해진다는 사실입니다. 학습으로 점점 더 학습 능력이 우수해진다는 것이지요. 또한 신체적 운동이 뇌의 기능에 미치는 영향도 매우 크다는 것이 밝혀지고 있습니다. 운동을 하면 심장박동이 빨라진다는 것은 누구나 아는 일입니다. 그런데 뇌도 운동하고 난 뒤 일정 시간 동안은 화학물질의 분비로 훨씬 더 쉽게 배울 수 있는 상태가 된다는 것입니다. 그리고 또 놀랍고도 오묘한 것이 우리 뇌는, 예를 들어 연애 감정과 부모와 자식 간의 사랑이 어떻게 다른지 그 차이를 정확하게 구분하고 있다는 것입니다.

뜨거운 연애 감정은 도파민이 다량 분비되면서 에너지가 넘쳐나게 합니다. 심하면 동시에 강박증(Obsessive Compulsive Disorder, OCD)을 띠게 됩니다. 자신의 의지대로 컨트롤이 안 되고, 앉으나 서나 애인 생각에 사로잡히지요. 이렇듯 화학물질의 분비에 의해 특정한 생각이나 행동을 떨쳐버리고 싶어도 시도 때도 없이 반복되는 상태가 되기도 합니다. 이쯤 되면 상사병 수준입니다. 한편 부모의 자식 사랑은 시간이 가도 한결같이 안정되고 지속적이며 신뢰를 기반으로 합니다. 이는 뇌하수체 후엽 호르몬인 옥시토신(oxytocin)의 작용 때문입니다. 옥시토신은 진통과 모유(母乳) 분비를 촉진하는 기능도 가지고 있습니다.

필자가 여기서 굳이 이처럼 길게 뇌의 기능을 말하고 있는 것은 인간 두뇌의 진화(進化)는 우주 탄생 이래의 가장 획기적인 작품이라는 사실로부터 출발하여, 그 뇌의 기능에 미치는 외부 변수의 작용이 상상을 초월하는 수준으로 질과 양에서 변하고 있다는 것, 그리고 앞으로 어떤 양상으로 번지게 될지 알 수 없다는 것, 그 전형적 사례가 인터넷 중독이고 청소년에게 미치는 영향이 특히 크다는 것을 말하고 싶어서입니다. 뇌의 기능이 외적 변수에 의해 지나치게 한쪽으로 치우쳐 자극을 받게 되는 경우, 사람의 기술 이용의 결과가 어떤 형태로 부메랑이 되어 돌아올지 알 수 없기 때문입니다. 특히 한국에서 대두되고 있는 인터넷 중독이 우리 청소년들의 인성과 지적 능력에 어떤 영향을 미칠 것인가를 고민해야 하는 시점이라고 보기 때문입니다.

정보기술의 가장 원시적인 형태는 '기억술'

얘기를 바꿔서, 정보기술의 가장 원시적 형태는 무엇이었을까요? 그것은 기억술입니다. 인쇄술이 보급되기 전에는 사람의 기억술에 의해 정보가 저장되고 전달되었습니다. 유럽 최초의 서사시인『일리아드(Iliad)』와『오디세이(Odyssey)』도 기억에 의한 구전으로 전승되었습니다. 웅변의 대가였던 세네카는 몇 년 전에 한 번 들은 연설을 줄줄 외웠고, 성 아우구스티누스는 학생 시절에 선생이 말하는 것을 모조리 기억하는 재능을 지녔다고 합니다. 13세기 대학의 출현과 함께 영향력이 컸던 스콜라 학풍에서 기억은 기술 차원에서 학문의 덕목으로 승격됩니다. 13세기 성 아우구스티누스는 그의 '최고의 신학'에서 4개의 기억 법칙을 만들어내지요. 또한, 도미니쿠스 기억법 등으로 기억술은 그리스도교 가르침의 전파의 필요성 때문에 크게 성행했습니다.

기억술 다음 단계의 정보 전달 방식은 손으로 베껴 쓰는 필사(筆寫)였습니다. 서구문명에서 필사본 제작은 가톨릭 교회의 전통과 불가분의 관계에 있었지요. 도서관 없는 수도원이란 마치 무기 없는 성과 같았습니다. 수도원이 곧 인쇄소였고, 신부 자신이 책상과 잉크와 양피지를 갖춘 인쇄업자였던 셈입니다. 당시 수사들은 촛불 아래 컴컴한 데서 성서 필사본을 만들기 위해 시력을 잃는 위험을 감수했습니다.

인쇄술의 대중화가 없었다면 종교개혁이 가능했을까?

인류의 지식문화가 종이와 인쇄술 기술이 없었다면 가능했을까요? 17세기 영국의 프랜시스 베이컨은 인류의 3대 발명품에 인쇄술을 포함시켰습니다. 한국은 초보적이기는 하나, 이동식 금속활자 인쇄술의 개발로 가장 앞서 가는 인쇄국으로 역사에 기록됩니다. 그러나 인쇄술의 전파는 그다지 순조롭지 않아, 1450년대에 들어서야 활자를 이용한 현대식 인쇄술로 넘어갔습니다. 구텐베르크 방식 인쇄의 독창성은 주조된 글자 조각들을 이동시킬 수 있도록 하고, 글자의 주형을 바꿔 끼울 수 있도록 고안한 것이었지요. 이러한 정보기술의 전파와 더불어 전 지구적 지식공동체는 본격적인 모습을 갖추기 시작합니다.

인쇄술이 보급되던 당시 유럽에는 1450년대만 해도 몇천 권의 필사본이 존재하는 정도였습니다. 그러나 1500년대로 넘어가면 1,000만 권의 책이 찍혀 나와 정보의 유통이 급격히 팽창하게 됩니다. 중세부터 내내 인쇄술의 수요가 가장 컸던 곳은 수도원이었고, 종교개혁은 성서가 대량 인쇄되어 널리 보급됨으로써 일어날 수 있었던 사회적 사건이었습니다. 기술혁신은 이렇듯 사회 변동의 동력이 되었고, 날로 그 영향력이 커졌습니다. 20세기 말까지도 책과 도서관은 가장 중요한 정보 전달의 매체였습니다.

들고 다닐 수 있는 책을 처음 만들어낸 사람은 15세기 베네치아의 알두스 마누티우스입니다. 그는 알딘 출판사를 차리고, 보다 실용적인 '이탤릭체' 활자를 고안하고, 소형판인 '옥타보(8절) 판'을 처음으로 만들어냈습니다. 책에 처음으로 각 페이지의 번호를 매긴 것도 1499년 알딘 출판사였지요. 그러나 근세에 이르기까지도 인쇄된 책을 필사본처럼 보이도록 제작하고 있었다는 사실은 인간의 옛 것에 대한 집착을 보여주는 흔적 같기도 합니다.

스푸트니크 충격 "과학기술이 국부(國富)와 군사력을 앞질렀다"

정보기술 혁명의 가장 큰 특징은 기술의 여러 분야가 융합되면서 진화한 총체적 산물이라는 것입니다. 여기서는 1995년에 미국 스미스소니

언 연구소(Smithsonian Institution, Washington, D.C., 1846년 설립)의 미국사 국립박물관에 전시되었던 '정보시대(Information Age : People, Information & Technology)' 전시회 내용을 예로 들어보겠습니다. 당시 필자는 마침 워싱턴을 방문했을 때여서 그 전시회를 볼 수 있었습니다. 전시회 주제는 10개로, 시기는 1832-1939년, 1940년-현재(1995년)까지로 구분되었습니다. 이야기의 시작은 1832년 1) 전보의 발명입니다. 이는 장거리 통신의 실현으로 정보공유 체계가 혁명적인 변화를 겪게 되었음을 뜻하지요. 그리고 2) 전화의 발명 3) 사무기기의 출현 4) 라디오의 발명 5) 암호 해독 6) 최초의 전자식 컴퓨터 에니악(ENIAC)의 개발 7) 대형 컴퓨터의 제작 8) 네트워크 TV 9) 자동차 공장 10) 정보 네트워크 형성의 10가지 주제가 줄거리로 연결되었습니다. 요컨대 20세기까지 정보통신기술 혁명은 크게는 전기통신 분야와 컴퓨터 기술의 결합으로 상상을 초월하는 고부가가치를 실현하게 된 것입니다.

TV 기술의 발전은 1960년대에 들어 새로운 차원으로 전개됩니다. 그것은 위성 기술과 접목된 결과였지요. 구소련이 세계를 깜짝 놀라게 한 인공위성 스푸트니크(Sputnik)를 발사한 이후, 미국 국립과학아카데미(National Academy of Sciences, NAS) 우주과학위원회 의장이 한 말이 인상적입니다. "2100년의 상황으로 볼 때 1957년은 인류의 진보가 2차원으로부터 3차원적 지리학으로 넘어간 해로 기록될 것이다. 이는 또 인간의 지적 성취, 즉 과학기술이 국가 발전의 정책적 수단으로서 국부(國富)와 군사력을 앞지른 시점이 될 것이다."

이렇듯 하늘 바깥으로 확장된 세계 속에서 인간이 경험하는 지적 충격은 유례없는 것이었습니다. 아서 클라크가 스탠리 큐브릭 감독과 손잡아 만든 영화「2001 : 스페이스 오디세이(2001 : A Space Odyssey)」는 그런 충격의 단면을 강렬하게 부각시킨 문제작이었지요. 필자에게는 그 영화 속에서 우주 쓰레기가 둥둥 떠다니는 가운데 인간도 그 쓰레기의 하나로 그려지는 충격적 장면이 기억에 남아 있습니다. 위성기술은 우주탐사는 물론 1960년대 초부터 기상과 방송통신의 실용적 목적에 이용되기 시작했습니다.

미국 대통령 선거에서 아이젠하워가 승리할 것을 예측한 '유니백'

무엇보다도 컴퓨터의 출현은 '지능'을 가진 기계의 출현이라는 점에서 기술사에서 돌연변이적인 사건이었습니다. 컴퓨터의 개발은 19세기까지는 기계식 계산기의 형태를 유지하면서 탈바꿈하고 있었지요. 그러나 정보기술이 기계식에서 전자식으로 넘어가고, 기계가 정보처리 능력을 갖추게 됨으로써 세상을 바꾸는 가장 강력한 동력으로 등장하게 됩니다. 컴퓨터 전문가 에드워드 프레드킨은 '우주 역사를 통틀어 가장 충격적인 3대 사건은 우주의 탄생, 생명의 탄생, 인공지능의 출현'이라고 규정했습니다. 최초의 전자식 컴퓨터로 개발된 것은 1946년의 '에니악(Electronic Numerical Integrator and Calculator, ENIAC)'이었고, 최초로 상품화된 컴퓨터 제품은 '유니백 I(Universal Automatic Computer I, UNIVAC I)'이었습니다. 이들 거대 규모의 컴퓨터는 제2차 세계대전 중에 개발된 기술적 성과였지요. 유니백 I은 1952년 미국 대통령 선거에서 아이젠하워가 승리할 것을 정확하게 예측함으로써 이름을 날렸습니다.

컴퓨터의 놀라운 변신은 1948년 진공관 시대에서 반도체를 이용한 트랜지스터 시대로 넘어간 일렉트로닉스 혁명과 연결되었습니다. 그리고 1950년대 집적회로 생산의 칩 혁명(Chip Revolution)과 연결되어 초고속의 기술혁신을 거듭했지요. 1960년대 이후 반도체 기술은 지수적 성장(1

년에 2배, 10년에 1,000배)을 거듭하면서, 각종 기기의 소형화, 경량화, 정밀화, 자동화를 가속시켰습니다.

　1982년 IBM이 개인용 컴퓨터를 판매하기 시작했습니다. 이는 컴퓨터가 보통 사람들의 생활에 속속들이 파고들 것임을 예고하는 사건이었지요. 정보 고속도로(information highway)가 깔려서 쌍방향으로 정보를 나르는 등의 이후의 경이로운 발전상에 대해서는 일일이 열거하기가 어렵습니다. 상상을 초월하는 속도와 형태로 전개되는 정보통신기술 환경의 소용돌이 속에서, 사람들의 생각과 행동은 속속 바뀌고 있었지요. 집안일과 교육, 사무관리와 행정, 생산체제와 서비스 부문은 자동화 바람을 타서 버튼 하나로 해결되는 시대가 되었고, 인터넷 없이는 무기력해지는 시대로 들어섰습니다.

한국의 인터넷 속도는 압도적인 '세계 1위'

　정보통신기술 혁명으로 바야흐로 컴퓨터 시스템과 전기통신기술이 손을 잡은 결과, 미처 상상하지 못한 기술적 충격과 사회 변동을 일으키고 있습니다. 최초로 컴퓨터와 통신이 결합한 것은 모뎀의 개발이었고, 모뎀 형태의 컴퓨터 통신망의 한계를 극복한 것이 바로 인터넷입니다. 인터넷의 개발에는 30년도 걸리지 않았으나, 인터넷은 세상에 나타나자마자 돌풍 같은 변화를 일으켰습니다. 1983년에 아르파넷이 인터넷으로 바뀐 이후 눈 깜짝할 사이에 대규모 통신망으로 자리를 굳히며 급속 전파되었지요. 그리하여 1996년 인터넷의 글로벌 통신망을 사용하는 인구는 150여 개국의 1억 명이 되었고, 2000년에는 3억 6,000만 명으로 증가했습니다. 2012년에는 세계 인구 70억 중 32%인 23억 명이 인터넷을 사용하는 것으로 조사되었지요. 앞으로 4년 후인 2017년에는 전 세계

인구의 절반인 36억 명이 인터넷을 사용할 것이라는 예측이 나오고 있습니다.

　인터넷에 접속하는 스마트 기기의 사용자가 늘어남에 따라 2017년에는 스마트폰, 태블릿 PC 등 유무선 네트워크 연결 수가 190억 개 이상으로 늘어날 것으로 예상됩니다. 인터넷 트래픽의 절반은 PC가 아닌 다른 기기에서 발생할 것으로 전망되고 있고요. 특히 스마트폰과 태블릿을 이용한 네트워크 접속률이 급증하여, 1년 사이에 각각 74%, 104% 늘어날 것으로 조사되었습니다. 인터넷이 급속히 퍼져가면서, 개인에서부터 나라 전체까지 온통 그 영향권에 들어 있습니다. 인터넷이 모든 미디어를 통합시켜, 일하는 방식은 물론 사람들의 생각과 행동에까지 영향을 미치고 있기 때문입니다.

　인터넷 인구의 급격한 증가에 못지않게 인터넷 속도의 변화도 경이로운 성장을 거듭하고 있습니다. 2012년 조사 결과에 의하면(아카마이[Akamai]), 2011년 우리나라의 인터넷 속도는 17.5Mb/s로서 독보적인 세계 1위를 차지하고 있습니다. 2위인 일본의 9.1Mb/s와도 매우 큰 격차를 보이고 있지요. 또 다른 기관의 전망에서도 2017년에 우리나라의 인터넷 속도는 세계 평균 초고속 인터넷 속도인 39Mbps보다 3.5배 빠른 94Mbps에 이를 것으로 예측되고 있습니다.

　그러나 다른 한편으로 인터넷이 인간을 덜 생산적이고 덜 유능한 것처럼 느끼게 할 것이라는 우려도 있습니다. 홍수처럼 쏟아지는 방대한 물량의 정보와 지식이 선택의 문제를 낳고, 나아가서 일을 더 늘리고, 갈등을 낳게 할 수도 있습니다. 결국, 정보통신기술의 진보는 새로운 물음을 던지고 있지요. 인간적인 삶의 모습을 어떻게 바꾸고 있는가, 사람들이 모여 사는 사회 속에서 인간관계는 어떤 모습이라야 하는가가 그것입니다. 인간사회가 전자사회로 바뀜에 따라 사람들은 사람과의 접촉보다 컴퓨터로부터 더 큰 영향을 받고 있기 때문입니다. 이처럼 세계에서 가장 빠른 속도의 인터넷을 사용함으로써 우리나라는 세계가 지켜보는 시험대(test bed)가 되고 있습니다. 우리는 과연 그 사회적 충격에 대해서 어떻게 대비하고 있는 것일까요.

인터넷 중독은 '정신질환'인가, 아니면 '미디어 남용'인가

인터넷은 그 마술적 힘으로 네티즌의 정신작용에 상당한 영향을 미치고 있습니다. 일찍이 전문가들은 인터넷의 마력으로 유희성, 익명성, 친밀성, 강박성 등을 꼽았습니다. 인터넷은 마우스 클릭 한 번으로 수많은 사람과 정답게 대화를 나누게 하고, 갖가지 ID(Identification)로 만들어낸 가상인물을 통해 온갖 형태의 대리만족에 빠져들게 합니다. 그 누구의 방해나 간섭도 받지 않으므로 자유롭고, 직접 사람을 마주 대하면서 받게 되는 스트레스도 없어 홀가분합니다. 인터넷의 이런 야릇한 성격 때문에 사람들은 쉽게 인터넷 중독 상태에 빠져든다는 것이지요. 이 때문에 전문가들은 하루 10시간 이상 컴퓨터 앞에 매달려 있는 것은 삼가라고 권하고 있습니다.

1990년대 후반, 컴퓨터 중독이 사람들의 정신과 행동에 묘한 영향을 미칠 수 있다는 염려가 현실로 나타났습니다. 그 당시 미국에서는 인터넷 중독증 치료 센터까지 생겨났습니다. 실제 현실보다 가상현실에 빠져드는 사람이 늘어나면서, 이들 가운데 IAD(Internet Addiction Disorder : 1994년 피츠버그 대학교 심리학과 킴벌리 영 교수가 처음 사용한 용어로 '인터넷 중독장애'라는 의미이다)라는 이전에는 듣도 보도 못한 질환을 앓고 있는 환자가 늘어났던 것입니다.

인터넷 중독장애는 일종의 정신질환이라고 진단됐습니다. 예를 들면 현실 기피증, 환각, 무기력, 만성적 피로, 정신분열 등의 증세가 나타나기 때문입니다. 증세가 심해지면 보통의 가정생활과 사회생활에 적응하지 못하고 겉돌게 된다는 것이지요. 그리되면 사람끼리 직접 대하는 것은 피하게 되고, 컴퓨터 통신으로 만나야 비로소 진짜 사람을 만난 듯 생기 있고 친밀한 대화를 나눌 수 있게 된다는 것입니다.

다른 한편에서는 인터넷에 열중한 사람을 중독증 환자 취급하는 것에 반대하는 의견도 나왔습니다. 그런 이름의 증세가 특별히 따로 있는 게 아니라, 게임 중독증이나 외설물에 빠지는 것처럼 그것도 일종의 미디어 남용이라고 보는 시각이 그것이었습니다. 그러나 이런 반론에도 불구하고 인터넷 사용에서 가장 앞서 나간 미국의 경우, 1990년대 후반 이미 인터넷 사용자 가운데 2-3%가 심각한 중독 증세를 보인다는 통계가 있었습니다. 인터넷 보급에 대해 사회 심리학적인 접근이 함께 이루어져야 한다는 목소리가 나오기 시작했지요.

빌 게이츠 "인터넷은 나쁜 것들을 최고의 속도로 전파하는 매체가 될 수도"

오늘날의 정보통신기술은 인터넷과 정보 고속도로의 혁명이라는 마술에 의해 사람들을 사로잡고 있습니다. 그리하여 인간과 사회의 개념을 근본적으로 바꾸어놓으면서, 전자사회가 일상화되었습니다. 멀티미디어 시대가 창출하는 사회, 문화, 경제적인 영향은 예측을 불허하는 수준입니다. 머지않아 실물 크기의 3차원 홀로그래피(life-size holographic image)가 현실화되고, 컴퓨터가 사람처럼 행동하는 시대가 도래할 것이라는 추측도 단순히 공상과학의 소재만은 아닌 듯합니다.

정보통신기술 혁명이 어떻게 전개될 것인가는 기술뿐만 아니라 사회적 요소가 결정짓게 될 것입니다. 그리고 나라마다 문화적 전통과 사회적 배경에 따라 기술 전파의 양상이 다를 수도 있습니다. 다만 이미 현실화된 디지털 혁명의 소용돌이 속에서 분산화, 분권화, 세계화는 대세가 되었습니다. 그 속에서 새로운 가치관의 사회로 넘어가야 하는데, 옛 것은 무너졌으되 새 것은 아직 자리를 못 잡은 상태입니다. 그 변화의 방향을 본다면, 기존의 물질문명과는 달리, 모든 분야에서 일방성에서 쌍방향성으로, 통제에서 분산으로, 중앙집중식에서 네트워크로 기조가 바뀌고 있습니다. 또한, 감성과 상상력이 주요 덕목으로 자리했습니다.

초고속 기술혁신으로 인한 가치관의 변화는 사람들을 혼란스럽게 합니다. 사람들은 옛 것과 새 것의 가치 사이에서 선택의 기로에 서고 그 때문에 갈등을 겪게 됩니다. 사람들 사이의 소통이 새로운 매체를 통해 놀라운 속도로 빨라지는 가운데 인간 사이의 옛날식 접촉은 점차 해체될 것으로 보입니다. 정보기술의 체화(體化)를 두고 젊은 세대와 기성 세대 사이의 단절과 갈등은 더 깊어질 것입니다.

초고속 기술혁신 속에서 조화를 찾기 위해서는 정보화 사회 내면의 모습에 대해 더 깊은 감지력과 해석력과 통찰력이 필요합니다. 문화 현상의 주체로서, 기술혁신이 인간사회의 삶과 의식에 미치는 긍정적, 부정적 영향을 다각적으로 예측하고 대응하는 일에 보다 관심을 두어야 합니다. 요즈음의 추세로 보면 정보통신기술의 발전이 인간의 가치에 의한 선택을 앞지르기 시작한 것으로 보이기 때문입니다. 기술혁신에 따르는 문화 충격의 현상을 이해하기 위해서는 전통적인 접근 방식으로는 한계가 있습니다. 자본의 지원 아래 기술체계를 장악한 문화 상품의 공급자들이 대중문화의 내용을 일방적으로 결정하고 대중들의 기호를 통제하고 조작하게 된다면, 대중문화는 더 이상 대중들의 삶의 질 향상에 기여할 수 없을 것입니다. 그런 상황이 되면 장기적으로 사회를 병들게 하는 요소가 되고 말 것이기 때문입니다. 문화산업의 주체는 상품 판매를 위해 소모적인 소비 욕구를 부추기게 되고, 한번 시작된 소비는 중독성을 갖게 합니다. 상품 판매로 최대 이윤을 얻고자 하는 자본의 논리는 대중문화의 영역에서도 그대로 적용됩니다. 포르노나 저질 폭력을 소재로 한 영상산업의 번창이 그 대표적 사례입니다. 대중문화의 이런 부정적인 측면은 청소년 문화에서 두드러지게 나타나는 특징을 띠고 있습니다.

날로 심화되는 세대 차이와 그로 인한 갈등은 때로는 다른 종(種)끼리의 만남을 연상시킵니다. 어른의 입장에서 보면 아이들의 생각과 말과 행동이 한심하기 짝이 없지요. 아이들은 아이들대로 어른들이 왜 그러는지 도무지 이해할 수가 없습니다. 이렇듯 세대 간의 문화적 괴리가 깊어짐에 따라 어른은 더 이상 아이의 본보기가 되지 못하고, 가르침을 줄 수도 없는 무기력한 처지에 빠집니다. 그렇다고 아이들을 탓할 수 있을까요? 어른들이 아이들의 위기를 불러온 것은 아닐까요?

우리가 사는 기술사회에서 대중문화는 산업과 연계되어 문화산업을 급성장시켰고, 멀티미디어 시대를 타고 상업주의와 더욱 밀착되어왔습니다. 이미 통제할 수 없는 거대한 물결 속에서 청소년은 시장의 새로운 고객으로 떠올랐고, 그들의 집단적 문화는 고삐가 없이 전파되고 있습니다. 낯설고 어색한 이름의 패션이 하룻밤 사이에 퍼져나가지요. 그리하여 기존의 잣대로는 이런 새로운 문화 속에서 지적이고 미학적이고 도덕적인 가치를 찾아볼 수 없는 혼란에 빠집니다.

정보화의 열기도 마찬가지입니다. 그것은 엄청난 진보의 동력이 될 수도 있으나, 빌 게이츠가 말했던 것처럼 나쁜 것들을 최고의 속도로 전파시키는 매체가 되기도 합니다. 결국, 청소년들이 이러한 최첨단 매체를 통해 무엇을 얻게 되는가가 문제가 되는 것이지요. 이러한 매체를 통해 얻는 것이 전인적 인격과 지적 성장을 위한 자양분이 아니라 퇴폐적 상업문화의 독소라고 한다면, 그 결과는 어떻게 될까요? 청소년들이 선정적이고 속된 것에만 편향된다면, 그보다 더 중요한 가치를 갖는 많은 것을 얻을 수 없을 것입니다.

정보화의 결과가 우리 청소년들에게 나쁜 것 전달의 극대화가 아니라 좋은 것 전달의 극대화가 되어야 한다고 말한다면 너무 구식일까요. 좋은 것과 나쁜 것의 구분 자체가 문제가 있는 것일까요. 필자는 이런 질문을 하면서 스스로 혼란스러워집니다. 그러나 첨단의 매체가 청소년들의 심성을 순화시키고, 지적 호기심을 자극하여 건전하고 창의적인 방향으로 자랄 수 있도록 사회가 관심을 두어야 한다는 생각에는 변함이 없습니다. 이런 믿음에서 기술의 전파와 사회적 수용과정에 대해 새로운 시각에서 과학기술은 물론 인문사회 등의 모든 분야가 어우러져 통합적 접근을 해야 한다고 생각합니다.

오늘날 사회갈등의 대부분은 과학기술과 연관

인터넷의 보급에서 보듯이, 정보통신기술 혁명은 기존의 산업과 사회구조를 속속들이 바꾸면서 멀티미디어 산업을 비롯하여 네트워크 서비스 산업을 급신장시키고 있으며, 전통적 산업의 모습을 바꾸고 있습니다. 또한 산업의 네트워크화로 업종의 경계가 무너져, 가전산업, 컴퓨터산업, 통신산업 등의 구분이 무의미해졌습니다. 또한 기술 복합화로 인해 컴퓨터, 통신 미디어, 가전산업 등에서는 제휴와 합병의 일대 변혁이 진행되고 있습니다.

이런 변화와 함께 새로운 가치관이 출현하고, 그에 따르는 새로운 문명으로의 전환이 실감이 납니다. 20세기의 현대 산업사회를 탄생시킨

본고장은 미국이었습니다. 따라서 미국은 산업기술 문명의 모델 국가였지요. 그 역사에서 특히 1870-1970년 사이의 기간은 '큰 것이 아름답다'는 믿음이 핵심 가치였던 '기술열광의 시대'라고 규정됩니다. 그러나 20세기 초부터 산업의 고도화로 산업기술이 거대화와 복합화를 거듭하면서 이런저런 시행착오와 갈등을 겪게 되고, 그 과정에서 산업사회에 걸맞은 방식으로 사람들의 생각과 행동도 바뀌어갔습니다. 그 결과 기계화되고 체계화된 산업과 사회 구조에 맞게 질서, 체계, 조종, 효율 등의 관념이 최고의 가치와 방법론으로 부상하게 되었습니다.

가장 대표적으로 1907년에 헨리 포드의 자동차회사인 포드 사(社)는 모델 T의 생산에서 컨베이어 벨트 방식을 도입하게 되는데, 이것은 현대식 대량생산의 대명사격인 포드주의(Fordism)의 전파로 이어집니다. 그리고 대량생산 체계의 확산은 대량소비로 연결됩니다. 또한, 모든 업무와 관리에서의 효율성을 최고의 가치로 여기는 테일러주의(Taylorism)도 또 하나의 가치로 자리 잡게 되었습니다. 20세기 초반 대공황 당시 미국은 공장 운영에서 테일러주의와 포드주의를 결합해 제도화하기 시작합니다. 그리고 이 방식은 유럽 등지로 퍼지면서 진가를 유감없이 발휘했습니다. 사람을 기계처럼 취급한다는 근로자들의 반감도 컸으나, 포드주의와 테일러주의는 20세기 산업사회가 탄생시킨 대표적인 이데올로기로 자리를 잡았습니다. 이렇게 사회 전반에 걸쳐 진행된 사회적 엔지니어링의 결과가 바로 현대 산업사회의 출현이었던 것입니다.

그러나 산업사회는 다시 기술혁신의 결과로 '후기산업사회'로 이행하게 됩니다. 그 동력은 정보통신기술이었지요. 새로운 문명 형태로의 전환에 따라 기술혁신의 사회적 충격도 유례없는 수준으로 일어날 것입니다. 오늘날 우리 사회에서 갈등을 낳고 있는 다양한 사회현상들은 과학기술과 직간접으로 얽혀 있습니다. 환경 문제, 에너지 위기, 핵 안보 등은 물론, 최근에는 국내외 특허권 분쟁, 산업 스파이, 컴퓨터 범죄, 환경 사범 등의 쟁점이 빈발하고 있습니다. 그리고 정보통신기술의 보급으로 인한 개인의 프라이버시 침해, 생명공학의 발달에 연관되는 가치 결정과 유전자 조작 등은 새로운 윤리적 이슈를 제기하고 있습니다. 이런 움직임 속에서 인간 소외와 가치관의 혼돈이 가중되고, 사회적 여론이 다양화되면서 합의점을 찾는 일은 갈수록 어려워지고 있습니다.

지금까지의 내용에서 드러나듯이, 과학기술의 사회적 책임은 실로 막중합니다. 따라서 극도의 전문화, 세분화, 고도화로 인해 대중과 유리되고 좁아진 과학기술계의 시각을 융합적 사고로 넓혀야 할 필요성이 커지고 있습니다. 동시에 과학기술에 대한 일반 대중의 이해를 넓혀 오해와 편견을 최소화하는 노력도 갈수록 중요해지고 있습니다. 마치 연주에서 작곡자와 연주자, 그리고 청중의 역할이 모두 중요하듯, 과학기술 사회를 사는 모든 주체의 역할이 중요하기 때문입니다. 과학기술의 발전에 따르는 밝고 어두운 모습을 바로 보고, 올바른 인식을 갖는 일은 과학기술 발전에 의한 국가와 사회 발전의 기본 토양이 될 것이기 때문입니다.

그런 맥락에서 몇 가지 근본적인 물음에 대한 답을 찾아야 한다고 봅니다. '기술적, 물질적 진보는 그 자체가 목표인가, 더 높은 목표를 향한 수단인가? 기술 진보는 인간의 의식과 행동과 삶을 바람직한 방향으로 이끌고 있는가, 오히려 훼손시키고 있는가? 기술은 인간의 선택에 따라 사용할 수 있는 도구인가, 인간의 조종을 벗어나버린 상위적 체계인가?' 이들 물음은 21세기 정보통신기술 시대에서 앞으로 더욱 절실하게 대두될 질문이라고 생각됩니다. 그리고 세부 주제로서 이 책에서는 인터넷이 인간과 사회 그리고 특히 청소년에게 미치는 영향에 대한 사회적 담론을 펼치고 해법을 모색하고자 하는 것입니다.

'청소년 인터넷 건전문화 정착을
위한 국제 포럼' 개최 후기

모친상 며칠 후 한국으로 날아온 그리피스, "누군가에게 도움이 될 수 있어 다행"

최경희
한국여성과학기술단체총연합회 사무총장

2013년 한국 사회의 표제어는 창조경제, 국민행복이 주류를 이루고 있고, 모든 사회적 쟁점이 이 기치 아래 논의되고 있습니다. 정부조직 개편에서 방송통신위원회의 정보통신기술(Information and Communication Technology, ICT) 부문을 과학기술 부처와 통합해 미래창조과학부 라는 거대부처를 출범시키며, 창조경제의 기틀을 마련하고자 하는 새로운 방향도 앞으로 성과가 어떻게 나타날지 사람들의 관심의 대상이 되고 있습니다.

이러한 발전과 산업 논리의 흐름에서, 모바일과 PC로 거의 하루의 전부를 온라인에서 보내고 있는 많은 사람들의 일상생활에서 인터넷 과다 사용의 부작용은 이미 심각한 사회현상으로 떠오르고 있습니다. 막대한 양의 콘텐츠를 초고속으로 나르고 있는 플랫폼으로서의 촘촘한 통신망을 구성한 과학기술과 산업을 논하면서도 그동안 그 플랫폼 안에 담겨진 콘텐츠가 만들어낼 문화적, 사회적 파장에 대해서는 큰 관심을 가졌던 것 같지 않습니다.

우리나라의 정보통신기술이 세계 최고 수준이라는 것은 누구나 체감하는 사실입니다. 실제로 우리 땅을 잠깐 벗어나게 되면 우리의 초고속 인터넷 속도를 절감하며, 다른 나라의 답답한 통신환경에 조급함을 느끼게 되지요. 그러나 인터넷은 높은 이용률과 사용 계층의 광범위함 때문에 그 부작용도 큽니다. 특히 인터넷 게임 중독은 대상 연령이 점차 어려지고, 청소년 폭력과 범죄의 직간접적 원인이 되고 있는 것으로 나타나고 있어 정책적으로도 더 이상 방치할 수 없는 상황입니다. 이 때문에 미래에 국가 발전을 견인할 청소년의 인터넷 중독 예방과 치료에 대한 정책은 날로 그 중요성이 커지고 있습니다.

여기서는 이 책의 출발점이 되는 여성과총의 2012년 '청소년 인터넷 건전문화 정착을 위한 국제 포럼'에 대해 간략히 설명하고자 합니다. 우선 사업 추진을 위해 여성과총의 '과학과사회위원회', '유스프로그램위원회', '디지털미디어위원회'를 중심으로 포럼 사업 추진 TF(Task Force)가 운영되었습니다. 2012년 4월의 1차 회의부터 다섯 차례의 준비회의를 거쳤습니다. 유난히 더웠던 작년 초여름, 포럼에 초청할 세계적 석학을 찾는 일부터 시작된 이 프로젝트의 추진과정은 관련단체와 기관의 무관심으로 인해 '어려운 싸움'이라는 느낌을 지울 수 없었습니다. 교육열은 세계 최고를 자랑하면서 청소년에 대한 공적(公的) 책임에 대한 우리 사회와 관련기관의 관심도는 겉돌고 있음을 알 수 있었습니다.

조선일보의 후원은 여성과총의 김명자 회장이 방상훈 사장을 만나 쉽게 타결되었습니다. 무더위와 무관심과 씨름하며 프로그램이 어느 정도 짜임새를 갖춘 후, 6월 초 영국의 중독심리학자이자 노팅엄 트렌트 대학교 심리학과(도박학) 교수인 마크 그리피스에게 공식 연사 초청장을 보냈습니다. 350편 이상의 논문, 3권의 저서와 70여 권의 공저서, 1,000개 이상의 칼럼 기사와 2,000번 이상의 TV, 라디오 출연 경력이 있는 그는 세계 방방곡곡을 돌며 엄청난 일정을 소화하고 있었습니다. 그리피스 교수가 한국에 올 수 있을지 여부는 불투명했지만, 의외로 그의 답변은 명쾌한 "Yes!"였습니다. 그리하여 그는 한국을 처음으로 방문하게 되었습니다.

기조 연사를 확정한 후, 숱한 실무회의를 거쳤습니다. 정계, 과학기술계, 인문사회계의 석학과 교육계 인사들이 참석하여 다양한 시각이 반영되는 프로그램이 짜여졌고, 전문가 국제 포럼, 청소년 포럼, 학부모 워크숍의 세 개의 세션이 구체적인 모습을 갖추었습니다. 이 과정에서 포럼 사업 추진 TF의 서정숙 위원장(영남대학교 식품영양학과 교수)과 오경자 위원(연세대학교 심리학과 교수), 박화진 위원(숙명여자대학교 멀티미디어과학과 교수), 김혜영 위원(홍익대학교 게임소프트웨어전공 교수) 등이 주축이 되어 사업 계획에 대한 의견을 자문했고, 포럼 연사 구성과 섭외까지 행사 진행에 크게 기여했습니다.

'청소년 인터넷 건전문화 정착을 위한 국제 포럼'은 2012년 9월 24일 역삼동 한국과학기술회관에서 개최되었습니다. 여성과총과 여성가족부가 공동주최하고 조선일보, 한국청소년활동진흥원, 한국교원단체총연합회가 후원기관으로 참여했습니다. 그러나 명목상의 참여와 실질적 참여 사이에는 격차가 있다는 사실도 확인할 수 있었습니다. 세 개의 포럼을 통해, 청소년의 인터넷 중독 원인과 해결 방법 도출을 비롯하여 건전한 인터넷 문화 정착을 위한 의학계, 교육계, 심리학계, 언론계, 정계의 인사들과 정책결정자가 모여 의견을 개진하는 장이 열리게 되었습니다.

전문가 국제 포럼은 해외 전문가를 초청하여 국내 과학기술-인문사회 전문가와 함께 인터넷 중독에 대해 과학적, 문화적으로 검토하고, 현황을 파악하고, 해결 방안을 제시하기 위한 것이었습니다. 전문가 포럼은 '청소년기의 인터넷 중독 : 도전, 예방 그리고 개입(Internet addiction in adolescents: Challenges, prevention and intervention)'이라는 제목으로 진행된 그리피스 교수의 주제강연이 하이라이트였습니다. 그리피스 교수는 청소년 인터넷 중독에 대한 인문사회적 접근 방법을 제안했으며, 강연 후에는 국내 전문가들과의 질의응답 시간을 가졌습니다.

그리피스 교수는 처음 만난 인천공항에서부터 자신의 이야기를 바탕으로 중독에 대해 쉽게 설명해주었습니다. 한국에 오기 며칠 전 어머니의 장례식을 치렀다는 그에게 그럼에도 약속대로 한국에 와줘서 고맙다는 말로 인사를 했습니다. 그는 오히려 "슬픈 감정에 중독되면 우울증에 걸린다"며, 자신이 "누군가에게 작은 도움이 될 수 있어 되레 웃을 수 있다"고 따뜻하게 답했습니다. "당신은 일중독자임에 틀림없다"고 말했더니, 그는 "그럴지도 모른다"며 중독에 대한 이야기를 자연스럽게 이어갔습니다.

그리피스 교수는 강연에서도 인터넷 중독이 문화적으로도 차이를 보인다고 설명하고 중독에 대한 정의와 함께 중독 예방법을 강조했습니다. 그리피스 교수는 휴대폰과 태블릿 PC를 잠시도 손에서 놓지 않는 저를 흥미롭게 관찰하며, 조선일보와의 인터뷰 중에도 한국인의 인터넷 중독 증세를 언급했습니다. 조금 더 쉽고 빠르게 인터넷에 접근할 수 있는 한국의 통신환경과 다양한 콘텐츠를 전 국민이 하나의 거대한 트렌드로 받아들이고 있는 한국의 문화적 특성을 그는 태블릿 PC에 가득한 앱과 그 앱을 통해 대부분의 업무를 처리하는 저의 행동 패턴을 통해 보고 있었습니다. 영국에서 몇 해의 시간을 보내는 동안 저도 한국과 영국의 인터넷 생활 패턴의 차이점을 지하철 안의 풍경에서부터 발견할 수 있었습니다. 단적으로 승객의 대부분이 휴대폰을 들여다보고 있는 한국과 달리, 영국의 지상철(기차)과 버스(런던의 지하철에는 휴대폰 통신이 전혀 지원되지 않는다)에서는 책을 보는 승객이 더 많기 때문입니다.

국내 전문가 포럼에서는 인터넷 중독 문제의 원인에 대한 과학적 분석을 통해 해결 방안을 모색했습니다. 가톨릭대학교 의과대학 정신과학 교실 김대진 교수가 '인터넷 중독의 생물학적 이해(Biological understanding of internet addiction)'에 대한 주제발표를 한 후, 국내 전문가들이 지정토론과 종합토론을 했습니다. 참석한 전문가들은 중독재활복지학, 심리학, 신문방송학부, 중학교사 등으로 다양했습니다. 토론 과정은 청소년 활동가들과 함께 청소년과 전문가 사이의 인식 차이를 분석하고, 정책 추진의 장애 요인, 개선 방안 등에 대하여 소통하고 상호 이해하는 공론화의 장이 되었습니다.

청소년을 대상으로 한 '청소년 포럼'은 게임과 인터넷 과몰입에 대한 청소년 자신의 인식과 자율적인 예방 활동에 대한 의견을 듣고자 기획된 것이었습니다. 즉 정책 수요자의 목소리를 들어 앞으로의 정책 개선 방안을 찾고, 현장의 실태를 파악하려는 것이었습니다. 청소년 포럼 참가자는 준비단계에서 게임과 인터넷 과몰입에 대해 어떻게 생각하는지를 에세이 형태로 제출했고, 그 중에서 심사를 거쳐 8명의 청소년 패널을 선정했습니다. 토론에 참가한 청소년들은 게임과 인터넷 과몰입을 예방하기 위한 기존의 정책 방안이 실제 현장에서 효과가 있는지에 대해 보다 적극적으로 분석평가하고, 인터넷 건전문화 정착을 위한 자신들의 의견을 펼쳤습니다.

청소년 인터넷 중독 문제 해결에 대한 학부모의 걱정과 관심을 반영하기 위해 '학부모 교육 워크숍'을 실시했습니다. 참가자를 모집하는 과정에서 참으로 절실하고도 절박하게 도움을 청하는 학부모들을 만날 수 있었습니다. 인터넷으로 참가 신청을 받던 중 자녀의 인터넷 게임 중독으로 집 안의 컴퓨터와 휴대폰을 모두 없앴다며 유선전화로 참가 신청을 한 학부모도 있었습니다. 학부모 교육 워크숍에 게임 중독에 빠진 아이와 함께 참석해도 되냐고 묻던 학부모도 있었습니다. 포럼을 추진하며, 인터넷 중독을 예방하고 치료하자는 목적의 포럼을 인터넷을 통해 홍보하고 인터넷을 통해 참가 신청을 받을 수밖에 없었던 아이러니한 상황 속에서 홍보 채널에 대한 고민도 생겼습니다. 감사하게도 후원사인 조선일보의 이준 기획실장과 윤영신 사회정책부장의 적극적인 협조 덕분에 행사 전 두 번의 사고(社告)와 김연주 기자의 그리피스 교수 인터뷰 기사가 조선일보 지면을 통해 나갈 수 있었습니다.

학부모 워크숍의 목적은 청소년 상담 전문가의 강연을 통해 바람직한 인터넷 교육에 대한 정보를 제공하자는 것이었습니다. 그리고 청소년 인터넷 사용 실태, 게임과 인터넷 과몰입이 청소년에게 미치는 영향, 예방 교육의 필요성, 학부모의 대처 능력 향상을 위한 콘텐츠 등을 소개하는 목적도 컸습니다. 학부모 교육 워크숍을 통해 형성된 학부모 네트워크를 활용하여 자녀의 인터넷과 게임 교육에 대한 경험을 공유할 수 있는 장을 제공하고, 이러한 정보 교류로 청소년 인터넷 사용에 대해 강압적으로 막는 것이 아니라 건전한 이용 쪽으로 유도할 수 있는 방안을 제공했다는 평가를 받은 것이 고마운 일이었습니다.

그리하여 2012년 여성과총 주최의 '청소년 인터넷 건전문화 정착을 위한 국제 포럼'은 청소년 인터넷 중독 등의 사회병리 현상을 예방하고 치유하는 데 있어 그 주체인 청소년, 학부모, 교사, 그리고 국내외 과학기술-인문사회 전문가들이 모여 문제 해결을 위한 융합적 논의의 한 마당을 펼치고, 정책적 개선 방안을 도출하는 장을 열었다는 데 큰 의의가 있었습니다.

그러나 가장 아쉬웠던 점은 정부 부처 간 협력이 학계의 융합 성과만큼 원활히 이뤄지지 않았다는 것입니다. 또한 시도 교육청 일부 관계자들의 무관심으로 정작 도움이 필요한 중고등학생의 참여를 독려하기에 어려움도 있었습니다. 어쨌거나 우리나라의 거버넌스(governance) 체제 구현은 아직 갈 길이 멀어 보입니다.

앞으로 인터넷 중독 문제를 적극적으로 해결하기 위해서는 과학기술계와 인문사회계의 융합만큼이나 관련 부처와 학교의 관심과 협력이 필수적입니다. 인터넷 중독 자체를 방지하는 것 이상으로 중독의 원인에 대한 분석을 통한 사례별 해결에 초점을 두어야 한다는 것도 이번 포럼을 통해 얻은 교훈입니다. 지난 해 포럼과 이 책의 출판이 현재까지는 미미한 수준이었던 인터넷 중독에 대한 이해와 예방 관련 학술활동을 자극하고, 사회적 관심과 논의를 활성화하는 계기가 되기를 기대합니다.

부록 1

인터넷 및 스마트폰 중독 진단 척도

우리 아이가 인터넷이나 스마트폰에 중독되었는지 진단해보는 방법은 간단하다.

한국정보화진흥원 인터넷중독대응센터 홈페이지(www.iapc.or.kr)에 가서 온라인으로 검사하거나 진단지를 다운로드받아 청소년 본인이나 부모님, 선생님 등 관찰자가 체크해보면 된다.

유아동, 청소년, 성인 등 연령에 따라 인터넷 중독 진단 척도가 조금씩 달라진다. K척도는 '한국형 인터넷 중독 척도'로 2011년에 완성되었다. 스마트폰 중독 척도를 나타내는 S척도 2011년에 개발되었다. 다음 검사지로 우리 아이의 상태를 제대로 점검해보자.

유아동 인터넷 중독 관찰자 척도

- 대상자 : 연령 ....세   성별 (남, 여)   성명 ....
- 관찰자 : 대상자와의 관계 ....   연령 ....세   성명 ....

번호	항 목	전혀 그렇지 않다	그렇지 않다	그렇다	매우 그렇다
1	식사나 휴식 없이 화장실도 가지 않고 인터넷을 한다.				
2	인터넷을 하다가 그만두면 또 하고 싶어서 조를 때가 많다.				
3	인터넷을 못 하게 되면 초조하고 안절부절못해 한다.				
4	인터넷을 하고 있을 때만, 흥미진진해 보이고 생생해 보인다.				
5	인터넷을 안 할 때, 다른 것에 집중하지 못하고, 불안해 보인다.				
6	다른 할 일이 있을 때도 인터넷을 사용한다.				
7	인터넷을 못 하게 되면 지루하고 재미없어 한다.				
8	인터넷을 하는 시간이 하루 중 가장 편안해 보인다.				
9	과다한 인터넷 사용으로 인해 공부에 집중하지 못하고 산만함을 보인다.				
10	게임에서 빨간 피가 튀는 장면을 볼 때에 무덤덤하게 반응한다.				
11	인터넷 사용으로 인해 불규칙한 생활을 하는 것 같다.				
12	정해진 사용을 하겠다고 약속하지만 대부분은 약속을 지키지 않는다.				
13	인터넷을 오래 하느라 아이 체중이 변화한 것 같다.				
14	인터넷을 하지 못하게 하면 화를 내거나 짜증을 부린다.				
15	정해진 사용시간을 잘 지킨다.				

한국정보화진흥원 인터넷중독대응센터(iapc.or.kr) 상담대표전화 1599-0075

유아동 인터넷 중독 관찰자 척도

채점 방법	[1단계] 문항별	전혀 그렇지 않다 : 1점, 그렇지 않다 : 2점, 그렇다 : 3점, 매우 그렇다 : 4점 * 단, 문항 15번은 다음과 같이 역채점 실시 (전혀 그렇지 않다 : 4점, 그렇지 않다 : 3점, 그렇다 : 2점, 매우 그렇다 : 1점)
	[2단계] 총점 및 요인별	총점 ▶ ① 1-15번 합계 요인별 ▶ ② 1요인(1, 6, 9, 11, 13번) 합계 ③ 3요인(5, 7, 3, 14번) 합계 ④ 4요인(10, 12, 15, 2번) 합계

고위험 사용자군	유아동	총점 ▶ ① 44점 이상 요인별 ▶ ② 1요인 14점 이상 ③ 3요인 12점 이상 ④ 4요인 14점 이상
	판정 : ①에 해당하거나, ②-④ 모두 해당되는 경우	
	인터넷 사용으로 인하여 일상생활에서 심각한 장애를 보이면서 내성 및 금단현상이 나타난다. 대인관계는 사이버 공간에서 대부분 이루어지며, 오프라인에서 만남보다는 온라인에서 만남을 더 편하게 여긴다. 대개 자신이 인터넷 중독이라고 느끼며, 학업이나 집중활동에 곤란을 겪는다. 또한 심리적으로 불안정감 및 우울한 기분을 느끼는 경우가 흔하며, 성격적으로 충동성, 공격성도 높은 편이다. 현실세계에서 대인관계에 문제를 겪거나, 외로움을 느끼는 경우도 많다. ▷ 인터넷 중독 성향이 매우 높으므로 관련 기관의 전문적인 지원과 도움이 요청된다.	

잠재적 위험 사용자군	유아동	총점 ▶ ① 40점 이상-43점 이하 요인별 ▶ ② 1요인 13점 이상 ③ 3요인 11점 이상 ④ 4요인 13점 이상
	판정 : ①-④ 중 한 가지라도 해당되는 경우	
	고위험 사용자에 비해 보다 경미한 수준이지만, 일상생활에서 장애를 보이며, 인터넷 사용시간이 늘어나고 집착을 하게 된다. 학업에 어려움이 나타날 수 있으며, 심리적 불안정감을 보이지만 절반 정도의 학생은 자신이 아무 문제가 없다고 느낀다. 대체로 계획적이지 못하고 자기조절에 어려움을 보이며, 자신감도 낮은 경향이 있다. ▷ 인터넷 과다 사용의 위험을 깨닫고 스스로 조절하고 계획적으로 사용하도록 노력하며, 이를 위한 보호자의 지원이 요구된다. 인터넷 중독에 대한 주의가 요망되며, 학교 및 유치원 등 관련 기관에서 제공하는 건전한 인터넷 활용 지침을 따른다.	

일반 사용자군	유아동	총점 ▶ ① 39점 이하 요인별 ▶ ② 1요인 12점 이하 ③ 3요인 10점 이하 ④ 4요인 12점 이하
	판정 : ①-④ 모두 해당되는 경우	
	대부분 인터넷 중독 문제가 없다고 느낀다. 심리적 정서 문제나 성격적 특성에서도 특이한 문제를 보이지 않으며, 자기행동을 잘 관리한다고 생각한다. 주변 사람들과의 대인관계에서도 충분한 지원을 얻을 수 있다고 느끼며, 심각한 외로움이나 곤란함을 느끼지 않는다. ▷ 인터넷을 건전하게 활용하기 위한 보호자의 지속적인 점검이 요구된다.	

한국정보화진흥원 인터넷중독대응센터(iapc.or.kr) 상담대표전화 1599-0075

K-척도

청소년 인터넷 중독 자가진단 척도

........년 .....월 .....일   ....학교 ......학년 성별(남, 여)   성명 ....

번호	항 목	전혀 그렇지 않다	그렇지 않다	그렇다	매우 그렇다
1	인터넷 사용으로 건강이 이전보다 나빠진 것 같다.				
2	오프라인에서보다 온라인에서 나를 인정해주는 사람이 더 많다.				
3	인터넷을 하지 못하면 생활이 지루하고 재미가 없다.				
4	인터넷을 하다가 그만두면 또 하고 싶다.				
5	인터넷을 너무 사용해서 머리가 아프다.				
6	실제에서보다 인터넷에서 만난 사람들을 더 잘 이해하게 된다.				
7	인터넷을 하지 못하면 안절부절못하고 초조해진다.				
8	인터넷 사용시간을 줄이려고 해보았지만 실패한다.				
9	인터넷을 하다가 계획한 일들을 제대로 못한 적이 있다.				
10	인터넷을 하지 못해도 불안하지 않다.				
11	인터넷 사용을 줄여야 한다는 생각이 끊임없이 들곤 한다.				
12	인터넷 사용시간을 속이려고 한 적이 있다.				
13	인터넷을 하고 있지 않을 때는 인터넷이 생각나지 않는다.				
14	주위 사람들이 내가 인터넷을 너무 많이 한다고 지적한다.				
15	인터넷 때문에 돈을 더 많이 쓰게 된다.				

한국정보화진흥원 인터넷중독대응센터(iapc.or.kr) 상담대표전화 1599-0075

K-척도

청소년 인터넷 중독 자가진단 척도

채점 방법	[1단계] 문항별	전혀 그렇지 않다 : 1점, 그렇지 않다 : 2점, 그렇다 : 3점, 매우 그렇다 : 4점 * 단, 문항 10번, 13번은 다음과 같이 역채점 실시 (전혀 그렇지 않다 : 4점, 그렇지 않다 : 3점, 그렇다 : 2점, 매우 그렇다 : 1점)		
	[2단계] 총점 및 요인별	총점 ▶ ① 1~15번 합계 요인별 ▶ ② 1요인(1, 5, 9, 12, 15번) 합계 ③ 3요인(3, 7, 10, 13번) 합계 ④ 4요인(4, 8, 11, 14번) 합계		
고위험 사용자군	중고교생	총점 ▶ ① 44점 이상 요인별 ▶ ② 1요인 15점 이상 ③ 3요인 13점 이상 ④ 4요인 14점 이상		
	초등학생	총점 ▶ ① 42점 이상 요인별 ▶ ② 1요인 14점 이상 ③ 3요인 13점 이상 ④ 4요인 13점 이상		
	판정 : ①에 해당하거나, ②-④ 모두 해당되는 경우			
	인터넷 사용으로 인하여 일상생활에서 심각한 장애를 보이면서 내성 및 금단현상이 나타난다. 대인관계는 사이버 공간에서 대부분 이루어지며, 오프라인에서 만남보다는 온라인에서 만남을 더 편하게 여긴다. 인터넷 접속시간은 중고생의 경우 1일 약 4시간 이상, 초등생 약 3시간 이상이며, 중고생은 수면시간도 5시간 내외로 줄어든다. 대개 자신이 인터넷 중독이라고 느끼며, 학업에 곤란을 겪는다. 또한 심리적으로 불안정감 및 우울한 기분을 느끼는 경우가 흔하며, 성격적으로 충동성, 공격성도 높은 편이다. 현실세계에서 대인관계에 문제를 겪거나, 외로움을 느끼는 경우도 많다. ▷ 인터넷 중독 성향이 매우 높으므로 관련 기관의 전문적인 지원과 도움이 요청된다.			
잠재적 위험 사용자군	중고교생	총점 ▶ ① 41점 이상-43점 이하 요인별 ▶ ② 1요인 14점 이상 ③ 3요인 12점 이상 ④ 4요인 12점 이상		
	초등학생	총점 ▶ ① 39점 이상-41점 이하 요인별 ▶ ② 1요인 13점 이상 ③ 3요인 12점 이상 ④ 4요인 12점 이상		
	판정 : ①-④ 중 한 가지라도 해당되는 경우			
	고위험 사용자에 비해 보다 경미한 수준이지만, 일상생활에서 장애를 보이며, 인터넷 사용시간이 늘어나고 집착을 하게 된다. 학업에 어려움이 나타날 수 있으며, 심리적 불안정감을 보이지만 절반 정도의 학생은 자신이 아무 문제가 없다고 느낀다. 대체로 중고생은 1일 약 3시간 정도, 초등생은 2시간 정도의 접속시간을 보이며, 다분히 계획적이지 못하고 자기조절에 어려움을 보이며, 자신감도 낮은 경향이 있다. ▷ 인터넷 과다 사용의 위험을 깨닫고 스스로 조절하고 계획적으로 사용하도록 노력한다. 인터넷 중독에 대한 주의가 요망되며, 학교 및 관련 기관에서 제공하는 건전한 인터넷 활용 지침을 따른다.			
일반 사용자군	중고교생	총점 ▶ ① 40점 이하 요인별 ▶ ② 1요인 13점 이하 ③ 3요인 11점 이하 ④ 4요인 11점 이하		
	초등학생	총점 ▶ ① 38점 이하 요인별 ▶ ② 1요인 12점 이하 ③ 3요인 11점 이하 ④ 4요인 11점 이하		
	판정 : ①-④ 모두 해당되는 경우			
	중고생의 경우 1일 약 2시간, 초등생 약 1시간 정도의 접속시간을 보이며, 대부분 인터넷 중독 문제가 없다고 느낀다. 심리적 정서 문제나 성격적 특성에서도 특이한 문제를 보이지 않으며, 자기행동을 잘 관리한다고 생각한다. 주변 사람들과의 대인관계에서도 충분한 지원을 얻을 수 있다고 느끼며, 심각한 외로움이나 곤란함을 느끼지 않는다. ▷ 인터넷의 건전한 활용에 대하여 자기 점검을 지속적으로 수행한다.			

한국정보화진흥원 인터넷중독대응센터(iapc.or.kr) 상담대표전화 1599-0075

청소년 인터넷 중독 관찰자 척도

- 대상자 : 연령 ....세   성별 (남, 여)   성명 ....
- 관찰자 : 대상자와의 관계 ....   연령 ....세   성명 ....

번호	항 목	전혀 그렇지 않다	그렇지 않다	그렇다	매우 그렇다
1	인터넷 문제로 가족들과 자주 싸운다.				
2	평소와는 달리 인터넷을 할 때만, 할 말을 다 하고 자신감이 있어 보인다.				
3	인터넷에 빠진 이후로, 폭력(언어적, 신체적)적으로 변했다.				
4	하루에 4시간 이상 움직이지 않고 한 곳에서 인터넷을 한다.				
5	식사나 휴식 없이 화장실도 가지 않고 인터넷을 한다.				
6	인터넷 사용으로 인해 주변 사람들의 시선이나 반응에 무관심하다.				
7	인터넷 하는데 건드리면 화내거나 짜증을 낸다.				
8	하루 이상을 밤을 새우면서 인터넷을 한다.				
9	인터넷 사용으로 학교 성적이 떨어졌다				
10	인터넷 하는데 건드려도 화내거나 짜증내지 않는다.				
11	밤새워서 인터넷을 하지는 않는다.				
12	인터넷 사용 때문에 피곤해서 수업시간에 잔다. (혹은 잔다고 한다.)				
13	인터넷을 안 할 때, 다른 것에 집중하지 못하고, 불안해 보인다.				
14	점점 더 많은 시간 동안 인터넷을 사용한다.				
15	인터넷 사용으로 인해 약속을 지키지 않고 거짓말을 자주 한다.				

한국정보화진흥원 인터넷중독대응센터(iapc.or.kr) 상담대표전화 1599-0075

청소년 인터넷 중독 관찰자 척도

채점 방법	[1단계] 문항별	전혀 그렇지 않다 : 1점, 그렇지 않다 : 2점, 그렇다 : 3점, 매우 그렇다 : 4점 * 단, 문항 10번, 11번은 다음과 같이 역채점 실시 (전혀 그렇지 않다 : 4점, 그렇지 않다 : 3점, 그렇다 : 2점, 매우 그렇다 : 1점)
	[2단계] 총점 및 요인별	총점 ▶ ① 1-15번 합계 요인별 ▶ ② 1요인(1, 5, 9, 12, 15번) 합계 ③ 3요인(3, 7, 10, 13번) 합계 ④ 4요인(4, 8, 11, 14번) 합계

고위험 사용자군	중고교생	총점 ▶ ① 35점 이상 요인별 ▶ ② 1요인 14점 이상 ③ 3요인 12점 이상 ④ 4요인 11점 이상
	초등학생	총점 ▶ ① 30점 이상 요인별 ▶ ② 1요인 14점 이상 ③ 3요인 12점 이상 ④ 4요인 11점 이상
	판정 : ①에 해당하거나, ②-④ 모두 해당되는 경우	
	인터넷 사용으로 인하여 일상생활에서 심각한 장애를 보이면서 내성 및 금단현상이 나타난다. 대인관계는 사이버 공간에서 대부분 이루어지며, 오프라인에서 만남보다는 온라인에서 만남을 더 편하게 여긴다. 인터넷 접속시간은 중고생의 경우 1일 약 4시간 이상, 초등생 약 3시간 이상이며, 중고생은 수면시간도 5시간 내외로 줄어든다. 대개 자신이 인터넷 중독이라고 느끼며, 학업에 곤란을 겪는다. 또한 심리적으로 불안정감 및 우울한 기분을 느끼는 경우가 흔하며, 성격적으로 충동성, 공격성도 높은 편이다. 현실세계에서 대인관계에 문제를 겪거나, 외로움을 느끼는 경우도 많다. ▷ 인터넷 중독 성향이 매우 높으므로 관련 기관의 전문적인 지원과 도움이 요청된다.	

잠재적 위험 사용자군	중고교생	총점 ▶ ① 32점 이상-34점 이하 요인별 ▶ ② 1요인 13점 이상 ③ 3요인 11점 이상 ④ 4요인 10점 이상
	초등학생	총점 ▶ ① 28점 이상-29점 이하 요인별 ▶ ② 1요인 13점 이상 ③ 3요인 11점 이상 ④ 4요인 10점 이상
	판정 : ①-④ 중 한 가지라도 해당되는 경우	
	고위험 사용자에 비해 보다 경미한 수준이지만, 일상생활에서 장애를 보이며, 인터넷 사용시간이 늘어나고 집착을 하게 된다. 학업에 어려움이 나타날 수 있으며, 심리적 불안정감을 보이지만 절반 정도의 학생은 자신이 아무 문제가 없다고 느낀다. 대체로 중고생은 1일 약 3시간 정도, 초등생은 2시간 정도의 접속시간을 보이며, 다분히 계획적이지 못하고 자기조절에 어려움을 보이며, 자신감도 낮은 경향이 있다. ▷ 인터넷 과다 사용의 위험을 깨닫고 스스로 조절하고 계획적으로 사용하도록 노력한다. 인터넷 중독에 대한 주의가 요망되며, 학교 및 관련 기관에서 제공하는 건전한 인터넷 활용 지침을 따른다.	

일반 사용자군	중고교생	총점 ▶ ① 31점 이하 요인별 ▶ ② 1요인 12점 이하 ③ 3요인 10점 이하 ④ 4요인 9점 이하
	초등학생	총점 ▶ ① 27점 이하 요인별 ▶ ② 1요인 12점 이하 ③ 3요인 10점 이하 ④ 4요인 9점 이하
	판정 : ①-④ 모두 해당되는 경우	
	중고생의 경우 1일 약 2시간, 초등생 약 1시간 정도의 접속시간을 보이며, 대부분 인터넷 중독 문제가 없다고 느낀다. 심리적 정서 문제나 성격적 특성에서도 특이한 문제를 보이지 않으며, 자기행동을 잘 관리한다고 생각한다. 주변 사람들과의 대인관계에서도 충분한 지원을 얻을 수 있다고 느끼며, 심각한 외로움이나 곤란함을 느끼지 않는다. ▷ 인터넷의 건전한 활용에 대하여 자기 점검을 지속적으로 수행한다.	

한국정보화진흥원 인터넷중독대응센터(iapc.or.kr)   상담대표전화 1599-0075

K-척도

성인 인터넷 중독 자가진단 척도

........년 .....월 .....일   연령 ....세   성별 (남, 여)   성명 ....

번호	항 목	전혀 그렇지 않다	그렇지 않다	그렇다	매우 그렇다
1	인터넷 사용으로 인해 학교 성적(업무 실적)이 떨어졌다.				
2	인터넷을 하는 동안 더욱 자신감이 생긴다.				
3	인터넷을 하지 못하면 무슨 일이 있어났는지 궁금해서 다른 일을 할 수가 없다.				
4	"그만 해야지" 하면서도 번번이 인터넷을 계속하게 된다.				
5	인터넷 사용 때문에 피곤해서 수업(업무)시간에 잔다.				
6	인터넷을 하다가 계획한 일을 제대로 못한 적이 있다.				
7	인터넷을 하면 기분이 좋아지고 쉽게 흥분한다.				
8	인터넷을 할 때 마음대로 되지 않으면 짜증이 난다.				
9	인터넷 사용시간을 스스로 조절할 수 있다.				
10	피곤할 만큼 인터넷을 하지 않는다.				
11	인터넷을 하지 못하면 안절부절못하고 초조해진다.				
12	일단 인터넷을 시작하면 처음에 마음먹었던 것보다 오랜 시간 인터넷을 하게 된다.				
13	인터넷을 하더라도 계획한 일들을 제대로 한다.				
14	인터넷을 하지 못해도 불안하지 않다.				
15	인터넷 사용을 줄여야 한다는 생각을 끊임없이 한다.				

한국정보화진흥원 인터넷중독대응센터(iapc.or.kr) 상담대표전화 1599-0075

성인 인터넷 중독 자가진단 척도

채점 방법	[1단계] 문항별	전혀 그렇지 않다 : 1점, 그렇지 않다 : 2점, 그렇다 : 3점, 매우 그렇다 : 4점 * 단, 문항 9번, 13번, 14번은 다음과 같이 역채점 실시 (전혀 그렇지 않다 : 4점, 그렇지 않다 : 3점, 그렇다 : 2점, 매우 그렇다 : 1점)
	[2단계] 총점 및 요인별	총점 ▶ ① 1-15번 합계 요인별 ▶ ② 1요인(1, 5, 6, 10, 13번) 합계 ③ 3요인(3, 8, 11, 14번) 합계 ④ 4요인(4, 9, 12, 15번) 합계

고위험 사용자군	총점 ▶ ① 42점 이상 요인별 ▶ ② 1요인 14점 이상 ③ 3요인 12점 이상 ④ 4요인 13점 이상
	판정 : ①에 해당하거나, ②-④ 모두 해당되는 경우
	인터넷 사용으로 인하여 일상생활에서 심각한 장애를 보이면서 내성 및 금단현상이 나타난다. 인터넷으로 이루어지는 대인관계가 대부분이며, 비도덕적 행위와 막연한 긍정적 기대가 있고 일상생활에서도 인터넷에 접속하고 있는 듯한 착각을 하기도 한다. 현실생활에서도 습관적으로 사용하게 되며 인터넷 없이는 한순간도 견디기 힘들다고 느낀다. 따라서, 인터넷 사용으로 인하여 학업이나 업무, 대인관계를 제대로 수행할 수 없으며 자신이 인터넷 중독이라고 느낀다. 또한, 심리적으로 불안정감 및 대인관계 곤란감, 우울한 기분 등이 흔하며, 성격적으로 자기 조절에 심각한 어려움을 보이며 무계획적인 충동성도 높은 편이다. 현실세계에서 사회적 관계에 문제가 있으며, 외로움을 느끼는 경우도 많다. ▷ 인터넷 중독 경향성이 매우 높으므로 관련 기관의 전문적 지원과 도움이 요청된다.

잠재적 위험 사용자군	총점 ▶ ① 39점 이상-41점 이하 요인별 ▶ ② 1요인 13점 이상
	판정 : ①-② 중 한 가지라도 해당되는 경우
	고위험 사용자군에 비해 보다 경미한 수준이지만, 일상생활에서 장애를 보이며, 필요 이상으로 인터넷 사용시간이 늘어나고 집착을 하게 된다. 학업과 업무 등에 어려움이 나타날 수 있으며, 심리적 불안정감을 보이지만 절반 정도는 자신이 아무 문제가 없다고 느낀다. 다분히 계획적이지 못하고 자기조절에 어려움을 보이며 자신감도 낮게 된다. ▷ 인터넷 과다 사용의 위험을 깨닫고 스스로 조절하고 계획적인 사용을 하도록 노력한다. 인터넷 중독에 대한 주의가 요망된다.

일반 사용자군	총점 ▶ ① 38점 이하 요인별 ▶ ② 1요인 12점 이하 ③ 3요인 11점 이하 ④ 4요인 12점 이하
	판정 : ①-④ 모두 해당되거나 고위험 및 잠재적 위험군에 속하지 않는 경우
	대부분 인터넷 중독 문제가 없다고 느낀다. 심리적 정서 문제나 성격적 특성에서도 특이한 문제를 보이지 않으며, 자기행동을 관리한다고 생각한다. 주변 사람들과의 대인관계에서도 자신이 충분한 지원을 얻을 수 있다고 느끼며, 심각한 외로움이나 곤란감을 느끼지 않는다. ▷ 때때로 인터넷의 건전한 활용에 대하여 자기 점검을 지속적으로 수행한다.

한국정보화진흥원 인터넷중독대응센터(iapc.or.kr) 상담대표전화 1599-0075

성인 인터넷 중독 관찰자 척도

- 대상자 : 연령 ....세   성별 (남, 여)   성명 ....
- 관찰자 : 대상자와의 관계 ....   연령 ....세   성명 ....

번호	항 목	전혀 그렇지 않다	그렇지 않다	그렇다	매우 그렇다
1	누가 봐도 인터넷에 중독된 것을 단번에 알 수 있다.				
2	인터넷을 사용하더라도 주변 사람들의 시선이나 반응에 무관심하지 않다.				
3	인터넷 때문에 폭력(언어적, 신체적)을 휘두른다.				
4	하루에 12시간 이상 움직이지 않고 한 곳에서 인터넷을 한다.				
5	식사나 휴식 없이 화장실도 가지 않고 인터넷을 한다.				
6	인터넷 하느라 주변 사람들에게 무관심하다.				
7	인터넷 때문에 폭력(언어적, 신체적)을 휘두르지 않는다.				
8	인터넷을 하느라 학교나 회사를 무단으로 빠진다.				
9	인터넷을 하느라 연락 없이 하루 이상 외박을 한다.				
10	인터넷을 하는데 건드리면 화낸다.				
11	인터넷을 하느라 학교나 회사를 무단으로 빠지지 않는다.				
12	인터넷을 하는 장소에서 잠을 자고 끼니를 때운다.				
13	인터넷을 하느라 눈빛이 흐릿하고 멍하다.				
14	하루 이상 밤을 새우면서 인터넷을 한다.				
15	인터넷을 하느라 씻거나 머리를 감지 않고 이틀 이상을 보낸다.				

한국정보화진흥원 인터넷중독대응센터(iapc.or.kr) 상담대표전화 1599-0075

성인 인터넷 중독 관찰자 척도

채점 방법	[1단계] 문항별	전혀 그렇지 않다 : 1점, 그렇지 않다 : 2점, 그렇다 : 3점, 매우 그렇다 : 4점 * 단, 문항 2번, 7번, 11번은 다음과 같이 역채점 실시 (전혀 그렇지 않다 : 4점, 그렇지 않다 : 3점, 그렇다 : 2점, 매우 그렇다 : 1점)
	[2단계] 총점 및 요인별	총점 ▶ ① 1–15번 합계 요인별 ▶ ② 1요인(1, 5, 9, 12, 15번) 합계　③ 3요인(3, 7, 10, 13번) 합계 　　　　　④ 4요인(4, 8, 11, 14번) 합계

고위험 사용자군	총점 ▶ ① 39점 이상 요인별 ▶ ② 1요인 14점 이상 ③ 3요인 11점 이상 ④ 4요인 11점 이상
	판정 : ①에 해당하거나, ②-④ 모두 해당되는 경우
	인터넷 사용을 자기의 의도대로 적절하게 조절할 수 없는 상태에 이른 경우로, 대부분의 시간을 인터넷에서 보낸다. 식음을 전폐하고 씻지도 않고 인터넷에 몰두하고 며칠씩 외박을 하기도 하며, 심지어 현실과 사이버 세상을 구분하지 못하고 혼란을 경험한다. 인터넷을 하지 못하게 되면 심각한 불안, 초조, 짜증, 분노를 경험하고 폭력적인 말과 행동을 보이는 등, 감정 조절에 어려움이 있다. 가족갈등이나 대인관계 문제가 빈번하게 발생하고 학사경고를 받거나 직장에서 쫓겨나는 등 사회생활에 뚜렷한 장애가 있다. 현실생활보다는 인터넷이 생활의 중심이 되어, 가족이나 주변 사람들을 전혀 고려하지 않고 사회적인 역할을 수행하지 못하며 하루 종일 인터넷에 빠져 있는 상태로 전문적인 치료가 시급한 단계이다. ▷ 치료적 접근 : 집중치료 요망 　전문 치료기관에서 인터넷 병적 사용에 대한 집중적인 치료가 필요합니다.

잠재적 위험 사용자군	총점 ▶ ① 37점 이상-38점 이하 요인별 ▶ ② 1요인 13점 이상
	판정 : ①-② 중 한 가지라도 해당되는 경우
	목적 외에 인터넷 사용시간이 늘어나기 시작하면서 잠재적인 문제가 발생할 수 있는 가능성을 지니고 있기는 하나 현재 뚜렷한 문제없이 일상생활을 유지하는 경우로, 인터넷을 사용할 수 없는 상황에서 궁금함, 답답함, 약간의 짜증을 경험한다. 꼭 필요하지 않아도 습관적으로 인터넷에 접속하여 수시로 메일/방명록을 확인하고 속도가 느리면 기다리지 못하고 재접속하거나 반복 클릭을 하는 등 인내심이 부족해진다. 인터넷을 사용하느라 업무에 지장을 초래할 정도는 아니지만 다소간의 문제가 발생될 수 있다(예 : 해야 할 일을 미루게 되어 늦어지거나 퇴근 후 남아서 일을 하게 되는 등). 혼자 보내는 시간의 대부분을 인터넷을 통해 해결하려는 경향성을 보이게 된다. 인터넷이 생활의 중요한 부분을 차지하는 단계이다. ▷ 치료적 접근 : 관리 요망 　건강한 인터넷 사용과 사회적, 직업적 기능 수행을 위해 효율적인 시간관리가 필요합니다.

일반 사용자군	총점 ▶ ① 36점 이하 요인별 ▶ ② 1요인 12점 이하 ③ 3요인 10점 이하 ④ 4요인 10점 이하
	판정 : ①-④ 모두 해당되거나 고위험 및 잠재적 위험군에 속하지 않는 경우
	인터넷을 자신의 흥미와 욕구, 목적에 맞게 사용하는 경우로, 인터넷 사용시간을 적절하게 조절할 수 있다. 원하는 목적을 이루고 나면 지체하지 않고 인터넷 접속을 종료한다. 필요에 의해서 인터넷에 접속하고 당장 인터넷을 사용할 수 없어도, 그다지 불편감을 느끼지 않고 참고 기다릴 수 있으며, 인터넷 사용으로 인한 정서, 행동, 직업, 대인관계에 별다른 영향을 받지 않는 건전한 사용자들이 속하는 유형이다. ▷ 치료적 접근 : 불필요

한국정보화진흥원 인터넷중독대응센터(iapc.or.kr)　상담대표전화 1599-0075

청소년 스마트폰 중독 자가진단 척도

........년 .....월 .....일   ....학교 ......학년 성별 (남, 여)   성명 ....

번호	항 목	전혀 그렇지 않다	그렇지 않다	그렇다	매우 그렇다
1	스마트폰의 지나친 사용으로 학교성적이 떨어졌다.				
2	가족이나 친구들과 함께 있는 것보다 스마트폰을 사용하고 있는 것이 더 즐겁다.				
3	스마트폰을 사용할 수 없게 된다면 견디기 힘들 것이다.				
4	스마트폰 사용시간을 줄이려고 해보지만 실패한다.				
5	스마트폰 사용으로 계획한 일(공부, 숙제 또는 학원수강 등)을 하기 어렵다.				
6	스마트폰을 사용하지 못하면 온 세상을 잃은 것 같은 생각이 든다.				
7	스마트폰이 없으면 안절부절못하고 초조해진다.				
8	스마트폰 사용시간을 스스로 조절할 수 있다.				
9	수시로 스마트폰을 사용하다가 지적을 받은 적이 있다.				
10	스마트폰이 없어도 불안하지 않다.				
11	스마트폰을 사용할 때 그만해야지라고 생각은 하면서도 계속한다.				
12	스마트폰을 너무 자주 또는 오래 한다고 가족이나 친구들로부터 불평을 들은 적이 있다.				
13	스마트폰 사용이 지금 하고 있는 공부에 방해가 되지 않는다.				
14	스마트폰을 사용할 수 없을 때 패닉 상태에 빠진다.				
15	스마트폰 사용에 많은 시간을 보내는 것이 습관화되었다.				

한국정보화진흥원 인터넷중독대응센터(iapc.or.kr)   상담대표전화 1599-0075

# 청소년 스마트폰 중독 자가진단 척도

채점 방법	[1단계] 문항별	전혀 그렇지 않다 : 1점, 그렇지 않다 : 2점, 그렇다 : 3점, 매우 그렇다 : 4점 * 단, 문항 8번, 10번, 13번은 다음과 같이 역채점 실시 (전혀 그렇지 않다 : 4점, 그렇지 않다 : 3점, 그렇다 : 2점, 매우 그렇다 : 1점)
	[2단계] 총점 및 요인별	총점 ▶ ① 1-15번 합계 요인별 ▶ ② 1요인(1, 5, 9, 12, 13번) 합계 ③ 3요인(3, 7, 10, 14번) 합계 ④ 4요인(4, 8, 11, 15번) 합계

고위험 사용자군	총점 ▶ ① 45점 이상 요인별 ▶ ② 1요인 16점 이상 ③ 3요인 13점 이상 ④ 4요인 14점 이상
	판정 : ①에 해당하거나, ②-④ 모두 해당되는 경우
	스마트폰 사용으로 인하여 일상생활에서 심각한 장애를 보이면서 내성 및 금단현상이 나타난다. 스마트폰으로 이루어지는 대인관계가 대부분이며, 비도덕적 행위와 막연한 긍정적 기대가 있고 특정 앱이나 기능에 집착하는 특성을 보이기도 한다. 현실생활에서도 습관적으로 사용하게 되며 스마트폰 없이는 한순간도 견디기 힘들다고 느낀다. 따라서, 스마트폰 사용으로 인하여 학업이나 대인관계를 제대로 수행할 수 없으며 자신이 스마트폰 중독이라고 느낀다. 또한, 심리적으로 불안정감 및 대인관계 곤란감, 우울한 기분 등이 흔하며, 성격적으로 자기조절에 심각한 어려움을 보이며 무계획적인 충동성도 높은 편이다. 현실세계에서 사회적 관계에 문제가 있으며, 외로움을 느끼는 경우도 많다. ▷ 스마트폰 중독 경향성이 매우 높으므로 관련 기관의 전문적 지원과 도움이 요청된다.

잠재적 위험 사용자군	총점 ▶ ① 42점 이상-44점 이하 요인별 ▶ ② 1요인 14점 이상 ③ 3요인 12점 이상 ④ 4요인 13점 이상
	판정 : ①-④ 중 한 가지라도 해당되는 경우
	고위험 사용자군에 비해 보다 경미한 수준이지만, 일상생활에서 장애를 보이며, 필요 이상으로 스마트폰 사용시간이 늘어나고 집착을 하게 된다. 학업과 업무 등에 어려움이 나타날 수 있으며, 심리적 불안정감을 보이지만 절반 정도는 자신이 아무 문제가 없다고 느낀다. 다분히 계획적이지 못하고 자기조절에 어려움을 보이며 자신감도 낮게 된다. ▷ 스마트폰 과다 사용의 위험을 깨닫고 스스로 조절하고 계획적인 사용을 하도록 노력한다. 스마트폰 중독에 대한 주의가 요망된다.

일반 사용자군	총점 ▶ ① 41점 이하 요인별 ▶ ② 1요인 13점 이하 ③ 3요인 11점 이하 ④ 4요인 12점 이하
	판정 : ①-④ 모두 해당되거나 고위험 및 잠재적 위험군에 속하지 않는 경우
	대부분 스마트폰 중독 문제가 없다고 느낀다. 심리적 정서 문제나 성격적 특성에서도 특이한 문제를 보이지 않으며, 자기행동을 관리한다고 생각한다. 주변 사람들과의 대인관계에서도 자신이 충분한 지원을 얻을 수 있다고 느끼며, 심각한 외로움이나 곤란감을 느끼지 않는다. ▷ 때때로 스마트폰의 건전한 활용에 대하여 자기 점검을 지속적으로 수행한다.

한국정보화진흥원 인터넷중독대응센터(iapc.or.kr) 상담대표전화 1599-0075

성인 스마트폰 중독 자가진단 척도

........년 .....월 .....일   연령 ....세   성별 (남, 여)   성명 ....

번호	항 목	전혀 그렇지 않다	그렇지 않다	그렇다	매우 그렇다
1	스마트폰의 지나친 사용으로 학교성적이나 업무능률이 떨어진다.				
2	스마트폰을 사용하지 못하면 온 세상을 잃을 것 같은 생각이 든다.				
3	스마트폰을 사용할 때 그만해야지라고 생각은 하면서도 계속한다.				
4	스마트폰이 없어도 불안하지 않다.				
5	수시로 스마트폰을 사용하다가 지적을 받은 적이 있다.				
6	가족이나 친구들과 함께 있는 것보다 스마트폰을 사용하고 있는 것이 더 즐겁다.				
7	스마트폰 사용시간을 줄이려고 해보지만 실패한다.				
8	스마트폰을 사용할 수 없게 된다면 견디기 힘들 것이다.				
9	스마트폰을 너무 자주 또는 오래 한다고 가족이나 친구들로부터 불평을 들은 적이 있다.				
10	스마트폰 사용에 많은 시간을 보내지 않는다.				
11	스마트폰이 옆에 없으면, 하루 종일 일(또는 공부)이 손에 안 잡힌다.				
12	스마트폰을 사용하느라 지금 하고 있는 일(공부)에 집중이 안 된 적이 있다.				
13	스마트폰이 없으면 안절부절못하고 초조해진다.				
14	인터넷을 하지 못해도 불안하지 않다.				
15	스마트폰 사용이 지금 하고 있는 일(공부)에 방해가 되지 않는다.				

한국정보화진흥원 인터넷중독대응센터(iapc.or.kr)   상담대표전화 1599-0075

S-척도

성인 스마트폰 중독 자가진단 척도

채점 방법	[1단계] 문항별	전혀 그렇지 않다 : 1점, 그렇지 않다 : 2점, 그렇다 : 3점, 매우 그렇다 : 4점 * 단, 문항 4번, 10번, 15번은 다음과 같이 역채점 실시 (전혀 그렇지 않다 : 4점, 그렇지 않다 : 3점, 그렇다 : 2점, 매우 그렇다 : 1점)
	[2단계] 총점 및 요인별	총점 ▶ ① 1-15번 합계 요인별 ▶ ② 1요인(1, 5, 9, 12, 15번) 합계 ③ 3요인(4, 8, 11, 14번) 합계 ④ 4요인(3, 7, 10, 13번) 합계

고위험 사용자군	총점 ▶ ① 44점 이상 요인별 ▶ ② 1요인 15점 이상 ③ 3요인 13점 이상 ④ 4요인 13점 이상
	판정 : ①에 해당하거나, ②-④ 모두 해당되는 경우
	스마트폰 사용으로 인하여 일상생활에서 심각한 장애를 보이면서 내성 및 금단현상이 나타난다. 스마트폰으로 이루어지는 대인관계가 대부분이며, 비도덕적 행위와 막연한 긍정적 기대가 있고 특정 앱이나 기능에 집착하는 특성을 보이기도 한다. 현실생활에서도 습관적으로 사용하게 되며 스마트폰 없이는 한순간도 견디기 힘들다고 느낀다. 따라서, 스마트폰 사용으로 인하여 학업이나 대인관계를 제대로 수행할 수 없으며 자신이 스마트폰 중독이라고 느낀다. 또한, 심리적으로 불안정감 및 대인관계 곤란감, 우울한 기분 등이 흔하며, 성격적으로 자기조절에 심각한 어려움을 보이며 무계획적인 충동성도 높은 편이다. 현실세계에서 사회적 관계에 문제가 있으며, 외로움을 느끼는 경우도 많다. ▷ 스마트폰 중독 경향성이 매우 높으므로 관련 기관의 전문적 지원과 도움이 요청된다.

잠재적 위험 사용자군	총점 ▶ ① 40점 이상-43점 이하 요인별 ▶ ② 1요인 14점 이상
	판정 : ①-② 중 한 가지라도 해당되는 경우
	고위험 사용자군에 비해 보다 경미한 수준이지만, 일상생활에서 장애를 보이며, 필요 이상으로 스마트폰 사용시간이 늘어나고 집착을 하게 된다. 학업과 업무 등에 어려움이 나타날 수 있으며, 심리적 불안정감을 보이지만 절반 정도는 자신이 아무 문제가 없다고 느낀다. 다분히 계획적이지 못하고 자기조절에 어려움을 보이며 자신감도 낮게 된다. ▷ 스마트폰 과다 사용의 위험을 깨닫고 스스로 조절하고 계획적인 사용을 하도록 노력한다. 스마트폰 중독에 대한 주의가 요망된다.

일반 사용자군	총점 ▶ ① 39점 이하 요인별 ▶ ② 1요인 13점 이하 ③ 3요인 12점 이하 ④ 4요인 12점 이하
	판정 : ①-④ 모두 해당되거나 고위험 및 잠재적 위험군에 속하지 않는 경우
	대부분 스마트폰 중독 문제가 없다고 느낀다. 심리적 정서 문제나 성격적 특성에서도 특이한 문제를 보이지 않으며, 자기행동을 관리한다고 생각한다. 주변 사람들과의 대인관계에서도 자신이 충분한 지원을 얻을 수 있다고 느끼며, 심각한 외로움이나 곤란감을 느끼지 않는다. ▷ 때때로 스마트폰의 건전한 활용에 대하여 자기 점검을 지속적으로 수행한다.

한국정보화진흥원 인터넷중독대응센터(iapc.or.kr) 상담대표전화 1599-0075

부록 2
'인터넷 중독' 어디서 도움받을 수 있나

전국 어디서나 '상담콜'(1577-0075)
화상 채팅, 가정 방문 등 상담 방법도 다양

우리 아이가 인터넷이나 스마트폰, 게임에 중독되었다면 어떻게 해야 할까? 중독되었다는 확신이 서지 않더라도 일단 의심이 간다면 전문가로부터 상담을 받고 가급적 빨리 대응하는 편이 심각한 사태를 미리 예방할 수 있다.

우리나라에서 인터넷 중독에 대한 예방교육이나 상담을 전문적으로 하는 기관은 한국정보화진흥원 산하 '인터넷중독대응센터(www.iapc.or.kr)'가 있다. 정부가 운영하는 공공기관이므로 믿고 이용할 만하다.

이 센터는 2002년도에 설립된 이후 무료 상담 및 예방활동은 물론, 1,500여 명의 전문 상담원 및 상담교사를 배출했으며 매년 인터넷중독 실태조사를 실시하고 있다. 또한 유아부터 성인에 이르기까지 생애주기별 상담치료 프로그램을 개발하여 전국의 상담기관에 보급하고 있다.

이 센터는 서울뿐만 아니라 부산, 전주, 대구, 대전, 광주, 강원, 제주 등 7군데 지역 인터넷중독대응센터도 운영하고 있다. 또한 전국에 소재한 청소년상담센터, 건강가정지원센터, 정신보건센터, 사회복지관 등과 인터넷 중독 해소를 위한 협약을 맺어 상담사 교육 및 사업비를 지원하고 있다.

상담은 '무료', 전문가에게 툭 터놓고 해결책을 찾아보자

인터넷 중독에 대해 상담하는 방법은 △전화 상담 △온라인 상담 △센터 내방 상담 △가정 방문 상담 등 네 가지가 있다. 전국 어디서나 비용 걱정 없이 전화, 메신저, 채팅 등을 이용하거나 가까운 상담기관을 찾아 고민을 털어놓고 해결책을 얻을 수 있다.

전화 상담 : 인터넷 중독 상담콜 1599-0075

'인터넷 중독 상담콜'(1599-0075)은 전국 어디서나 이용할 수 있다. 인터넷 과다 사용으로 인해 학교생활에 적응하기 힘들거나 실직 가족갈등 등의 문제가 있을 때 본인이나 가족 등 누구나 이 번호로 전화하면 된다. 전화를 걸면 가까운 지역의 상담센터로 연결되는데 유선전화로 걸면 수신자부담으로 비용부담이 없지만 휴대폰으로 걸면 요금이 발생한다. 평일은 오전 9시-오후 10시, 토요일은 오전 9시-오후 6시까지 이용이 가능하다. 모든 상담원이 상담 중일 때에는 예약 후 이용할 수 있다.

온라인 상담 : 채팅, 게시판, 메신저 등 방법도 다양

온라인 상담은 컴퓨터나 인터넷을 이용하는 것으로 △채팅 상담 △게시판 상담 △메신저 상담 세 가지 방법이 있다.

'채팅 상담'은 인터넷중독대응센터 홈페이지에 접속한 후 화상 채팅이나 문자 채팅으로 전문가와 대화를 나누는 것이다. 컴퓨터에 웹캠(webcam)을 설치하면 상담사의 얼굴을 직접 보면서 화상으로 상담을 받을 수 있다. 컴퓨터에 웹캠이 설치되어 있지 않을 경우, 문자로 상담사와 채팅을 하면서 인터넷 중독에 관한 상담을 받을 수 있다. 홈페이지에서 상담신청서를 작성하면 이용할 수 있다.

'게시판 상담'도 인터넷중독대응센터 홈페이지를 이용하는 것인데 상담을 의뢰하는 사람의 성명과 상담 내용이 공개되는 '열린 상담'과 본인 공개 및 상담 내용 공개를 원하지 않는 사람이 이용하는 '비밀 상담' 두 가지가 있다. 비밀 상담은 상담을 의뢰하는 사람의 성명과 상담 내용이 관리자에게만 공개된다.

'메신저 상담'은 네이트온(Nate On) 메신저를 이용하는 방법이다. 네이트온을 설치한 후 kiac1599-0075@nate.com 또는 kiac1599_0075@nate.com 아이디와 '친구맺기'를 한 후 이용할 수 있다.

센터 내방 상담 : 전국 140여개 상담센터에서 전문가 상담

인터넷중독대응센터(서울 강서구 등촌동 소재)나 전국 주요 도시에 있는 가까운 상담센터를 직접 방문해서 상담사와 대화를 나눌 수 있는 방법이다. 홈페이지에서 가까운 상담센터를 검색한 후 미리 전화로 예약을 하거나 센터를 찾아가 신청서를 작성하면 전문가와 상담할 수 있다. 대응센터의 스케줄에 따라 최대 3주까지의 대기해야 할 경우도 있다. 그런 경우에는 연락이 가능한 휴대폰 번호와 집 전화번호를 남겨두면 된다.

가정 방문 상담 : 장애인 등 상담센터에 찾아오기 어려운 경우

상담센터를 찾아가기 어려운 사정이 있는 경우 가정 방문 상담도 실시하고 있다. 인터넷 중독 문제로 심각한 어려움을 겪고 있어 도움이 필요한 취약계층 가정은 물론 일반 가정(고위험군 및 잠재적 위험군 해당자)에도 방문하여 상담을 실시하는 사업이다. 주로 거동이 어려운 장애인이나 다문화 가정, 조손(祖孫) 가정, 맞벌이 가정 등 상담센터를 찾아오기 어려운 경우에 이루어진다.

　본인, 가족 및 도움을 주고자 하는 교사, 사회복지 업무종사자, 유관기관 및 상담 관계자 등이 상담 신청을 할 수 있다. 대상지역은 서울, 인천, 부산, 대구, 광주, 대전, 경기, 충북, 강원, 전북, 제주이다.

　인터넷 중독 전문 상담사인 가정 방문 상담사가 가정으로 방문 상담하며 상담 시간에는 상담자 외에 1인 이상이 가정에 있어야 상담이 가능하다. 상담 일시는 가정 방문 상담사와 상의해서 정하고 1회당 90분 내외로 6회까지 상담을 받을 수 있다. 상담 비용은 전액 무료이므로 부담 없이 신청이 가능하다.

전국 인터넷중독대응센터

지역	기관명	담당자	전화번호
강원	강원 강릉시청소년상담복지센터	황영희	033-646-8666
	강원 홍천군가족상담소	조선옥	033-433-1367
	강원도 청소년상담복지센터	이숙재	033-256-2000
	강원 인터넷중독대응센터	송란주	033-249-3075
경기남부	경기남부 (사)소리샘	박순남	031-406-3235
	경기남부 (사)소리샘 부천지부	최진희	032-346-8880
	경기남부 광주시청소년상담복지센터	심시원	031-760-8452
	경기남부 부천상동종합사회복지관	이유리	032-652-0420
	경기남부 분당정자청소년수련관	심수진	070-7496-2025
	경기남부 수원시청소년상담복지센터	박선우	031-215-1318
	경기남부 안성종합사회복지관	한다혜	031-671-0631
	경기남부 안양부흥사회복지관	김미경	031-382-7557
	경기남부 안양시청소년상담복지센터	이슬기	031-8045-2745
	경기남부 양평군청소년상담복지센터	이상은	031-775-1318
	경기남부 영통종합사회복지관	하창우	031-201-8311
	경기남부 의왕시건강가정지원센터	오지원	031-429-8933
	경기남부 인터넷중독대응센터	이현이	031-899-9151~4
	경기남부 평택시청소년상담복지센터	이세경	031-656-1383
	경기남부 한신아동발달상담연구센터	김계순	031-379-0747
경기북부	경기북부 가평군청소년상담복지센터	박영순	031-582-2000
	경기북부 고양시 덕양가정상담센터	김영애	031-965-9119
	경기북부 구리시(재)두레마을	조은비	02-551-4280
	경기북부 두레마을(동두천)	진병원	031-859-6202
	경기북부 양주시건강가정지원센터	한미령	031-858-5683
	경기북부 여성과장애인권익성장센터	박기혁	031-840-9203~4
	경기북부 연천군건강가정지원센터	현선경	031-835-0093
	경기북부 파주청소년상담복지센터	김미영	031-946-0113
	경기북부 포천시청소년상담복지센터	김현준	031-533-1318
	경기북부 인터넷중독대응센터	민석일	031-822-9001
	경남 (사)경남종합정보센터	한영옥	055-254-2941

지역	기관명	담당자	연락처
경남	경남 거제시청소년상담복지센터	강미영	055-639-3745
	경남 거창군청소년상담복지센터	황영아	055-940-3967
	경남 경상남도청소년종합지원본부	문진희	055-711-1313
	경남 라파엘청소년가족상담소(창원시)	김병수	055-295-0965
	경남 마산종합사회복지관	이미진	055-223-9980~3
	경남 사천시청소년문화센터	고수정	070-8145-8017
	경남 산청군청소년상담복지센터	박문자	055-970-7338
	경남 양산시종합사회복지관	김효정	055-365-9544
	경남 양산시청청소년상담복지센터	지추련	055-372-2000
	경남 양상시종합사회복지관	김효정	055-365-9544
	경남 의련군 건강가정지원센터	전은희	055-573-8400
	경남 창원성산종합사회복지관	김민희	055-282-3737
	경남 창원시진해청소년상담복지센터	윤계영	055-225-6812
	경남 한국학습상담연구소	김미경	055-758-8151
경북	경북 (사)칠곡종합상담센터	고한규	054-973-8290
	경북 (재)청소년폭력예방재단 경북지부	최부경	053-801-1318
	경북 구미지역사회교육협의회	김상일	054-455-2579
	경북 성주정신보건센터	이욱현	054-933-7100
	경북 영남사이버대학교 학생상담지원센터	김말숙	053-819-5345
	경북 영천시청소년상담복지센터	박민아	054-338-2000
	경북 포유	정민철	070-8234-0675
	경북 포항YWCA가정폭력상담소	남옥수	054-277-5418
광주	광주 (사)청소년가족복지상담협회	서은숙	062-681-7722
	광주 동신대학교종합사회복지관(남구)	박희정	062-369-1323
	광주 민들레아동가족상담센터	임지원	062-372-2402
	광주 시민종합사회복지관(북구)	김태정	062-571-4100
	광주 한국힐링문화협회	허선윤	070-7582-7152
	광주 화월주아동청소년위기지원센터	최현심	062-372-1328
	광주 인터넷중독대응센터	박기희	062-613-5790
대구	대구 (사)대경정보통신윤리협회	윤청수	070-8266-7667
	대구 대동병원	이진호	053-746-7379
	대구 서구정신보건센터	김동권	053-563-2595

지역	기관명	담당자	연락처
대구	대구 서구제일종합사회복지관	김경은	053-353-8310
	대구 청곡종합사회복지관	정은해	053-793-9415
	대구 인터넷중독대응센터	조수정	053-768-7978
대전	대전 (사)한국피해자지원협회 대전지부	송남영	042-628-9517
	대전광역시 청소년남자쉼터	김원세	042-223-7178~9
	대전 인터넷중독대응센터	노지정	042-270-3224
부산	부산 인터넷중독대응센터	김남순	051-744-7755
서울	서울 (사)인터넷꿈희망터	김수영	070-7820-4914
	서울 DM행복심리상담치료센터	조하선	02-2625-7075
	서울 보라매 Iwill 센터	이상훈	02-836-1385
	서울 시립청소년미디어센터 스스로넷	김은혜	02-793-2000
	서울 중구건강가정지원센터	박혜진	02-2279-3896
	서울 희망나무 심리상담센터	장미정	02-325-7275
	서울시립 명지 I Will 센터	김형선	02-300-3965
	서울시립 창동 I will 센터	윤하나	02-950-9671
	서울 인터넷중독대응센터	이은실	02-3660-2580
세종	세종 ㈜솔드림사회서비스센터	최강현	044-862-1388
울산	울산 남구청소년상담복지센터	정주선	052-291-1388
	울산 동구종합사회복지관	김희원	052-236-1465
	울산 울산광역시건강가정지원센터	양유희	052-274-1280
	울산 ㈜아름나무	김원순	052-273-3900
	울산 중구종합사회복지관	이유진	052-296-3161
인천	KRA인천승마힐링센터	김연실	1566-7006
	인천 남구건강가정지원센터	손유경	032-875-2993
	인천 서구건강가정지원센터	최동욱	032-569-1545
	인천 희망나무가족상담센터	강혜영	032-814-4001
전남	전남 (사)청소년좋은세상	윤미숙	061-283-1088
	전남 국립나주병원	양미화	061-330-4272
	전남 나주시청소년상담복지센터	장신정	061-333-1368
	전남 새맘길심리치료교육센터(여수)	정수지	061-691-8898
	전남 순천시건강가정지원센터	이신숙	061-750-5355
	전남 여수쌍봉종합사회복지관	박미선	061-681-4179
	전남 장흥군청소년상담복지센터	이춘아	061-863-1317

지역	기관명	담당자	연락처
전북	전북 남원시청소년상담복지센터	김관석	063-633-1977
	전북 무주군청소년상담복지센터	김현우	063-324-6688
	전북 부안군청소년상담복지센터	신지혜	063-583-8772
	전북 순창군청소년상담복지센터	박은미	063-653-4646
	전북 임실군청소년상담복지센터	강신형	063-644-2000
	전북 전주대 상담교육연구소	김희은	063-220-2495
	전북(군산) 김희정심리치료상담센터	김희정	063-911-8316
	전북(전주) 선너머종합사회복지관	정지숙	063-232-0334
	전북 인터넷중독대응센터	홍은경	063-282-2031
제주	제주 서귀포종합사회복지관	양예림	064-762-0211
	제주 서귀포종합사회복지관	양예림	064-762-0211
	제주 제주중독예방상담원	서수열	064-753-2313
	제주 제주중독예방상담원	서수열	064-753-2313
	제주 인터넷중독대응센터	우정애	064-723-2670
충남	충남 보령시청소년상담복지센터	김혜림	041-936-5710
	충남 선문대학교 참사랑가족상담연구소	권은미	041-541-8024
	충남 예산가정상담소	이경옥	041-334-1366
	충남 충청남도 청소년진흥원	유동준	041-554-2130
	충남 태안군청소년상담복지센터	김고은	041-674-2800
	충남 인터넷중독대응센터	성윤아	041-635-5834
충북	충북 단양군청소년상담복지센터	안승순	043-421-8370
	충북 산남종합사회복지관	이필진	043-288-1428
	충북 옥천군청소년상담복지센터	최은희	043-731-1388
	충북 음성군청소년상담복지센터	최정희	043-873-1318
	충북 청주 YWCA여성종합상담소	표경자	043-268-3007
	충북 청주시청소년상담복지센터	김지혜	043-261-0753
	충북 충주 YWCA가정폭력상담소	김정자	043-842-9888
	충북 인터넷중독대응센터	황연정	043-211-8275

찾아보기

거브너 Gerbner, George 134
게이츠 Gates, Bill 8, 193, 195
게임물등급위원회 13
게임이용확인 사이트 67
게임, 인터넷, 스마트폰의 올바른 사용을 위한 생활지도 매뉴얼 144
고위험군 52-53, 70, 118, 123, 128, 140, 142-143, 145-148, 153
공공건강 83-84
교육부 13, 52, 130, 144
그룹 심리치료 40
그리피스 Griffiths, Mark 17, 19, 118, 178, 180, 201-202, 204
그린아이넷(www.greeninet.co.kr) 67
금단증상(withdrawal) 22, 24-25, 48, 56, 89-90, 101, 108, 143-144
긍정적 강화(positive reinforcement) 90
기숙형 치료 센터 131
기술 중독(technology addiction) 19, 24-26
기술 중독 모델(Technological addiction model) 100
기술위험사회 9
기억술 186

내성(耐性, tolerance) 21, 24, 48, 88-89, 95, 101, 105-109, 118-119, 143-144

노모포비아(no + mobile + phobia) 10

대체현실 30
도파민 92-94, 97, 108, 185
동기강화 상담 39
동행 프로젝트 153-154
둔감화 현상 133
디지털 미디어(digital media) 125
디지털 불평등 8
디지털 원주민(digital native) 42, 125, 159
디지털 유목민(digital nomad) 125

마누티우스 Manutius, Aldus 187
모방범죄(copycat crime) 134
문화배양 이론(Cultivation Theory) 134
문화부 13
문화산업(Cultural Industries) 13, 195
미래창조과학부 13, 199
민감화 반응 133

바움린드 Baumrind, Diana 62
방송통신위원회 199
밸런스 브레인 이론 10
범부처 사회문제해결 시범사업 12
베이컨 Bacon, Francis 186
「베키 샤프(Becky Sharp)」 179

벨 Bell, Daniel 181
보상회로 93-95
복측피개영역(Ventral Tegmental Area)
　92, 94
복합 심리치료 40
부정적 강화(negative reinforcement) 90

4세대 이동통신망(4G) 126, 161
사이버 괴롭힘(cyber bullying) 168
사이버 인기영합주의(cyber populism) 8
3세대 이동통신망(3G) 127
상징 현실(symbolic reality) 133
세이건 Sagan, Carl 181-182
셧다운제(shutdown system) 11, 130, 141,
　146-147, 166-172, 174, 176
슈미트 Schmidt, Eric 134-136
스마트 미디어(smart media) 125
스마트폰 중독 11, 25, 46, 83, 87, 99-
　103, 105, 137, 141-143, 153, 163
스크린 기반 기술(screen based technology) 180
스크린 에이지(screen age) 42
스푸트니크(Sputnik) 187-188
신경과학(neuroscience) 103

'I will' 센터 145-146, 148, 152
안전한 인터넷 프로그램(Safer Internet
　Programme 2009-2013) 134
에니악 188-189
SNS(Social Network Service) 7, 19, 42,
　46, 48, 111-112, 134, 157, 159, 161,
　164, 170
S척도 207
ADHD(Attention Deficit Hyperactivity
　Disorder, 주의력 결핍 과잉행동 장애)
　10, 52-53, 70, 85, 87, 96
LTE(Long Term Evolution) 126-127, 161
여성가족부 9, 11, 13, 16, 52, 130, 141,
　154, 172, 201
영 Young, Kimberly 28, 118-119, 192
영상물등급위원회 13
예방적 대응 14
온라인 역할 게임(MMORPG, Massively
　Multi-player Online Role Playing Game)
　29-30, 108, 117, 128
온라인 자활 센터 40
우뇌증후군 10
우울증(depression) 30-31, 70, 85, 96,
　143-144, 150, 202
우주력(宇宙曆) 182
유니백 I 189
유럽인터넷핫라인협회(Internet Hotline
　Providers in Europe, INHOPE) 134
유비쿼터스(Ubiquitous) 25
유해 사이트 차단 프로그램 146-147,
　149
윤리교육 131-132, 168
융합인재교육(STEAM : Science, Technology, Engineering, Arts, Mathematics)
　154
2011년 청소년종합실태조사 141
2013년 청소년통계 9
인쇄술 186-187
인지기능의 저하 57
인지행동 치료 39, 48, 104, 122
인터넷 게임 중독 35, 106, 117, 128-
　131, 141, 171, 200, 204
인터넷 과몰입 105, 203-204

인터넷 사용 장애(internet use disorder) 106
인터넷이용습관전수조사 9, 52
인터넷 중독 9-17, 19, 22, 24-25, 28, 30-32, 37-38, 42, 44, 46-48, 51, 55-57, 61, 63, 66, 69, 72, 83-88, 91-92, 95-101, 103-107, 111, 114-115, 117-123, 128, 132, 137, 141-142, 144-150, 152, 157-158, 160-161, 167, 170-173, 175-177, 185, 192, 200-205, 223-226
인터넷 중독 구조 모형 144
인터넷 중독 대응사업 52
인터넷 중독 상담콜 224
인터넷중독실태조사 128-129
인터넷 중독예방 상담센터 152
인터넷 중독의 보호요인 118-120, 122
인터넷 중독의 위험요인 118-119, 121
인터넷 중독 정책협의체 12
인터넷 치유학교(internet rescue school) 53, 78, 154

잠재적 위험군 70, 142-143
재발(relapse) 22, 63, 94, 118, 122-123, 131
전두엽(frontal lobe) 10, 52, 96, 99, 110
전전두엽(prefrontal lobe) 11, 57, 95
정보통신기술(Information and Communication Technology, ICT) 7, 13, 181, 188, 190-191, 193-194, 196-200
『제3의 물결(The Third Waves)』 181
질병 코드 96
집단따돌림 128-129
집단 상담 52, 145-146

창조산업(Creative Industries) 13
청소년보호법 개정안 11
청소년보호위원회 149
청소년상담복지센터 52
청소년상담센터 152, 223
청소년 인터넷 건전문화 정착을 위한 국제 포럼 16, 200-201, 205
충동조절 장애 96, 106, 109
충동통제 53, 64
칩 혁명(Chip Revolution) 189

칼리바스 Kalivas, Peter 94
컴퓨터 중독(computer addiction) 28, 106, 192
K척도 207
『코스모스(Cosmos)』 182
콘솔 게임(console game) 33
쾌락 중추 92, 97
쿨링 오프제(cooling off system) 130
크레이지 리모트(crazy remote) 153

탈억제성 27
토플러 Toffler, Alvin 181

『파퓰러 사이언스(Popular Science)』 180
팝콘 브레인(popcorn brain) 11
페르소나(persona) 30
페이스북(Facebook) 19, 26, 46, 49, 164, 170
프레드킨 Fredkin, Edward 189
PDA(personal digital assistant, 개인휴대기기) 26
피로도 시스템(fatigue system) 131

한국정보화진흥원 128-129
한국정보화진흥원 인터넷중독대응센터 58, 207, 223
한국청소년상담복지개발원 52, 76
한국콘텐츠진흥원 13
항상성(恒常性) 108
행동추적 44

행위 중독 모델(Behavioral addiction model) 100
행태추적 44
현실치료 122
현저성(顯著性, salience) 21, 118
후기산업사회(post-industrial society) 181, 197